dtv
premium

Diana Dreeßen

Mach dich unbeliebt und glücklich

und nimm dir vom
Leben, was du willst!

Deutscher Taschenbuch Verlag

Auch als E-Book erhältlich

MIX
Papier aus verantwortungsvollen Quellen
FSC® C013736

Originalausgabe 2014

Dieses Werk wurde vermittelt durch die Medienagentur scripts for sale
(www.scriptsforsale.de).

Umschlagkonzept: Balk & Brumshagen
Umschlaggestaltung: buxdesign, München
unter Verwendung einer Illustration von Ruth Botzenhardt
Redaktion: Viola Krauß
Gesetzt aus der Caecilia 8,5/12,7˙
Satz: Greiner & Reichel, Köln
Druck und Bindung: Druckerei Kösel, Krugzell
Gedruckt auf säurefreiem, chlorfrei gebleichtem Papier
Printed in Germany · ISBN 978-3-423-26050-3

Inhalt

Vorwort

Ich kann mich noch genau an den Moment erinnern, als ich Diana Dreeßen das erste Mal auf einem Kongress gesehen habe. Sie quälte sich mit ihrem schweren Gepäckstück in unseren überfüllten Lift. Ein Fahrgast, der an der gegenüberliegenden Fahrstuhlwand klebte, fing an, sich über die Enge in dem begrenzten Raum zu beschweren. Mit funkelnden, aber lachenden Augen drehte Diana ihren Kopf in Richtung des nörgelnden Fahrgastes und sagte in einer sehr charmanten Art zu ihm: »Jetzt jammern Sie nicht so rum, dass es hier so eng ist. Sie können ja im nächsten Stockwerk aussteigen, dann haben wir anderen alle wieder mehr Platz! Es sind dann auch nur noch fünf Etagen, die Sie laufen müssen.« Erst wurde es ruhig in unserem Aufzug, dann lachten alle und Diana ergänzte lächelnd beim Aussteigen im Erdgeschoss: »Danke, dass ich trotz dieser unglaublichen Enge im Aufzug mitfahren durfte, und ich wünsche Ihnen allen einen tollen Kongress.«

Wenn jemand weiß, wie man es schafft, auf charmante Weise durch das Leben zu gehen, Hindernisse zu überwinden, souverän mit Kritik umzugehen und dabei die Liebe für das Leben immer im Fokus zu haben, dann ist es Diana.

Deswegen freue ich mich, ihr erstes Buch in der Hand zu halten. Ich freue mich besonders für Sie. Diana Dreeßen hat es geschafft, die Innenwelt von uns allen auf die Erde zu holen. Sie lässt uns teilhaben an ihren inneren Dialogen, aber auch an den komplexen, am Anfang unsortierten Innenwelten vieler Menschen. Sie bietet vielfältige Lösungsmöglichkeiten an, wie es gelingen kann, für sich, eine gute Sache und seine Ideale einzustehen. Wie man glücklich wird, gerade weil man damit aufgehört hat, zu allem »Ja« und »Amen« zu sagen. Sie zeigt uns, dass wir aus vielen Rollen bestehen und jede Rolle wichtig und richtig ist, wenn sie perfekt in unserem Alltag eingesetzt wird. Am Ende wird für uns dabei herauskommen, dass wir unser Leben so gestalten, wie wir es wollen, und uns das vom Leben nehmen, was sich gut für uns anfühlt.

Wer die Chance hat, mit Diana Dreeßen zusammenarbeiten zu dürfen, wird feststellen, dass diese Frau in einer ganz besonderen Liga arbeitet. Sie in eine Schublade wie Coach, Trainerin oder Beraterin zu stecken, scheint fast schon anmaßend zu sein, denn sie ist mit Sicherheit außergewöhnlich, unvergleichbar und damit, wie es auf Neudeutsch heißt, mit einem klaren USP versehen – nicht weil ihre Methoden, Vorgehensweisen oder Werkzeuge so anders sind, sondern die Resultate. Weil es wohl keinen oder nur wenige Menschen gibt, die die Fähigkeit beherrschen, direkt ins Herz zu treffen und andere darin zu bestärken, so zu bleiben, wie sie sind – nur in einer besseren Version.

Ich selbst habe mich schon in vielen Situationen an sie gewandt und war jedes Mal dankbar, den Weg zu ihr gegangen zu sein. Umso glücklicher bin ich, dass ihr breites Wissen nun auch der breiten Masse durch dieses Buch zugänglich gemacht wird, auch wenn ich bezweifle, dass man Diana Dreeßen irgendwie zwischen zwei Buchdeckel packen kann.

Viel Spaß beim Lesen.
Hermann Scherer

Trinken Sie kurz einen Kaffee mit mir?

In diesem Buch geht es – genauso wie in meinen Trainings mit Privatleuten oder in Firmen – nicht um mich, sondern um Sie. Doch im Gegensatz zu meinen Trainings stehen wir uns in diesem Buch nicht live gegenüber. Leider gehen wir nach der ersten Trainingseinheit auch nicht zusammen Mittag essen und erzählen uns gegenseitig interessante oder lustige Anekdoten aus unserem bisherigen Leben. Diese informellen Momente mit meinen Kunden genieße ich immer sehr, denn sie sind für beide Seiten oft sehr aufschlussreich und machen gleichzeitig viel Spaß. Andererseits gibt mir dieses Buch die Gelegenheit, viele Menschen auf einmal zu erreichen und komplexe Zusammenhänge in ihrer Gesamtheit darzustellen, was ebenfalls sehr spannend ist – und für Sie hoffentlich hilfreich.

Statt bei einem kurzen Schwatz in der Kaffeepause oder beim Lunch, bei dem man sich ganz nebenbei besser kennenlernt, möchte ich Ihnen hier vorab ein bisschen von mir erzählen und bei der Gelegenheit auch gleich erklären, warum ich nicht nur theoretisch davon überzeugt bin, dass es gut ist, sich auch mal unbeliebt zu machen.

Bevor ich mit Ende dreißig Management-Trainerin geworden bin, habe ich fast zwanzig Jahre an der Frankfurter Börse gearbeitet, die meiste Zeit als Wertpapier-Händlerin. Frauen waren an der Börse früher eine Seltenheit und in erster Linie mit Assistenztätigkeiten beschäftigt. Als junge Händlerin, die noch dazu jeden Tag mit dem Fahrrad ankam, fiel ich in dieser Männerwelt also auf – ob ich es nun wollte oder nicht. Ich konnte mich zwischen den Anzugträgern nicht verstecken und alles, was ich tat, wurde genau registriert und besonders kritisch beäugt. Aufmerksamkeit ist eine tolle Sache, wenn man souverän ist und alles richtig macht, aber sehr peinlich, wenn man unsicher ist und Fehler begeht. Und ich machte am Anfang natürlich viel falsch.

An meinem ersten Tag als offizielle Händlerin kaufte ich eine kleine Stückzahl VW-Optionsscheine, nur um kurz darauf festzustellen, dass ich die gleiche Stückzahl nicht hätte kaufen, sondern verkaufen müssen. Als ich meinen Fehler bemerkte, lief ich sofort zu dem Makler, der den Kauf abwickeln sollte. Glücklicherweise wurde mir mein hochroter Kopf nicht abgerissen, vielmehr sagte der altgediente Makler in schönstem Hessisch: »Ei Mädsche, hasde die falsche Seite gehandelt? Komm, ich lass dich raus.« Er machte meinen Deal schnell wieder rückgängig. Das war knapp gewesen, und ich dachte nur: Das lernst du nie!

Ich lernte es doch. Gleichzeitig lernte ich schnell, mich in der Männerwelt der Börse durchzusetzen. Nur sechs Wochen nach dem gerade noch abgewendeten VW-Optionsschein-Desaster kommentierte ich die gesalzene Kursspanne, die mir einer der ehrwürdigen Deutsche-Bank-Händler nannte, frech mit den Worten: »Wir sind hier nicht bei *Wünsch dir was*!« Er schäumte vor Wut, kam aber nie wieder auf die Idee, mich nicht ernst zu nehmen und mir überteuerte Kurse anzubieten.

Die Börse war ein toughes Trainingsfeld in Sachen »Sich-unbeliebt-machen«, denn als vorlauter Dreikäsehoch machte ich mir auf dem Parkett nicht nur Freunde. Aber schon nach kurzer Zeit wurde ich von allen respektiert, und irgendwann war es gar nicht mehr nötig, frech und vorlaut zu sein. Ich war Teil der Börsenwelt.

Ich liebte es, mich mit den anderen Bankenvertretern und Maklern über Unternehmenszahlen und -strategien auszutauschen. Es ging immer darum, als Erster an die wichtigen Informationen zu kommen, sie zu interpretieren und entsprechend der eigenen Einschätzung möglichst geschickt zu handeln. An Informationen kam man damals vor allem, indem man mit den Leuten redete. Ich lernte, auch die Zwischentöne zu hören, mit allem zu rechnen und die Menschen, die mir etwas erzählten, richtig einzuschätzen: beim Mittagessen, in der Börse, nach der Börse …

Viele Jahre später hatte sich die Welt an der Börse verändert. Mit den großen technischen Neuerungen des Computer-Zeitalters Ende der 1980er, Anfang der 1990er Jahre änderte sich auch der Börsenhandel. Derivate, Optionsscheine und der hochkomplexe, schnelle Handel mit ihnen wären ohne sie gar nicht möglich gewesen und entstanden erst durch sie.

Die neue Börsenwelt war still. Statt wie früher permanent mit bis zu achthundert Leuten in Kontakt zu sein, sich zu beraten, zu reden und dabei auch noch Spaß zu haben, saß ich nun vor einer Wand von Bildschirmen und rechnete Kurse. Ich starrte auf die Monitore und wartete wie eine Katze vor dem Mauseloch darauf, dass irgendeiner einen Fehler machte und ich auf den Knopf drücken und den Deal perfekt machen konnte. Viele Geschäfte basierten neuerdings auf dem Schaden eines anderen. Ich versuchte zu ignorieren, dass ich mich dabei unwohl fühlte, und übte wie eine Wilde, auf mehreren Tastaturen gleichzeitig blind Kurse zu rechnen. Ich lernte, in Sekunden herauszufinden, was der richtige Kurs war. Aber ich wurde dabei immer unzufriedener.

Auch die Vorgesetzten hatten sich verändert: Wo früher die kantigen Grandseigneurs der Börse saßen, machten sich nun junge, dynamische Ich-kann-alles-Typen breit. Die waren nett und man konnte gut mit ihnen um die Häuser ziehen, aber mit dem gleichen Lächeln, mit dem sie einem abends zuprosteten, komplimentierten sie am nächsten Morgen Mitarbeiter hinaus und bestellten sich am Nachmittag einen lila Porsche. Mein neuer Chef war ein Ass in Sachen Rhetorik, aber jedes Mal, wenn ich sein Büro verließ, war ich froh, dass ich ohne Waschmaschine aus dem Gespräch herausgekommen war, denn die hätte er mir mühelos auch noch verkaufen können.

Immer öfter hatte ich das ungute Gefühl, dass etwas schieflief. Sicher würde alles noch eine Zeit lang funktionieren, wie es eben funktionierte, aber was würde passieren, wenn in dieser dicht geknüpften Kette aus Abhängigkeiten jemand ausfiel oder ausbrach? Die Menschen, die jetzt das Sagen hatten, redeten zwar geschliffen, trauten sich aber nicht mehr, mutige Entscheidungen zu treffen. Alle schauten darauf, was die anderen taten. Keiner wagte es, sich um der Sache willen unbeliebt zu machen. Ich konnte es nicht mit Zahlen oder Argumenten belegen, aber die neuen Produkte in Kombination mit dem Verhalten der Menschen um mich herum waren mir nicht geheuer.

Dazu kam, dass ich mir irgendwann eine wichtige Tatsache eingestand: Ich hatte die neuen Anforderungen zwar mit viel Kampfgeist, Zähnezusammenbeißen und Fleiß gemeistert, aber mein analytischer Zahlenverstand lag genau genommen bei fünf von hundert Prozent. Ich war schon immer ein »Menschenmensch« gewesen und an der Börse aufgeblüht, weil ein Großteil meiner Arbeit aus intensiven Gesprächen bestand. Das machte mir Spaß: mit Menschen reden, genau zuhören, was sie zwischen den Zeilen sagten, meine Intuition einsetzen, Dinge zusammenfassen und komplexe Zusammenhänge analysieren. Vor einem richtigen Stinkstiefel zu stehen war mir lieber, als stumm vor einem Computer voller Zahlenkolonnen zu sitzen.

Ich war 39, als ich merkte, dass ich todunglücklich werden würde, wenn ich noch länger an der Börse bliebe. Ich hörte eine leise Stimme in meinem Inneren, die sagte: »Diana, hör auf damit. Egal, was du machst, mach etwas anderes. Und wenn du Supermarktkassiererin wirst. Mach! Etwas! Anderes!«

Ich war verheiratet, und auch mein Mann verdiente gut. Das war meine Absicherung, um über meine berufliche Neuorientierung und Alternativen zum Supermarkt nachzudenken. Ich kündigte und begann nach einer kurzen Findungsphase schließlich eine Coaching-Ausbildung mit dem Ziel, mich als Management-Trainerin selbstständig zu machen.

Sechs Wochen nach meinem letzten Arbeitstag an der Börse stand eine der größten Herausforderungen meines Lebens vor der Tür: Mein Mann trennte sich von mir. Ich verlor gleichzeitig mein geregeltes Einkommen, meinen Partner und meinen besten Freund. Ich stand beruflich und privat bei null. Alle meine Sicherheitssysteme schlugen Alarm. Als wäre das noch nicht genug, wurde meine Schwester in allerletzter Minute in einem lebensbedrohlichen Zustand in das nächste Krankenhaus gefahren.

Damals habe ich gedacht, es tut sich ein Loch unter mir auf und ich falle rein. Doch kurz bevor ich ganz unten war, kam mir ein Gedanke: Wollte ich nicht in Zukunft als Trainerin anderen Leuten helfen, ein glücklicheres Leben zu führen? Wie sollte ich das anstellen, wenn ich es nicht einmal schaffte, selbst glücklich zu werden? Also fing ich damit an.

Meine Coaching-Ausbildung kam mir dabei wie gerufen. Ich musste mich vielen Themen stellen und merkte, dass ich mit meinem gewohnten Kampf- und Fleißmodus nicht immer weiterkam. Ich hatte hervorragende Ausbilder und lernte, welchen Wert Authentizität und Ehrlichkeit haben.

Während meiner Ausbildung stieß ich erneut auf das Thema Sich-unbeliebt-Machen. Im Job hatte ich selten ein Problem damit gehabt, den Mund aufzumachen, und eher bei anderen beobachtet, welche negativen Konsequenzen es haben kann, nicht zu sagen, was man denkt. Aber jetzt wurde mir klar, dass es auch im privaten Bereich sehr wichtig ist, unangenehme Dinge anzusprechen und sagen zu können, was man will, auch wenn es anderen nicht immer gefällt. Privat war ich bislang ein absoluter Harmoniemensch gewesen. Jeder sollte mich toll und nett finden. Dass ich mich dadurch selbst verleugnet und mir und anderen die Chance genommen hatte, Konflikte durch ein paar klare Worte aus der Welt zu schaffen, wurde mir erst jetzt bewusst. Nach mehreren Ausbildungen, vielen eigenen Trainings, zahlreichen Kongressbesuchen und einer Fülle von Gesprächen war ich drei Jahre, nachdem ich mich selbstständig gemacht hatte, in meinem neuen Job und bei mir selbst angekommen. Wie ein roter Faden hatte mich das Sich-unbeliebt-Machen über die Jahre begleitet und allmählich zu mir selbst geführt.

Heute schaue ich auf dreizehn zufriedene und erfolgreiche Jahre als Managementtrainerin zurück. Hätte ich früher gewusst, wie leicht arbeiten sein kann, wenn man das Richtige für sich gefunden hat, hätte ich bestimmt nicht zwanzig Jahre damit gewartet, es zu suchen. Es macht mir großen Spaß, Coachingübungen zu entwickeln und selbst auszuprobieren. Wenn eine Übung bei mir selbst funktioniert und erfolgreich eine positive Veränderung bewirkt, gebe ich sie weiter. Alle »Gerichte« in diesem Buch sind also hausgemacht und schon mal vom Koch probiert worden.

Coaching ist eine sehr individuelle und persönliche Angelegenheit. Jeder Mensch ist einzigartig und in seinen Verhaltensmustern und Blockaden anders gestrickt. Was ich in meinem Buch anbiete, sind Lösungen, die bei jedem eine andere Wirkung haben, aber trotzdem allgemeingültig sind. Welche Übung bei Ihnen besonders gut greift und wie stark Sie sich durch sie verändern, hängt von Ihrem ganz persönlichen inneren Strickmuster ab. Einen positiven Effekt haben die Methoden in jedem Fall bei allen. Jeder kann sie gefahrlos anwenden. Sie sind so ausgewählt, dass Sie immer die Kontrolle behalten.

Vor dem Hintergrund meiner eigenen beruflichen und privaten Biografie wünsche ich mir, dass sich viel mehr Leute trauen, zu sich und zu den eigenen Haltungen und Werten zu stehen. Auch wenn es mal ein kurzer finanzieller oder gesellschaftlicher Nachteil sein kann – nach meiner Erfahrung zahlt es sich immer aus, für sich, für seine Werte oder für eine gute Sache einzustehen, denn man hält es viel leichter aus, nicht immer von allen geliebt zu werden, als sich selbst nicht zu lieben. Nur die Liebe zu sich selbst führt dazu, dass man sich frei und sicher genug fühlt, um authentisch und souverän zu agieren.

So, die Tasse ist leer, jetzt wird es Zeit, dass wir nicht mehr über mich reden, sondern über Sie!

Los geht's!

Bestimmt kennen Sie diese Situation aus Ihrem Berufsleben: Sie sitzen in einem Businessmeeting. Einige Ihrer Kollegen philosophieren über die Visionen und Ziele des Unternehmens, entwickeln in Windeseile zehn neue Produktideen, sind verloren gegangen in ihren Träumereien, beweihräuchern sich zu allem Überfluss auch noch gegenseitig und erzählen sich, wie gut und kreativ sie doch alle sind. Und Sie? Sie würden am liebsten aufstehen, die selbsternannten Gurus durchschütteln und sie darauf aufmerksam machen, dass es angesichts der bis zur Oberkante gefüllten Lager im Moment wichtiger wäre, sich darum zu kümmern, dass die bereits produzierten Waren endlich abgesetzt werden. Aber Sie tun es nicht. Stattdessen nehmen Sie neue Aufgaben für sich aus dem Meeting mit, die das Ergebnis der Träumereien der Kollegen sind und leider gar nichts mit Ihrem Tagesgeschäft zu tun haben, mit dem Sie sowieso schon in Verzug sind. Das Schlimme dabei ist: Das passiert Ihnen nicht zum ersten Mal. Das Gute daran: Sie sind nicht alleine. Gefühlten zweiundneunzig Prozent der fleißigen Angestellten geht es ähnlich.

Eine Variante des gleichen Problems, diesmal aus dem Alltagsleben einer Mutter, ist die folgende: An der Schule Ihrer Kinder gibt es zwei Lehrer, die besser einen anderen Beruf gewählt hätten. Sie sind nicht in der Lage, Wissen zu vermitteln, und können mit Kindern auch gar nicht so besonders gut umgehen, um es freundlich auszudrücken. Dummerweise ist ausgerechnet einer dieser Lehrer in der Klasse Ihres Sohnes Max eingesetzt. Ihr Sohn ist etwas lebhaft und mimt gerne den Klassenclown. Das finden Sie persönlich süß, der besagte Lehrer dagegen findet es nur nervig. Jedes Mal, wenn Sie zum Elterngespräch eingeladen werden, beißen Sie die Zähne zusammen und hören sich die Beschwerdetiraden des Lehrers über Max an. Sie sagen nichts und hoffen einfach, dass es schnell vorbei ist. Manchmal, wenn Sie einen sehr guten Tag haben, schmeicheln Sie dem Lehrer noch ein bisschen, um das Schlimmste für Max zu verhindern. Aber wenn Sie ganz ehrlich zu sich sind, würden Sie dem Lehrer gerne mal richtig die Meinung geigen. Sie würden ihn fragen, warum er seinen Jugendtraum, von dem er jedem erzählt, nicht verwirklicht hat und Ornithologe geworden ist. Warum er nicht Tag und Nacht Vögel beobachtet, statt Kindern, die er nicht mag, mit seiner langweiligen und besserwisserischen Art die letzte Motivation am Lernen zu nehmen. Leider tun Sie es nicht. Warum eigentlich nicht?

Warum können Sie Gefühle wie Ärger, Wut, Angst oder Ohnmacht nicht in den Momenten zum Ausdruck bringen, in denen Sie sie haben? Was in Ihnen verhindert, dass Sie zu jedem Zeitpunkt das sagen und tun, was Sie intuitiv für richtig und wichtig halten? Was können Sie unternehmen, um in Zukunft öfter für Ihr Recht zu kämpfen oder einfach nur für sich einzustehen? Welchen Weg können Sie gehen, um in schwierigen Momenten angemessen, souverän und mit starker Stimme zu agieren?

Vielleicht mussten Sie auch schon einmal sprachlos zusehen, wie andere Menschen sich Vorteile verschafft haben, die in Wirklichkeit Ihnen zugestanden hätten. Wünschen Sie sich manchmal, ein Mensch zu sein, der sich in solchen Situationen besser behaupten kann und das Gefühl hat, wirklich selbstbestimmt zu leben?

Wer hat Sie bis jetzt davon abgehalten, so ein Mensch zu sein? Ihre Kollegen oder Ihr Chef? Ihr Lebenspartner, Ihre Kinder, Ihre Eltern oder Ihre Freunde? Es ist leider völlig egal, wer es gewesen sein könnte. Unbewusst war es Ihnen sowieso schon klar: Wir können unser Leben nur dadurch verändern, dass wir uns selbst verändern. Wenn wir selbst anders denken und handeln, müssen auch die Menschen um uns herum anders mit uns umgehen. Nur wer sich selbst bewegt, kann etwas bewegen. Und Bewegung tut gut, auch wenn sie manchmal anstrengend ist.

In zahlreichen Einzel- und Gruppencoachings haben sich für mich sieben Schlüssel herauskristallisiert, die wir brauchen, um alle Türen aufzuschließen, die uns von diesem Ziel trennen:

Der erste Schlüssel befasst sich sehr ausführlich mit Ihrer persönlichen Kompetenz und ihrer Wirkung in Ihrer Außenwelt. Dabei werde ich Ihnen erklären, was Sie tun müssen, damit Sie bald in jeder Situation Ihres Lebens professionell, souverän und kompetent wirken, selbst wenn Ihnen innerlich anders zumute ist. Sie werden viele Situationen in Ihrem Leben spielerisch meistern können, wenn Sie sich einen imaginären Kompetenzraum aufgebaut haben, der durch nichts und niemanden zu erschüttern ist. Lassen Sie sich überraschen, wie schnell das auch in Ihrem Leben umzusetzen ist.

Der zweite Schlüssel beschäftigt sich mit der Entrümpelung Ihrer Innenwelt. Wir werden sie gemeinsam nach nicht mehr benötigten Zweifeln, Ängsten, Urteilen, Bewertungen, Haltungen und Einstellungen durchforsten und Sie werden sich von dem trennen, was Ihnen in Ihrem Leben nicht mehr sinnvoll erscheint und Sie bis jetzt daran gehindert hat, es auszuhalten, einmal unbeliebt zu sein.

Schlüssel Nummer drei beinhaltet ein Durchsetzungstraining für Sie. Sie werden in die geheime Kunst eingeweiht, in jeder Situation Ihres Lebens Ihre persönlichen Ziele im Blick zu behalten, und werden am Ende mit Mut und Wohlwollen Ihren Träumen entgegenfliegen.

Mit dem *vierten Schlüssel* unterstütze ich Sie darin, die verschiedenen Rollen Ihrer individuellen Persönlichkeit auf die große Showbühne des Lebens zu holen. Diese neue Vielfalt lässt Sie in vielen Lebenssituationen selbstbewusster und stärker agieren.

Der fünfte Schlüssel öffnet Ihnen die Tür zu strategisch durchdachtem Handeln. Sie können mit ihm Vorbereitungstaktiken für schwierige Situationen lernen und zur Meisterin oder zum Meister der Strategie werden. Die Auseinandersetzung mit schwierigen Situationen wird Ihr Improvisationstalent zu neuen Ufern führen.

Damit unangenehme Situationen in Ihrem Leben kalkulierbarer werden, gibt es den *sechsten Schlüssel*, den Positionierungsschlüssel. Er wird Ihnen große Dienste dabei erweisen, Ihre Position im Leben selbst zu bestimmen, sich zu behaupten und zu verteidigen. Sie werden immer mehr in die Lebensumstände kommen, die Sie sich wünschen.

Genau an diesem Punkt setzt dann der letzte *Schlüssel, Nummer sieben*, an. Hier geht es um Ihre Lebensziele und Träume. Dieser Schlüssel wird Ihre zukünftige Wunderwaffe sein, denn wenn Sie wissen, was Sie im Leben wollen und welchen Platz Sie einnehmen möchten, wird es niemandem mehr gelingen, Sie dieses Platzes zu verweisen.

Wenn Sie Lust dazu haben, können Sie nun mit diesen sieben Schlüsseln spielerisch und schnell Ihre inneren Haltungen und Einstellungen so verändern, dass Sie sich bald souverän und professionell behaupten werden.

Anhand vieler Beispiele aus meiner Coaching-Praxis zeige ich Ihnen Wege aus Ihren selbstgebauten Harmoniefallen, bremsenden Denkmustern und unbewussten Blockaden. Einfache Übungen und Werkzeuge öffnen Ihnen die Türen zu Ihrer Authentizität und Ihrem eigenen Willen. Die Schlüssel, die ich für Sie zusammengestellt habe, wurden tausendfach in meinen Trainings erprobt und haben für die Teilnehmer entscheidende Verbesserungen gebracht. Manche konnten sogar feststellen, dass der Mut, sich unbeliebt zu machen, auf überraschende Gegenliebe stieß.

Fangen Sie an?

Warum wir so selten für uns selbst einstehen und warum wir das schleunigst ändern sollten

Stecken Sie in der Harmoniefalle?

Bevor wir in das Geheimnis der sieben Schlüssel eintauchen, sollten wir uns ansehen, warum es vielen Menschen nicht recht gelingen will, auf leichte Art und Weise die eigenen Ziele zu erreichen, sich durchzusetzen, authentisch zu sein und sich geradlinig für eine gute Sache einzusetzen.

Wer oder was war in der Vergangenheit zum Beispiel dafür verantwortlich, dass Sie bei Beförderungen und Gehaltserhöhungen, wenn überhaupt, als Letzte(r) drankamen? Vielleicht ist Ihnen sogar Schlimmeres passiert: Sie haben zum Beispiel vorübergehend eine Führungsaufgabe in Ihrem Unternehmen übernommen. Das »vorübergehend« dauerte drei Jahre, und gerade als Sie in der neuen Position so viele Erfolge generiert hatten, dass die Ernte anstand, wurden Sie von ihr entfernt und ein neuer Kollege übernahm Ihre Aufgabe. Ihren Vorgesetzten war natürlich klar, dass man das so eigentlich nicht machen kann. Damit Sie erst gar nicht in die Verlegenheit kommen konnten, sich bei ihnen unbeliebt zu machen, brach man die Kommunikation mit Ihnen ab, kündigte Ihnen und verkehrte mit Ihnen nur noch schriftlich über die Anwälte.

In diesem Zusammenhang fällt mir das Beispiel einer Kundin ein, das ganz gut dazu passt: Manuela arbeitete schon seit Langem im Jobsharing-Modus mit einer anderen kompetenten Kollegin. Sie repräsentierten die Firma in der Öffentlichkeit und machten ihre Sache gut. Manuelas Kollegin legte wegen Familienzuwachs eine Pause ein und so wurde eine neue Mitarbeiterin eingestellt. Diese Kollegin war fachlich nicht so kompetent, dafür aber versiert im Netzwerkeknüpfen und im Intrigenspinnen. Damit versuchte sie ihre nicht vorhandene Kompetenz auszugleichen. Kurz gesagt: Manuela ließ das ein halbes Jahr mit sich machen. Sie sah ohnmächtig zu, wie die Qualität der Abteilung immer mehr litt, versuchte ständig, Brände zu löschen, und glaubte unbeirrbar, dass sich schon alles wieder auf dem früheren Niveau einpendeln würde. Um des lieben Friedens willen und in der Hoffnung, dass sich die neue Kollegin eines Besseren besinnen würde, tappte sie in die Harmoniefalle. Übermannt von Fassungslosigkeit und Fremdschämen versäumte sie es, mal richtig auf den Tisch zu hauen. Sie versäumte es auch, frühzeitig mit den Vorgesetzten über die fragwürdige Außenwirkung der neuen Kollegin als Repräsentantin der Firma zu sprechen und darüber, dass sie nicht mehr gewillt war, die Unfähigkeit der Neuen auszugleichen. Warum? Wo doch für jeden Außenstehenden glasklar zu erkennen war, wo die Reise hingehen würde, wenn sich nichts änderte?

Richtig, ihr übersteigertes Harmoniebedürfnis hinderte sie daran. Sie hatte große Angst davor, eine ähnlich falsche Schlange zu sein wie die andere. Sie zögerte, das zu tun, was man mit gesundem Menschenverstand sofort hätte tun müssen, nämlich die Vorgesetzten zu informieren. Aber in ihrer Welt war es ein Tabu, schlecht über Kollegen zu reden. Außerdem hatte sie Angst davor, dass der Intrigenfluss mittlerweile bei ihrem Chef angekommen war und am Schluss sie selbst die Böse wäre und sich einen neuen Job suchen müsste. Tatsächlich hätte genau das die Konsequenz ihres passiven Verharrens in der Harmoniefalle sein können. Glücklicherweise hatte sich Manuela nach langem Überlegen dazu entschieden, ihre selbstgebaute Falle zu verlassen. Sie nahm ihren Mut zusammen und sprach mit ihrem Chef über die sehr unbefriedigende Situation. Ihrem Vorgesetzten war es selbst schon aufgefallen, dass Manuelas Jobsharing-Kollegin ein Talent dafür hatte, alles zu ihrem Vorteil auszulegen, um es mal höflich auszudrücken. Allein deswegen war er sehr erfreut darüber, dass Manuela ihm in dem Gespräch das Angebot machte, ihre Arbeitszeiten zu erhöhen. Manuela hätte sich viele Sorgen und Ängste sparen können, wenn sie schon viel früher einfach mal über das geredet hätte, was ihr auf dem Herzen lag.

Gehören auch Sie zu den Menschen, die oft ihren Mund halten, obwohl es viele Dinge gibt, die Sie sagen könnten? Bekommen Sie hektische Flecken am Hals, wenn Sie nur daran denken, Ihrem Chef einmal klarzumachen, dass Sie langsam die Nase voll davon haben, dass er keine Entscheidungen trifft und Sie dadurch in Ihrer Projektarbeit nicht weiterkommen? Statt sich sachlich und souverän zu wehren, erstarren Sie geschockt, wenn Sie erkennen, dass ein Kollege gerade mit Ihren Ideen für die nächste wichtige Kundenpräsentation beim obersten Chef angetreten ist und sie als seine eigenen verkauft hat?

Es ist Zeit, dass Sie aus der Harmoniefalle treten und etwas unternehmen!

Warum wir lernen sollten, uns unbeliebt zu machen

Vielleicht haben Sie sich in einem der gerade geschilderten Beispiele wiedererkannt. Vielleicht träumen Sie auch schon länger davon, sich durchzusetzen, stärker mitzuspielen und sich zu trauen, den Mund aufzumachen, um Ihre Position zu vertreten. Instinktiv wissen Sie, dass es vermutlich nicht reichen wird, einfach zu beschließen, es zukünftig zu wagen, auch einmal unbeliebt zu sein. Sie wissen, dass Sie sich intensiv mit sich selbst beschäftigen müssten, um etwas zu ändern. Und weil das auch mal unangenehm sein könnte, beruhigen Sie sich schnell selbst mit den Gedanken: »Ich muss ja nicht alles können. Ist doch eigentlich auch nicht so schlimm, ich bin ja nicht unglücklich. Dafür bin ich nett und viele mögen mich.« Täuschen Sie sich nicht: Sich durchsetzen zu können und für sich selbst einzustehen sind keine Sahnehäubchen, die wir unserem Leben aufsetzen, wenn wir dazu Lust haben. Wenn Sie nie etwas sagen und tun, dann sagen und tun immer andere etwas. Solange keiner von den Netten einen Anspruch darauf erhebt, auch auf dieser Bühne zu stehen, bleiben die anderen dort stehen. Ihren Platz einzunehmen wäre leicht, wenn sich nur mal jemand trauen würde. Dieses Prinzip gilt flächendeckend: Ob es Ihre privaten Vereine betrifft, Ihren Businesskontext oder Ihren Bekannten-, Familien- und Freundeskreis – es ist immer das Gleiche: Wer nichts sagt, spielt nicht mit. Und: Wenn etwas falsch läuft und Sie nichts sagen, passiert nicht nichts, sondern der Missstand wird immer schlimmer. Wenn niemand einschreitet, geht die ganze Unternehmung allmählich den Bach runter, oft mit schwerwiegenden Konsequenzen für viele Menschen. Ich beginne einmal mit einem Beispiel aus dem ganz normalen Alltag, das diesen Zusammenhang verdeutlicht:

Cornelia, eine Kundin von mir, war Vorstand in einem Reitverein. Dieser Verein bot unter anderem Reitkurse für Erwachsene und Kinder an. Der stellvertretende Vereinsvorstand war geltungssüchtig, narzisstisch, rechthaberisch und nur auf seinen eigenen Vorteil aus – ein typischer Machtmensch. So kam es, wie es kommen musste: Kaum ein Mitglied des Reitvereins hatte noch Lust darauf, ehrenamtlich mitzuarbeiten, da der stellvertretende Vorstand sich vollkommen unmöglich benahm und die Atmosphäre vergiftete. Mit dem Fokus auf seine persönlichen Vorteile und Ziele, gepaart mit einer intriganten, schlagfertigen und frechen Ausdrucksweise, nahm er immer mehr Raum auf der Showbühne des Vereins ein.

Meine Kundin Cornelia war fix und fertig. Die Mitglieder, die sie lange und fleißig in der Vereinsarbeit unterstützt hatten, waren irgendwann nicht mehr bereit, sich noch weiter für den Verein zu engagieren. Bei der nächsten Sitzung war der Moment des Handelns gekommen. Cornelia wusste, dass sie das erste Mal Position beziehen und den Bühnenplatz für sich in Anspruch nehmen musste. Sie war bis zu diesem Zeitpunkt eher eine Frau gewesen, die sehr viel dafür tat, dass ihr Umfeld sich vor allem harmonisch gestaltete. Wenn sie nur daran dachte, dass sie unangenehme Dinge ansprechen sollte, bekam sie einen Kloß im Hals, hektische Flecken im Gesicht und ihre Stimme fing an zu zittern. So setzte sie alles daran, Situationen, die sie aus der Balance brachten und vor denen sie wirklich Angst hatte, zu vermeiden. Nachdem wir im Vorfeld dieser Sitzung einige Durchsetzungstrainings absolviert hatten (das geschah im beruflichen Kontext), nahm sie ihren ganzen Mut zusammen. Durch viele Einzelgespräche erreichte sie, dass die Personen, die im Verein eigentlich schon das Handtuch geworfen hatten, noch einmal zu einer letzten Vereinssitzung kamen. Dann gingen sie gemeinsam in die Schlacht. Cornelia konfrontierte den stellvertretenden Vorstand damit, dass sein Verhalten dem Verein schade. Dabei ging es um Dinge, die ihr erzählt worden waren, und Dinge, die sie selbst mit ihm erlebt hatte. Sie blieb ruhig und sachlich. Nach einer Stunde war es so weit: Der narzisstische stellvertretende Reitvereinsvorstand trat von seinem Amt zurück. Dabei betonte er ausdrücklich, dass er nichts falsch gemacht habe, dass vielmehr die anderen Vereinsmitglieder dumm und infantil seien. Er habe für sich erkannt, dass man sich mit solch unfähigen Leuten nicht in seiner Freizeit treffen sollte. Nach offizieller Bekanntgabe seines Rücktritts bekam Cornelia von Seiten der Vereinsmitglieder viel Zustimmung und Dank. Viele, die sich schon zurückgezogen hatten, kamen wieder regelmäßig zum Reittraining und sicherten Cornelia ihre Unterstützung im Verein zu.

Dieses Beispiel zeigt, dass es bei dem Thema »Probleme ansprechen und sich gegebenenfalls mit der Wahrheit bei Einzelnen unbeliebt machen« nicht nur darum geht, etwas für sich selbst zu tun, sondern oft darum, ganze Projekte oder größere Unternehmungen, an denen viele Menschen beteiligt sind, vor dem Scheitern zu bewahren. Wenn Sie nichts sagen, wird es nicht nur nicht besser, sondern eher immer schlimmer.

Ich hoffe, das Beispiel des vor dem Untergang geretteten Reitvereins hat auch klargemacht, dass es nicht Anliegen dieses Buches ist, rücksichtsloses Verhalten zu trainieren und für seine persönlichen Vorteile und Ziele über Leichen zu gehen. Rücksichtsloses, egozentrisches Verhalten ist nicht die Alternative zu »Ich sage dann mal lieber nichts«. Zwischen diesen beiden Extremen liegen zahlreiche kommunikative Nuancen und vor allem das sachliche, souveräne Auftreten, mit dem Sie Ihr Leben entscheidend bereichern können.

Warum haben wir so große Angst davor, uns unbeliebt zu machen?

Woran liegt es, dass so viele Menschen – wie Cornelia – sich nicht trauen, das zu sagen, was im entscheidenden Moment angemessen und dem Ziel dienlich wäre? Wovor und vor wem haben sie Angst?

Viele Menschen haben zuerst einmal Angst vor der Reaktion des Menschen oder der Gruppe von Menschen, der sie etwas entgegensetzen müssten. Um sich zu verteidigen, könnte ein Besserwisser Sie bloßstellen und Ihre gesammelten Schwächen vor allen anderen auf den Tisch legen. Ich kann Sie beruhigen: In der Regel macht sich niemand die Mühe, sich so intensiv mit Ihnen zu beschäftigen, dass er dazu in der Lage wäre. Das Höchste der Gefühle wird sein, dass der Angegriffene in einem Meeting behauptet, er hätte Ihnen eine Mail geschrieben, in der er die Sache bereits zur Sprache gebracht habe. Oder er wählt ein anderes beliebtes Ablenkungsmanöver und sagt, man hätte im letzten Meeting die wichtigen Punkte bereits besprochen. Sie hatten da ja etwas Besseres zu tun, deshalb waren Sie leider nicht dabei. Und das Protokoll haben Sie wahrscheinlich auch nicht gelesen. Allen Anwesenden wird klar sein, dass Ihr Widerpart mit seinen lahmen Ausreden verloren hat. Vor einer Bloßstellung Ihrer persönlichen Schwächen müssen Sie also keine Angst haben.

Aber wie steht es mit Ihrem Wissen? Kennen Sie die Angst, dass jemand merkt, dass Sie nicht alles wissen? Auch da sind Sie in bester Gesellschaft. Bei der heutigen Informationsflut haben wir überhaupt keine Chance mehr, auf irgendeinem Gebiet alles zu wissen. Die Nachricht, die vor fünf Minuten gepostet wurde, ist nach zehn Minuten schon wieder Schnee von gestern. Wissenslücken hat jeder, es ist klüger, sie selbstbewusst zuzugeben, als vor ihrer Entdeckung Angst zu haben. Wer seinen Selbstwert also über den Anspruch definiert, auf seinem Gebiet alles zu wissen und zu können, kann nur verlieren. Sie haben heute bessere Chancen, wenn Sie sich selbst und Ihrer

Intuition vertrauen. Wenn Sie Augen und Ohren offen halten, wach sind und es verstehen, Prioritäten zu setzen, werden die wichtigen Informationen zum richtigen Zeitpunkt zu Ihnen gelangen. Die Angst, dass Ihre Wissenslücken vor versammelter Mannschaft aufs Tapet gebracht werden, lässt sich also durch etwas Selbstreflexion gut eindämmen.

Wie aber sieht es mit der Angst aus, nicht gut genug zu sein? Dafür müsste man natürlich erst klären, für was man eigentlich nicht gut genug ist. Und wenn wir schon dabei sind: Wer beurteilt eigentlich, ob ich gut bin oder nicht? Wer legt fest, was gut ist, was besser ist und was gar nichts taugt? Und wie ist das mit der Tagesform? Sind wir an allen Tagen unseres Lebens gut? Müssen wir an allen Tagen unseres Lebens gleich gut sein? Was hat es denn wirklich mit dem »gut genug« auf sich? Könnte es sein, dass die Angst, nicht gut genug zu sein, alle anderen Ängste, die uns davon abhalten, uns unbeliebt zu machen, bereits beinhaltet?

Das erste Mal spüren wir die Angst, nicht gut genug zu sein, lange bevor wir überhaupt irgendein Büro betreten. Schon in der Kindheit machen wir wichtige Erfahrungen, die mit allem, was wir dabei fühlen, in unserem Unterbewusstsein abgespeichert werden.

Beobachten Sie einmal kleine Kinder, die sich schreiend auf den Boden werfen, weil sie etwas können möchten, das der große Bruder schon kann. Der ist drei Jahre älter, aber das sieht das kleine Kind nicht. Es sieht und fühlt nur, dass es etwas nicht kann, was man anscheinend können muss. Wer auch immer das festgelegt hat. Oder vielleicht erinnern wir uns noch an einen unserer Kindergeburtstage? Wir haben ein LEGO-Auto geschenkt bekommen, möchten es zusammenbauen, aber plötzlich sagt Onkel Heiner: »Andreas, ich glaube, du bist noch zu klein dafür. Lass das mal lieber deinen großen Bruder zusammenbauen, nicht dass du noch etwas kaputt machst. Du kannst ja dann später damit spielen.« Wer möchte denn bitte zu klein sein, egal, wie alt er ist? Was da so gut gemeint von Onkel Heiner in die Runde posaunt wurde, kann im späteren Leben zur

Folge haben, dass der mittlerweile erwachsene Andreas immer noch glaubt, er sei zu klein, wofür auch immer. Und bevor einer merkt, dass er zu klein ist, sagt Andreas lieber nichts. Weder zu seinem Chef, der ihm ja hierarchisch übergeordnet ist, noch zu seiner Partnerin, die ihm mit ihrem ewigen Gemecker auf den Geist geht. Er sagt einfach nichts, höchstens dann, wenn er sich unter Gleichgesinnten gut genug fühlt.

Am Beispiel von Andreas können Sie erkennen, dass schon kleine Bemerkungen vor Publikum eine ziemlich fatale Wirkung haben und sehr großen Einfluss auf unser Selbstbild und Selbstwertgefühl nehmen. Wir verbringen viel Zeit damit, darüber nachzudenken, wie wir sein müssten, damit uns alle toll finden, damit wir bei allen beliebt sind. Wie muss ich sein, um auf meinem Gebiet als Experte zu gelten? Wie muss ich sein, um auf Frauen oder Männer attraktiv und sexy zu wirken? Muss ich blonde Haare haben, braune, gesträhnte oder etwa rote? Mögen Frauen nur Männer, die viele Muskeln haben? Muss ich so ein Muskelpaket sein wie Klaus, damit Anja mit mir ausgeht? Und wenn ja, wie lange muss ich ins Krafttraining gehen, damit ich so aussehe? Oder geht Anja schon mit Tobias, weil sie eigentlich gar nicht auf Kraftpakete steht? Fragen über Fragen, die in Millionen Köpfen jede Sekunde hin und her bewegt werden. Hinter sämtlichen Fragen steckt die Angst, nicht gut genug zu sein, sie dreht sich quasi um sich selbst, ohne wirklich einen Sinn zu ergeben. Die Angst, bloßgestellt zu werden, die Angst, Fehler zu machen, die Angst, zu dick oder zu dünn zu sein, entstehen wie viele andere aus der gleichen Angst – nämlich der, nicht gut genug zu sein.

Die Ursache aller Ängste: mangelndes Selbstwertgefühl

Am Beispiel des kleinen und des großen Andreas haben wir gesehen, dass die Angst, nicht gut genug für etwas zu sein, fast immer in sehr frühen Lebensabschnitten entsteht. Und dass sie im Einzelnen zu vielen weiteren Ängsten mutieren kann.

Wir können zwar rückwirkend unsere Kindheitserfahrungen und auch alle anderen Erlebnisse im Leben nicht ungeschehen machen, aber wir sind als erwachsene Menschen in der Lage, unsere Einstellungen und Haltungen zu den vergangenen Situationen zu verändern. Und diese Einstellungs- und Haltungsänderung hat einen immensen Einfluss auf die gegenwärtigen Gefühle, die wir gegenüber uns selbst haben. Damit kommen wir der Lösung schon ein ganzes Stück näher. Machen wir jetzt einmal einen spontanen Test.

Stellen Sie sich vor, Sie sitzen vor mir und ich frage Sie: »Wie, glauben Sie, nehmen andere Menschen Sie wahr?« Denken Sie kurz darüber nach. Würde Ihre Antwort in etwa so klingen: »Es gibt Menschen, die schätzen an mir meine Pünktlichkeit, meine Zuverlässigkeit, mein Organisationstalent und dass ich gut zuhören kann.«?

Nicht schlecht, aber ein bisschen zu bescheiden, finde ich. Sie bringen damit nämlich zum Ausdruck, dass Sie sich zwar nicht verstecken müssen, aber den Ball doch lieber flach halten wollen. Wenn zum Beispiel in Ihrer Familie die Ansicht herrschte, wer sich bescheiden gibt, kommt im Leben besser zurecht, wäre es logisch, dass Sie so antworten. Aber auch Aussagen Ihrer Eltern, wie zum Beispiel »Das haben wir nicht nötig« oder »So angeberisch wie die Kleins werden wir niemals sein«, können dazu beitragen, dass Sie sich immer sehr bescheiden geben, wenn es darum geht, Aussagen über sich selbst zu treffen.

Vielleicht antworten Sie aber auch so: »Sie wollen wissen, was andere von mir halten? Okay, auf Ihre Verantwortung: Sie finden mich total toll und beneiden mich um meine steile Karriere. Deshalb kann ich mich vor Einladungen auch kaum retten. Es wollen einfach alle mit mir zu tun haben.« Das wiederum wäre selbst für mich etwas zu viel des Guten. Ich glaube außerdem nicht, dass irgendjemand so antworten würde. Denn man braucht kein großes psychologisches Wissen, um zu erkennen, dass jemand, der auf diese Weise antwortet, die Flucht nach vorne antritt. Frei nach dem Motto: »Ich haue jetzt erst mal was raus, dann ist der Fragende geplättet, und ich habe Zeit, mir noch mehr zu überlegen.« Oder anders ausgedrückt: Menschen, die wirklich selbstbewusst sind, werden niemals so antworten, sondern eher sagen: »Ich liebe meinen Job, habe das gefunden, was mich wirklich erfüllt, meine Beziehung macht mich glücklich, und ich lerne jeden Tag besser, wie ich mit den kleinen und großen Herausforderungen des Lebens gut umgehen kann.« Zu diesem Ergebnis kommen Sie, wenn Sie wissen, wer Sie sind, was Sie können, was Sie lieben und warum Sie es verdient haben, glücklich zu sein. Kurz: Wenn Sie wissen, warum Sie tatsächlich etwas ganz Besonderes sind.

Menschen, die zu sich selbst ein so entspanntes und liebevolles Verhältnis haben, sind theoretisch in der Lage, mit jeder Situation, egal, wie schwierig sie ist, fertig zu werden. Denn im Zustand der unbeschwerten Liebe zu sich selbst sind Sie unverwundbar, und es fällt Ihnen sehr leicht, es auszuhalten, einmal unbeliebt zu sein. Das bedeutet nicht, dass Sie immer auf alles die richtige Antwort parat haben oder frei von Schamgefühlen oder peinlicher Berührung sind. Diese manchmal anstrengenden Gefühle gehören zum Leben dazu. Der Unterschied zwischen Menschen, die sich selbst lieben, und Menschen, die diese Liebe für sich noch nicht spüren können, ist, dass sie unangenehme Situationen aushalten, ohne an sich selbst zu zweifeln. Unangenehme Situationen geben den Menschen, die sich lieben, so wie sie sind, nicht das Gefühl, versagt zu haben oder nicht gut genug zu sein.

Wenn Sie den Zustand, sich selbst anzunehmen und zu lieben, so wie Sie sind, kennenlernen möchten, müssen Sie keine dreimonatige Auszeit im Kloster nehmen, um sich zu finden. Sie brauchen auch nicht bei einem Überlebenstraining im Dschungel Ihre Grenzen auszutesten. Das können Alternativen sein, die Sie darauf vorbereiten, für sich einzustehen. Aber der Weg zu einem höheren Selbstwertgefühl muss nicht mit einem derart großen zeitlichen Aufwand verbunden sein, und Sie müssen auch nicht riskieren, von giftigen Schlangen gebissen zu werden. Sie müssen nur einige Zusammenhänge verstehen und ein paar Türen in Ihrem Inneren aufschließen, hinter denen eine interessante Erkenntnis auf Sie wartet. In diesem Buch werde ich Ihnen die Schlüssel dazu an die Hand geben. Diese sollen Sie dabei unterstützen, sich zukünftig in jeder Situation sicher, souverän und zielorientiert zu verhalten. Die gute Nachricht ist, dass Sie selbst einen sehr großen Einfluss darauf haben, wie Sie sich im Inneren positionieren und wie Ihr Selbstwert aufgebaut ist. Es liegt zu neunzig Prozent daran, wie Sie über sich selbst denken und was Sie sich selbst gegenüber fühlen. Damit Sie das in Zukunft besser und positiv steuern können, werde ich Sie in den folgenden Kapiteln darin trainieren, souverän und aufrichtig zu sich selbst, zu Ihren Idealen und zu Ihren Zielen zu stehen. Egal, ob es sich dabei um berufliche oder private Ziele handelt. Sie werden spielerisch immer mehr in die Lage versetzt, es auszuhalten, einmal unbeliebt zu sein.

Das Beispiel des kleinen Kindes, dem ganz nebenbei die Fähigkeit, ein Spielzeugauto zusammenzubauen, abgesprochen wird, hat uns schon auf die Fährte gebracht, dass die Ursachen für mangelndes Selbstwertgefühl tief im Unterbewusstsein liegen können. Gehen wir noch einen Schritt weiter und fragen: Warum ist es so schwer, sich selbst zu lieben?

Warum ist es so schwer, sich selbst zu lieben? – Gründe für ein mangelndes Selbstwertgefühl

Wir alle führen in unserem Kopf Diskussionen mit uns selbst, wägen das Einerseits gegen das Andererseits ab, bis wir schließlich zu einer Meinung oder zu einer Entscheidung gelangen. Viel zu oft sind diese inneren Diskussionen unangenehm. Ich stelle mir den kleinen Quälgeist, der sich in meiner Innenwelt breitmacht und pausenlos ungefragt seine Meinung kundtut, als »inneren Kritiker« vor. Manche Menschen hören ihn nur ganz sanft, andere hören ihn so laut, dass sie teilweise handlungsunfähig werden.

Dieser unsichtbare, lästige und mahnende Kritiker in uns führt scheinbar ein Eigenleben. Er trägt viele verschiedene Verkleidungen und Masken zu jeder Tages- und Nachtzeit. Er verschafft sich Zutritt aus unserer Innenwelt in unsere Außenwelt, wann immer es ihm beliebt. Und wie es scheint, können wir gar nichts dagegen tun. Wenn wir probieren, ihn zu verdrängen, spornt ihn das leider oft noch mehr an, sich aus unserem Unterbewusstsein in unser Bewusstsein zu manövrieren. Er wird niemals müde und ist nie erschöpft, ganz im Gegensatz zu uns selbst. Irgendwann haben wir uns damit abgefunden, dass diese nebulöse Stimme in unserem Inneren der Boss ist. Schön dumm. Denn wie ist denn diese Stimme entstanden? Dieser innere Kritiker mit seinen gefühlten dreiundachtzig Variationen der Selbstdarstellung ist aus all dem entstanden, was wir als Kind gehört, gesehen und gefühlt haben. Die Botschaften, mit denen sehr intensive Gefühle verbunden waren, egal, ob es sich um positive oder negative Gefühle handelte, sind der Motor unseres inneren Kritikers. Das Dumme dabei ist: Je älter wir sind, desto mehr haben wir vergessen, was sich unser kleiner, zarter, neugieriger und wohlwollender Kinderanteil damit ans Bein gebunden hat. Das war alles Futter für unseren inneren Kritiker von heute. Welche negativen und positiven Botschaften wir im Gepäck haben, vergessen wir relativ schnell. Sonst würde ja keiner von uns seine Ziele erreichen. Wahrscheinlich versuchen Sie gerade während des Lesens herauszufinden, welche Botschaften Sie selbst als Kind mitgenommen haben und welche davon intensiver wirken als andere?

Die folgenden Sätze, nichtsahnend von einem Elternteil, einem Lehrer oder einem Verwandten dahingesagt, können schon bei Kindern reichhaltige Nahrung für innere Kritiker und andere Quälgeister sein. Vielleicht kommt Ihnen der eine oder andere Satz bekannt vor?

- *»Ich habe dir schon mehrmals gesagt, dass du Erwachsene nicht beim Reden unterbrechen sollst. Bist du so dumm, dass du dir das nicht merken kannst?«*
- *»Aus dir wird nie etwas werden, wenn ich das schon sehe, wie du da rangehst.«*

- *»Das ist doch kinderleicht, noch nicht einmal so etwas schaffst du.«*
- *»Peter, du glaubst wohl, du bist etwas Besseres, bist du aber nicht.«*
- *»Solange du deine Füße unter meinen Tisch stellst, wird gemacht, was ich sage, verstanden!«*
- *»Zieh das sofort aus, so gehst du nicht auf die Straße, damit siehst du ja aus wie ein Flittchen.«*
- *»Glaubst du etwa, dass du etwas Besonderes bist?«*
- *»Wenn ich keine Kinder hätte, ginge es mir viel besser. Wenn ich irgendwann mal sterbe, bist du dran schuld.«*
- *»Das kannst du nicht, dafür bist du noch zu klein.«*

Leider sind diese Sätze nicht aus der Luft gegriffen. Im Gegenteil, sie existieren ganz real in der Innenwelt vieler Menschen. Diese und viele andere Sätze aus der Kindheit sind dafür verantwortlich, dass der eine oder andere von uns so große Schwierigkeiten damit hat, sein Selbstwertgefühl immer auf einem hohen Level zu halten.

Doch im Folgenden soll es weniger um tiefschürfende Ursachenforschung in der Vergangenheit gehen, sondern vor allem um praktische Lösungsansätze in der Gegenwart. »Es ist weltweit noch niemandem besser gegangen, weil man ihm erklärt hat, warum es ihm schlecht geht. Besser geht es ihm erst, wenn es ihm besser geht.« An diesen Satz meines Lieblings-Psychotherapeuten Paul Watzlawick (der auch Kommunikationswissenschaftler und Soziologe war und als Autor und Philosoph gewirkt hat) möchte ich gerne anknüpfen. Denn es ist tatsächlich gar nicht unbedingt notwendig, sich akribisch auf die Suche zu machen, wo und wann man sich in seine Innenwelt etwas eingebaut hat oder wie der innere Kritiker zum Leben erweckt wurde. (Das natürlich immer unter der Prämisse, dass Sie gesund sind und nicht an einer ernsteren psychischen Krankheit leiden. In so einem Fall muss man sich selbstverständlich fachmännische Hilfe und Unterstützung holen.)

Auch ohne in der Vergangenheit zu wühlen, können Sie Ihrem inneren Kritiker etwas entgegensetzen. Um zu demonstrieren, wie, beschreibe ich ein paar Situationen aus dem Arbeitsalltag.

- *Ein wichtiger beruflicher Termin wird Ihnen abgesagt. Sofort glauben Sie, Sie haben sich falsch verhalten, und gehen alle Situationen in Ihrem Kopf durch, die eventuell dafür verantwortlich sein können, dass eine bestimmte Person Sie jetzt nicht mehr treffen will.*
- *Ein Kollege entzieht Ihnen das Vertrauen, weil Sie Informationen weitergegeben haben, die er in einem Großraumbüro vor Publikum verkündet hat. Sie fragen sich tagelang, was Sie falsch gemacht haben.*
- *Ihr Partner behandelt Sie vor allen Leuten geringschätzig, und selbst wenn Sie von anderen Personen darauf angesprochen werden, dass dieses Verhalten unmöglich ist, lassen Sie sich das gefallen. Vielleicht, weil Sie es gewohnt sind, so behandelt zu werden?*
- *Es ist in Ihrer Abteilung ein großer Fehler passiert und sofort überlegen Sie, ob Sie eventuell etwas damit zu tun haben könnten.*

Nehmen wir mal das letzte Beispiel und stellen uns vor, Ihr innerer Kritiker meldet sich aus heiterem Himmel zu Wort. Er sagt: »Sicher liegt die Ursache für das Problem bei dir. Wäre ja nicht das erste Mal! Vielleicht bist du doch einfach zu dumm für den Job oder fachlich zu schlecht? Sonst würde so etwas ja nicht passieren!«

Der innere Kritiker nimmt plötzlich sehr viel Raum ein und zwingt Ihre Gedanken, sich mit ihm zu beschäftigen. Lösen Sie die Situation, indem Sie die Initiative ergreifen und ihm etwas entgegensetzen. Ziehen Sie sich für ein kurzes Gespräch mit ihm zurück. Sie könnten zum Beispiel sagen: »Hallo, mein Lieber, du scheinst ja heute einen schlechten Tag zu haben. In dieser Abteilung sind zwanzig Leute, warum sollte ausgerechnet ich den entscheidenden Fehler gemacht haben? Ich weiß, dass ich gute Arbeit geleistet habe und für den Job gut ausgebildet bin. Also Ruhe, du hast doch keine Ahnung!« Bis sich Ihr innerer Kritiker von diesem Feedback erholt hat, ist der Schuldige längst gefunden. Sie merken also, dass Sie gar nicht genau wissen müssen, welche emotionalen Sätze aus Ihrer Kindheit den inneren Kritiker gespeist haben. Das Wichtige ist, dass Sie den auf Autopilot gesetzten Prozess der inneren Kritik unterbrechen und etwas dagegensetzen. In den nächsten Kapiteln werden Sie auf noch mehr Varianten zu diesem Thema stoßen.

Frei zu sein bedeutet, das zu sein, was man ist, das zu tun, was man kann, und so zu leben, wie man will

Die Beispiele aus dem Arbeitsalltag, in denen Sie sich vielleicht wiedererkannt haben, zeigen vor allem eins: Viele Menschen zweifeln daran, ob sie gut genug sind, ob sie es wert sind, erfolgreich zu sein und geliebt zu werden, und ob sie auch wirklich alles wissen, was sie glauben, wissen zu müssen. Mit diesen Zweifeln hebeln sie langsam, aber stetig ihr Selbstwertgefühl aus. Was irgendwie paradox klingt, da wir doch mit zunehmendem Alter immer mehr Erfolge generieren, mit größerer Lebenserfahrung aufwarten können und die Welt immer besser kennenlernen. Unser Wissensstand nimmt täglich zu, über unsere positiven und negativen Erfahrungen lernen und integrieren wir täglich neue Verhaltensmuster und Verhaltensweisen. Wir bewegen uns theoretisch mit jedem Tag sicherer auf der Bühne des Lebens. Heißt es nicht: »Übung macht den Meister«?

Trotzdem arbeitet auf der anderen Seite des Kontos eine unsichtbare, destruktive Kraft, die aus uns selbst entstanden ist. Das Gemeine ist, dass diese Kraft nicht einfach gleich stark bleibt, wenn wir nichts gegen sie unternehmen, sondern dass sie unablässig weiterwächst, wenn wir ihr nicht Einhalt gebieten. Da diese Kraft ihren Sitz auf der unbewussten Ebene hat, ist es nicht immer leicht für uns zu erkennen, dass unsere Zweifel im wahrsten Sinne des Wortes »hausgemacht« sind. Ein Trost ist – und das sollten wir uns jederzeit bewusst machen –, dass es anscheinend vielen Menschen so geht.

Der Kampf mit den Zweifeln hört auch bei berühmten und von vielen bewunderten Menschen nicht auf, was zeigt, dass sich Selbstzweifel wenig von offensichtlichen Erfolgen eindämmen lassen. In einem Interview mit der Zeitschrift *Elle* erzählte zum Beispiel der Schauspieler Keanu Reeves, der mit Filmen wie *Matrix* und *Das Haus am Meer* große Erfolge gefeiert hat, dass er noch heute immer wieder zweifelt, ob er gut genug sei. Als er vor einigen Jahren am Set eines Filmdrehs dem großen Schauspieler Anthony Quinn die Frage stellte, ob das denn nie aufhören würde mit den Selbstzweifeln, mit dem Kampf und der Suche, antwortete dieser kurz und knapp: »Nein!« Sie sehen also, wir sind in bester internationaler Gesellschaft mit dem Problem, von Zeit zu Zeit ein niedriges Selbstwertgefühl zu haben oder an uns selbst zu zweifeln.

Weil sich unser Selbstwertgefühl also anscheinend wenig von objektiven Bestätigungen unserer Fähigkeiten beeindrucken lässt, ist es außerordentlich wichtig zu wissen, wie wir den manchmal extrem destruktiven Stimmen in unserem Inneren Einhalt gebieten können: Wir können einen inneren Dialog führen und dabei die Stimmen mit ihren Befürchtungen zu Wort kommen lassen. Dann setzen wir ihnen mithilfe unseres Wissens und unserer Ratio etwas entgegen und mischen vielleicht noch hundert Gramm Humor unter. Sie werden sehen, die Stimmen werden leiser und verschwinden irgendwann womöglich sogar ganz. Üben Sie ruhig zu Hause, im Auto, im Garten – wo auch immer – mit lauter Stimme. Auf diese Weise werden Sie den inneren Kritiker immer besser in den Griff bekommen. Viele meiner Klienten berichten, dass er meist dieselben Dinge vorbringt. Das macht das Entgegnen zunehmend leichter.

Wenn unser Selbstwertgefühl gerade im Keller ist, halten wir es besonders schwer aus, unbeliebt zu sein. Da wir uns selbst nicht ausreichend wertschätzen, suchen wir umso mehr Würdigung und Anerkennung bei anderen. Sie sollen das Loch stopfen, das unsere Selbstzweifel verursacht haben und das wir selbst nicht in der Lage sind zu füllen. Eine Strategie, die oft nicht aufgeht, wie wir am Beispiel von Keanu Reeves und anderen erfolgreichen Menschen sehen können.

Bevor ich Ihnen mit den sieben Schlüsseln bessere Strategien an die Hand gebe, möchte ich noch einmal hinterfragen, was es mit dem »Unbeliebtsein« überhaupt auf sich hat.

Ist es wirklich so, dass andere uns keine Anerkennung mehr schenken, nur weil wir ihre Meinung nicht teilen? Werden wir wirklich weniger gemocht, wenn wir klarstellen, dass etwas falsch wiedergegeben wurde? Oder befürchten und vermuten wir nur, dass unser Widerspruch uns unbeliebt macht? Überlegen Sie im konkreten Fall ganz genau, welche Person *wirklich* so reagieren würde, wie Sie befürchten. Wie viele sind es tatsächlich, die Sie nicht mehr nett finden würden? Einer oder zwei?

Dann stellt sich hier die nächste Frage: Haben diese Personen Ihnen denn überhaupt schon einmal die Anerkennung und Würdigung zuteil werden lassen, die Ihnen wichtig ist? Wollen Sie eigentlich von Menschen wertgeschätzt werden, die Sie nur anerkennen, wenn Sie ihnen nach dem Mund reden?

Vielleicht merken Sie bei der Beantwortung der Fragen, dass das Risiko, sich unbeliebt zu machen, gar nicht so hoch ist, wie Sie zuerst befürchtet haben. Die Vorstellung, dass wir ein schlechterer Mensch oder nicht so beliebt sind, wenn wir etwas tun, was andere Menschen nicht gutheißen, existiert vor allem in unseren Köpfen. Dieser Mythos ist nicht Realität.

Trauen Sie sich also, Ihr Verhalten zu ändern, und Sie werden sich jedes Mal, wenn Sie den Mut hatten, sich unbeliebt zu machen, sicherer und freier fühlen. Das ist nämlich der wahre Gewinn für Sie: Freiheit!

Solch einen Befreiungsschlag vollbrachte auch eine Kundin von mir, die ich Silke nennen möchte. Silke ist Vertriebsleiterin bei einer großen Investmentgesellschaft. Der Absatz der Fonds lief nicht berauschend, aber auch nicht wirklich schlecht. Silke hatte sich in den vergangenen Jahren kräftemäßig sehr verausgabt und war froh, dass sie im Moment in ruhigen Gewässern segeln konnte. Sie überlegte zudem, ob sie dem Wunsch ihres Bruders entsprechen und mit in seine Firma einsteigen sollte. Silke ist eher ein Sicherheitstyp und war ganz zufrieden, sich bei einer renommierten Firma im Angestelltenverhältnis zu befinden. In guten Jahren war ihr Verdienst außerdem so exorbitant hoch, dass sie erwartete, sich finanziell zu verschlechtern, wenn sie den Arbeitgeber wechseln würde oder in die Selbstständigkeit ginge. Das Leben wollte ihr wohl etwas auf die Sprünge helfen: Ihr Unternehmen bekam einen neuen Vorstandschef, der relativ schnell Erfolge generieren wollte. Ihm fiel auf, dass es im Vertrieb nicht gut aussah, und Silke geriet als vermeintliche Verantwortliche für die Misere in sein Visier. Nachdem sie über Wochen hinweg Krisenmeetings, Anschuldigungen und Befragungen über sich hatte ergehen lassen müssen, war meine Kundin am Ende ihrer Kräfte. Sie hatte die Schnauze gestrichen voll, um es salopp auszudrücken. Und sie war endlich dazu bereit, sich einmal unbeliebt zu machen, selbst auf die Gefahr hin, dass das ihr letzter Arbeitstag in dieser renommierten Firma sein würde. Dann war es so weit: Ihr Vorstandschef hatte sie wieder einmal eingeladen, um sie ins Gebet zu nehmen. Diesmal war sie gut vorbereitet. Sehr gut vorbereitet. Sie haute ihm die Vertriebszahlen, Analysen und Kosteneinsparungen der letzten zwölf Monate um die Ohren und verglich diese mit verschiedenen anderen Investmentfonds. Sie stellte zielorientierte Fragen zu der neuen Vision des Unternehmens und machte klar, dass es nur eine Alternative zu ihr selbst gab: Der Vorstand müsste den Vertrieb selber leiten. Durch Fachfragen, die immer mehr in die Tiefe gingen, nötigte sie ihn schließlich dazu, die weiße Fahne zu hissen. Sie holte sich von ihm das Okay, ab sofort wieder das Ruder im Vertrieb zu übernehmen.

In diesem Moment verspürte Silke zum ersten Mal das Gefühl absoluter Freiheit und Unangreifbarkeit in ihrem Leben. Wie viele Wochen hatte sie sich den Kopf darüber zerbrochen, was sie besser machen könnte, hatte an sich gezweifelt und wollte fast aufgeben! Doch wider Erwarten hatte der Vorstand Silke nicht vor die Tür gesetzt, sondern im Gegenteil auf einmal erkannt, was für eine schätzenswerte und engagierte Mitarbeiterin sie war.

Natürlich hilft nicht in jeder Krisensituation eine gut vorbereitete Präsentation vor dem Chef. Bei Silke war die Zeit reif, sie brauchte anscheinend den großen Auftritt, weil sie in ihrem Leben zu viele Gelegenheiten hatte verstreichen lassen, um für sich, ihre Ideale und das Unternehmen einzustehen. Bis zu diesem Zeitpunkt hatte immer ihre Angst vor möglichen Konsequenzen sie davon abgehalten, wirklich zu sagen, was sie dachte und fühlte. Sie hatte nie Gefahr laufen wollen, sich bei ihren Chefs unbeliebt zu machen, und sie hatte Angst davor gehabt, dass Kollegen, die sie schätzte, sie nicht mehr beachten würden.

Das ist also für Sie drin: Freiheit, Selbstbestimmtheit, Geradlinigkeit, Anerkennung für das, was Sie sind, und natürlich das Erreichen Ihrer selbst gesteckten Ziele. Man könnte es kurz auch so zusammenfassen: Es lohnt sich manchmal, unbeliebt zu sein, weil es mit Sicherheit ein selbstbestimmtes Leben fördert.

So lernen Sie, souverän zu agieren

Sie haben nun schon ein paar Anregungen bekommen, wie Sie in Zukunft selbstbewusster sein können und wie Sie das Ruder Ihres Lebens selbst in die Hand nehmen, um sich zu trauen, Sie selbst zu sein. Wenn Sie Lust dazu haben, unterstütze ich Sie gerne dabei, diesen Weg weiterzugehen.

Die nächsten sieben Kapitel dieses Buches beinhalten verschiedene »Schlüssel«, die jeder für sich schon eine enorme Veränderung in Ihrem Leben bewirken können. Je öfter Sie die vorgeschlagenen Schlüssel anwenden, umso mehr Sicherheit, Souveränität und Selbstbewusstsein werden Sie in Ihrem Leben spüren. Dabei ist es egal, in welchem Lebensbereich Sie eine Veränderung herbeiführen möchten. Diese Schlüssel können Sie sowohl in Ihrer privaten wie in Ihrer beruflichen Sphäre anwenden. Achten Sie auf die Dosierung. Versuchen Sie nicht, alles auf einmal umzusetzen. Lassen Sie sich Zeit beim Verinnerlichen der einzelnen Schritte. Ihre persönlichen Kommunikationsmöglichkeiten werden sich zum Teil verändern, ohne dass es Ihnen bewusst ist. Ihr Mut, sich in schwierigen Situationen anders zu verhalten und sich manchmal unbeliebt zu machen, wird langsam wachsen. Irgendwann werden Sie sich gar nicht mehr daran erinnern, dass Sie früher einen Bogen um herausfordernde Situationen gemacht haben. Aber es ist wie mit allem: Es hängt von Ihnen ab. Nur weil man sich im Fitnessstudio anmeldet, hat man schließlich noch nicht mehr Kondition. Mehr Kondition bekommt man erst, wenn man trainiert. Genauso ist es beim Thema Kommunikation. Üben Sie, immer ein bisschen mehr zu wagen, und irgendwann haben Sie die Fähigkeit erlangt, nicht mehr vor unangenehmen Situationen wegzurennen – dann halten Sie es auch aus, mal unbeliebt zu sein. Sie werden sehen, es lohnt sich gleich in mehrfacher Hinsicht. Denn wenn Sie Souveränität, Kompetenz und Selbstbewusstsein ausstrahlen, werden die von Ihnen gefürchteten heiklen Situationen von ganz alleine weniger werden. Die Momente, in denen Sie sich einfach wohlfühlen, egal, mit wem Sie Ihre Zeit verbringen, werden in Zukunft einen großen Teil Ihres Lebens ausmachen.

Um dorthin zu gelangen, öffnen wir mit dem ersten Schlüssel zunächst die Tür zu Ihrem persönlichen Kompetenzraum.

ERSTER SCHLÜSSEL

Willkommen in Ihrem persönlichen Kompetenzraum!

Was ist ein Kompetenzraum?

Der erste der sieben Schlüssel, die Sie benötigen, um es souverän auszuhalten, mal unbeliebt zu sein, ist die Einrichtung Ihres Kompetenzraums. Sie haben ein Bad, eine Küche, ein Schlafzimmer, ein Wohnzimmer, aber von einem Kompetenzraum haben Sie noch nie etwas gehört? Das ist kein Wunder, denn es ist ein Raum in Ihrem Inneren. Wir alle haben einen Kompetenzraum oder anders ausgedrückt, wir verfügen über seine Einrichtungsgegenstände, aber viele haben ihn sich wahrscheinlich noch nie bewusst vorgestellt oder ihn gar benutzt.

Sie fragen sich, wie Sie etwas besitzen können, von dessen Existenz Sie gar nichts ahnen? Kennen Sie das Gefühl, einen guten Tag gehabt zu haben, an dem alles super geklappt hat, an dem Sie alles, was Sie sich vorgenommen hatten, spielerisch erreicht haben und an dem Sie sogar einige schwierige Herausforderungen bravourös gemeistert haben? An so einem Tag waren Sie in Ihrem Kompetenzraum. Was nichts anderes bedeutet, als dass Sie sich an diesem Tag Ihrer Fähigkeiten, Ihrer Erfolge, Ihrer Ziele und Ihrer Ideale bewusst waren und gespürt haben, dass Sie es verdienen, sich selbst zu lieben.

Leider gibt es auch die schlechten Tage. Ich meine die Tage, an denen man sich selbst alles andere als kompetent erlebt, an denen man sich schwach und ahnungslos fühlt und hofft, dass es keiner merkt. An diesen Tagen haben Sie Ihren Kompetenzraum verlassen, nehmen ihn also nicht wahr und sind sich nicht bewusst darüber, was Sie können, was Sie wollen, was Sie lieben und wer Sie sind.

Mithilfe der Vorstellung Ihres persönlichen Kompetenzraums werden Sie zukünftig einen größeren Einfluss auf Ihre Innen-

und Außenwirkung haben. Sie werden sich öfter als bisher gut fühlen und häufiger bemerken, dass Sie Ihr Leben selbst steuern, statt von anderen Menschen gesteuert zu werden. Als Sahnehäubchen obendrauf werden Sie weniger Angst oder ein mulmiges Gefühl vor unangenehmen, kritischen oder herausfordernden Situationen, Meetings oder Begegnungen haben.

Damit Sie in Zukunft selbst bestimmen können, wann Sie in diesem Sinne einen guten Tag haben, möchte ich Ihnen zeigen, wie Sie sich Ihren Kompetenzraum bewusst machen und ihn einrichten, so dass Sie ihn jederzeit betreten können. Im Gegensatz zu Ihrer Küche, Ihrem Bad oder Ihrem Schlafzimmer können Sie Ihren Kompetenzraum nämlich überallhin mitnehmen. Er ist ein Ort der Stärke in Ihrem Inneren, den Sie immer mit dabeihaben und der Ihnen jederzeit offensteht.

Stellen Sie sich zunächst ein leeres Zimmer vor. Vielleicht ähnelt dieses Zimmer einem Raum in Ihrem Haus oder Ihrer Wohnung, vielleicht auch nicht. In jedem Fall sollte Ihnen dieser Raum gefallen und eine gute Atmosphäre haben. In den nächsten Schritten werden wir diesen leeren Raum gemeinsam einrichten. Sie werden sehen, dass Sie sich dafür keinen einzigen Einrichtungsgegenstand neu kaufen müssen. Denn Sie haben bereits alles, was Sie brauchen, um Ihren Kompetenzraum komplett zu möblieren. Sie müssen die Dinge nur zusammensuchen, sie aus den vielen mentalen Abstellkammern in Ihrem Inneren herausholen, sie abstauben und an einen Platz stellen, an dem Sie sie immer sehen können: in Ihren Kompetenzraum.

Erster Schritt: Ihre Fähigkeiten und Talente – Wissen Sie, was Sie alles können?

Der erste Schritt beim Einrichten Ihres persönlichen Kompetenzraumes ist, dass Sie sich Ihre Fähigkeiten und Talente bewusst machen. Sie haben den bisher noch leeren Raum vor Augen. Und nun stellen Sie sich einen schönen, großen Schreibtisch vor, der links und rechts viele schmale Schubladen hat. Ungefähr zwanzig, auf jeder Seite zehn. Schieben Sie den Schreibtisch jetzt an eine geeignete Stelle in Ihrem Kompetenzraum. Da das alles nur in Ihrer Vorstellung passiert, brauchen Sie dazu noch nicht mal einen Möbelpacker. Als Nächstes werden wir uns daranmachen, die Schubladen mit Ihren Fähigkeiten und Talenten zu füllen. Doch dazu müssen wir erst einmal herausfinden, welche das sind.

Fähigkeiten und Talente – das ist ein Thema, welches Ihnen bestimmt leichtfällt. Aufzuzählen, was Sie gut können, wofür andere Sie loben, das ist doch ein Heimspiel, oder?

Okay, legen Sie das Buch kurz zur Seite, nehmen Sie sich ein Blatt Papier und schreiben Sie zwanzig Dinge auf, die Sie richtig gut können. Wenn Sie damit fertig sind, lesen Sie sich Ihre Liste noch einmal durch und kreuzen Sie an, was Sie am allerbesten können. Wenn Sie sich unsicher sind, fragen Sie jemanden, der Ihnen nahesteht und Sie gerne mag, was er besonders an Ihnen schätzt.

Diese Übung hört sich zunächst banal an. Für viele Menschen ist es aber gar nicht so leicht, sich dessen bewusst zu werden, was sie gut können. Machen wir einen kleinen Test. Steht in Ihrer Liste ganz oben, dass Sie gut organisieren und sehr gut zuhören können oder sehr hilfsbereit sind? Wenn ja, sind Sie in bester Gesellschaft. In meinen Seminaren führt bei ungefähr fünfundneunzig Prozent der Teilnehmer eine dieser Fähigkeiten die Liste an. Aber dass die Konzentration auf diese Talente Sie wirklich in Ihrem Selbstbild stärken wird, bezweifle ich. Seien wir ehrlich: Sehr sexy und kompetent hört sich das nicht an, eher ein bisschen brav und durchschnittlich. Verstehen Sie mich nicht falsch: Organisationstalent, gut zuhören können und Hilfsbereitschaft sind wichtige und schöne Fähigkeiten. Doch sie gehören fast selbstverständlich zu unserem Bild von einem netten, bescheidenen, fleißigen Menschen. Deshalb fallen sie vielen ja auch als Erstes ein. Meiner Erfahrung nach haben sich Menschen, die ihre Fähigkeiten-Liste auf diese Weise zusammengestellt haben, in ihrem Leben noch nicht häufig Gedanken darüber gemacht, was sie *wirklich* gut können.

Bevor wir die Schubladen Ihres Schreibtisches mit Ihren gesammelten Fähigkeiten und Talenten füllen, möchte ich Ihnen kurz von einem Kunden erzählen, dem ich dabei geholfen habe, seinen Kompetenzraum einzurichten. Vielleicht fällt es Ihnen nach diesem Beispiel leichter zu entscheiden, worin Sie wirklich gut sind und welche Ihrer Talente Sie tatsächlich auszeichnen.

Sebastian hatte sich jahrelang nicht getraut, den nächsten Karriereschritt in Angriff zu nehmen, obwohl nicht nur ich ihn fachlich für sehr kompetent hielt. Er war sich dessen nicht bewusst, dass es so etwas wie einen Kompetenzraum gibt und dass dieser innere Raum eine große Außenwirkung hat. Seinem nächsten Karriereschritt standen in seinem Kopf viele imaginäre Hindernisse im Weg. Er sah nicht, warum ausgerechnet er es schaffen sollte, die nächsthöhere Position einzunehmen und auszufüllen. Dabei war es nicht so, dass Sebastian nicht den Wunsch gehabt hätte, beruflich weiter voranzukommen. Er hatte meiner Meinung nach sogar schon viel zu lange damit gewartet, aktiv daran zu arbeiten. Und ihm war klar, dass er über einen großen Schatz an fachlichem Wissen verfügte. Er hatte sich immer fleißig fortgebildet und zusätzlich noch ein berufsbezogenes Fernstudium draufgesetzt, das ihn mit noch mehr Wissen gefüttert hatte.

Obwohl er sich seiner fachlichen Kompetenz bewusst war, plagten ihn große Zweifel: Was wäre, wenn man ihn in der neuen Position etwas fragen würde, worauf er keine Antwort wüsste? Schlimmer noch, was wäre, wenn er Fragen beantworten müsste, die das Sachgebiet eines seiner zukünftigen Mitarbeiter betrafen, und er wiederum keine Antwort parat hätte? Da würden doch die anderen Teilnehmer des Meetings sofort zu der Erkenntnis gelangen, dass er seinen Laden nicht im Griff hat.

Er war noch nie auf den Gedanken gekommen, dass keine Führungskraft zu hundert Prozent darüber informiert sein kann, womit ihre Mitarbeiter gerade im Einzelnen befasst sind. Vielleicht mal kurz nebenbei aus dem Managementtrainingskistchen geplaudert: Wenn sie es zu sechzig Prozent wüssten, wäre das schon ziemlich klasse. Ich habe es noch nie erlebt, dass ein Chef oder eine Chefin wirklich umfassend über den Fachbereich eines Mitarbeiters informiert war. Das müssen sie auch nicht, sonst könnten sie ja gleich alles selber machen.

Es ist sehr schwer, die gesamte Power, die theoretisch in einem steckt, auf die Straße zu bringen, wenn man seinen Selbstwert ausschließlich über sein angelerntes und antrainiertes Wissen generiert. Denn wie wir schon zu Beginn des Buches gesehen haben, liegen die Wurzeln für ein hohes Selbstwertgefühl tiefer. Sebastian war sich nicht bewusst, wie gut die Schubladen seines imaginären Schreibtisches mit Fähigkeiten und Talenten gefüllt waren, die ihn dazu befähigen würden, auch knifflige Situationen zu meistern, mit denen er nie zuvor in einem Lehrbuch oder einer Fortbildung konfrontiert worden war.

Wahre Wunderwaffen befanden sich im Schreibtisch seines Kompetenzraumes! Nach einiger Zeit fanden wir heraus: Sebastian kann besonders gut Bilanzen lesen, er sieht in Windeseile die Schwachstellen in Projekten, kann sich sehr gut in andere Menschen hineinversetzen und seine Intuition ist einfach begnadet. Er kann sehr gut beobachten, kann die richtigen Fragen stellen und steht immer zu seiner Meinung. Sie haben recht, das sind noch keine zwanzig Fähigkeiten. Aber je mehr Sebastian erlebt und je mehr Schwierigkeiten er meistert, umso mehr Schubladen wird er füllen können, denn umso mehr Fähigkeiten und Talente wird er an sich entdecken.

Ich hoffe, an Sebastians Beispiel ist klar geworden, um welche Fähigkeiten und Talente es mir für Ihren Kompetenzraum geht. Sie können viele Dinge, die etwas Besonderes sind und die eben nicht jeder Mensch in dieser speziellen Taktung und Ausprägung so kann wie Sie. Sehen Sie sich Ihre Liste nun noch einmal an. Welche der Fähigkeiten und Talente, die Sie notiert haben, legen Sie in die Schubladen Ihres Schreibtisches in Ihrem Kompetenzraum? Wenn Sie noch nicht alle zwanzig Schubladen füllen können, macht das gar nichts. Erinnern Sie sich einfach von Zeit zu Zeit daran, dass noch Platz in Ihrem Schreibtisch ist, und denken Sie noch einmal nach, ob Sie nicht etwas vergessen haben.

Eigentlich ist es nicht schwer, sich seine Fähigkeiten und Talente bewusst zu machen. Wenn es Ihnen trotzdem nicht so leichtgefallen ist, dann wissen Sie jetzt, dass Sie etwas tun müssen, damit sich das zum Positiven verändert. Die Praxis hat mir schon oft gezeigt, dass viele Menschen nicht geübt darin sind, sich Gedanken darüber zu machen, was sie gut können. Egal, ob ich ein Vertriebstraining, ein Führungstraining oder ein Kompetenztraining gebe, und völlig unabhängig davon, wie viele Jahre die Teilnehmer schon erfolgreich in ihrem Beruf sind, nur wenige sind dazu in der Lage, aus dem Stegreif über ihre Fähigkeiten zu referieren. Manchmal ist es sogar noch schlimmer: Einige Menschen können es überhaupt nicht aushalten, wenn sie vor anderen Personen gelobt werden. Sie spielen das Kompliment oder das Lob sofort herunter. Manchmal zählen diese Menschen auch schnell noch einige ihrer Schwächen auf. Damit ist ihre innere Ordnung wiederhergestellt und das, was über sie gesagt wurde, stimmt wieder mit ihrem Selbstbild überein.

Vielleicht haben einige der weiblichen Leserinnen Folgendes schon einmal selbst erlebt: Man trifft sich abends zu einem schönen Essen mit Freunden und hat sich vorher viel Zeit genommen, um sich richtig schick zu machen. Wenn dann die ersten Freundinnen bewundernde Komplimente äußern, sagt man schnell: »Ach, das Kleid hab ich billig im Ausverkauf gekauft. Die Schuhe passen zufällig dazu und den Schal habe ich schon seit Jahren im Schrank hängen.« Ist es so schwer, dazu zu stehen, dass man einen guten Geschmack hat und die Gabe besitzt, Altes mit Neuem so zu kombinieren, dass man aussieht, als hätte man Karl Lagerfeld als Muse zur Verfügung gestanden? Wäre es nicht schön, wenn auch Sie in Zukunft die Komplimente einfach nur genießen würden? Probieren Sie es einmal und halten Sie es einfach aus zuzuhören, wenn jemand Ihre Fähigkeiten und Talente lobt. Nehmen Sie das Lob ernst und verwahren Sie es gut in einer der freien Schubladen des Schreibtisches in Ihrem Kompetenzraum. Sie werden sehen, es macht Spaß!

Zweiter Schritt: Ihre Erfolge – Bescheidenheit ist nicht immer eine Tugend

In unserer Gesellschaft gilt es als schlechter Stil, sich selbst zu loben und die eigenen Erfolge herauszustellen. Die meisten von uns sind in diesem Sinne erzogen worden. Trotzdem ist es wichtig, sich seine Erfolge öfter mal vor Augen zu führen. Dinge, bei denen Sie sich etwas getraut haben und die dann geglückt sind, sind Säulen für Ihren Kompetenzraum. Ihre Erfolge kann Ihnen niemand mehr nehmen. Sie zeigen Ihnen, dass Ihre Fähigkeiten und Talente nicht nur ein paar Worte auf einer Liste oder hübscher Schmuck sind, sondern Wunderwaffen, mit deren Hilfe Sie es bereits geschafft haben, für sich, Ihre Firma oder Ihre Kunden viel zu erreichen. Ihre Fähigkeiten haben bereits gewirkt und sich ausgezahlt!

Die meisten Menschen kultivieren nicht nur bei anderen, sondern auch sich selbst gegenüber eine falsche Bescheidenheit. Wie lange brauchen Sie dazu, sich an Ihre zehn wichtigsten Erfolgserlebnisse der letzten Jahre zu erinnern? Nehmen Sie ein Blatt Papier und probieren Sie es aus. Vielleicht holen Sie sich vorher noch eine Tasse Kaffee und ein paar Kekse. Es könnte länger dauern …

Geschafft? Dann zurück in Ihren Kompetenzraum. An der Wand gegenüber dem Schreibtisch wurde zwischenzeitlich ein Regal angebracht. Stellen Sie sich jedes Erfolgserlebnis als Trophäe vor, die Sie noch einmal liebevoll polieren, bevor Sie sie auf dem Regal platzieren. Es mag größere und kleinere Pokale geben, die eine oder andere Bronze-, Silber- oder Goldmedaille – glänzen sollten sie alle, und in Ihrem Kompetenzraum wird es funkeln.

Vielleicht ist Ihnen diese Übung gar nicht so leichtgefallen. In meinen Seminaren erlebe ich immer wieder, dass die Menschen dazu tendieren, die Frage nach ihren Erfolgen an einen anderen Teilnehmer oder Kollegen weiterzugeben. Sie erzählen dann zum Beispiel, dass sie ein tolles Kundengespräch hatten und alles durchsetzen konnten, was sie wollten. Aber ohne die Unterstützung von Frau Köhler hätte das niemals geklappt. Denn die hat den Kunden letztlich so charmant um den Finger gewickelt, dass der zu allem »Ja« und »Amen« gesagt hat, was sie ihm vorgeschlagen haben. Und schon wird mir lang und breit berichtet, was an Frau Köhler so bewundernswert ist. Hätten wir Frau Köhler nach dem Kundengespräch kurz interviewt und zu ihrem großen Erfolg gratuliert, hätte sie uns wahrscheinlich verdutzt angeschaut und gesagt: »Das ist doch nichts Besonderes. Ich hab doch einfach nur meinen Job gemacht, das ist doch völlig normal. Okay, heute ist es gut gelaufen, aber meiner Meinung nach macht es Herr Meyer viel besser als ich, und von Frau Gaubatz möchte ich erst gar nicht sprechen.« Jetzt wäre es interessant zu erfahren, was Herr Meyer und Frau Gaubatz dazu sagen würden …

Was ich Ihnen damit zeigen wollte: Die Erfolge der anderen sehen wir immer klarer als unsere eigenen. Die Pokale der anderen scheinen uns immer größer und glänzender als unsere eigenen. Das liegt daran, dass wir nur bei uns selbst auch die Zweifel sehen können, die wie blinde Flecken an unseren Trophäen haften und sie stumpf, abgegriffen und weniger begehrenswert erscheinen lassen als die der anderen. Doch glauben Sie mir, den anderen geht es genauso! Also versuchen Sie, Ihre Erfolge mit den Augen der anderen zu sehen, nehmen Sie ein Poliertuch zur Hand und machen Sie sich klar, dass nur Sie selbst es sind, der Ihre Erfolge schmälert. Und das ist doch wirklich schade, oder?

Es gibt natürlich auch Menschen, die sich mit den Lorbeeren anderer schmücken. Einen gut eingerichteten Kompetenzraum haben diese Menschen nicht, deshalb versuchen sie unbewusst, ihn zu fingieren. Sie klauen sich die Erfolgspokale überall zusammen und stopfen sich ihr Kompetenzraum-Imitat voll mit Hehlerware.

Sie wissen jetzt, dass Ihr Kompetenzraum davon lebt, dass Sie ihn einrichten. Denn ohne Einrichtung ist er nur ein kahler und langweiliger Raum. Und genau so werden Sie von anderen wahrgenommen, wenn Sie ihn nicht einrichten: langweilig, nichtssagend, vielleicht noch ein bisschen fleißig und zuverlässig.

Wenn Sie Ihren eigenen Kompetenzraum dagegen gut gefüllt haben, sich gerne darin aufhalten und auch gerne zeigen, wie talentiert und wunderbar Sie sind, haben Menschen, die sich gern mit fremden Federn schmücken, gar keine Chance, sich bei Ihnen zu bedienen.

Sie tun nicht nur sich selbst einen großen Gefallen damit, wenn Sie in Ihrer eigenen Kompetenz erstrahlen. Die Luft für die Schaumschläger wird nämlich immer dünner, wenn Sie und viele andere Menschen authentisch, souverän und kompetent agieren. Denn bei wem sollen diese Typen dann noch Erfolgstrophäen klauen?

Noch eine kurze Frage, nur für den Fall, dass Sie noch ein paar Zweifel haben: Wenn zwei Menschen ein unangenehmes Gespräch führen müssen, welcher von beiden geht als Sieger aus diesem Gespräch hervor: derjenige, der mit den Erfolgen anderer einen Kompetenzraum fingiert, oder derjenige, der gar nicht weiß, dass er einen Kompetenzraum hat und demzufolge unangenehme Gespräche hasst wie die Pest, unsicher und gleichzeitig genervt ist? Sie kennen die Antwort. Das ist gut so.

Dritter Schritt: Die unsichtbaren Freunde – Schön, wenn man den Rücken gestärkt bekommt

In Ihrem Umfeld mag es ein paar von diesen unangenehmen Menschen geben, die Ihnen Ihre Erfolge klauen wollen. Doch zum Glück gibt es in Ihrem Leben auch noch viele andere Menschen, die Ihnen wohlgesinnt sind. Höchstwahrscheinlich gibt es sogar ein paar, auf die Sie sich hundertprozentig verlassen können. Die Sie so lieben, wie Sie sind, mit all Ihren Macken, Schwächen und Stärken.

Die moderne Berufswelt fordert von den Menschen einen hohen Einsatz und eine große Mobilität. Vielleicht gehören Sie also zu denjenigen, für die in den letzten Jahren vor allem der Beruf gezählt hat, die einmal oder mehrmals umgezogen sind, die kaum noch Zeit finden, ihre alten Freunde und ihre Familie zu sehen. Aber glauben Sie mir: Egal, wie weit die Menschen weg sind, die Sie wirklich lieben, und egal, wie lange Sie Ihre Guten nicht mehr gesehen haben, sie sind da. Sich dies bewusst zu machen, ist der nächste Schritt in der Ausstattung Ihres Kompetenzraums.

Was müssen Sie tun, um in schwierigen Situationen daran zu denken, dass es eine Menge Menschen gibt, die hinter Ihnen stehen und zu Ihnen halten, egal, was passiert? Überlegen Sie mal: Welche Menschen in Ihrem Leben schätzen Sie genau so, wie Sie sind? Auf wen können Sie sich in jeder Lebenslage verlassen? Wer ist begeistert von Ihren Fähigkeiten und Talenten und auf wen können Sie in jeder Lebenssituation zählen? Gibt es jemanden, der Sie bedingungslos liebt? Jemand aus Ihrer Familie, alte Freunde, Arbeitskollegen, Ihr Partner?

Stellen Sie sich Ihre vier, fünf oder mehr größten Fans vor. Und nun laden Sie sie in Ihren Kompetenzraum ein. Dort steht mittlerweile ein schönes, großes Sofa bereit, auf dem Ihre Lieben Platz nehmen können. Wenn Ihnen so viele Unterstützer eingefallen sind, dass sie nicht auf ein Sofa passen, können Sie sich auch gerne eine ganze Sitzlandschaft vorstellen. Die Herrschaften machen es sich bequem und lächeln Sie aufmunternd an.

Erinnern Sie sich an meinen Kunden Sebastian, von dem ich Ihnen bereits im Zusammenhang mit den Fähigkeiten und Talenten erzählt habe? Um seinen idealen Kompetenzraum einzurichten, hat Sebastian sich die Kraft einiger seiner besten Freunde, seiner Ehefrau und seiner Kinder, seines obersten Chefs und seines jüngeren Bruders in den Raum geholt. Oder besser gesagt, er hat sie imaginär auf das Sofa in seinem Kompetenzraum gesetzt. Diese unsichtbaren Freunde sind seine Rückendeckung. Weil Sie Ihren Kompetenzraum immer in Ihrem Kopf dabeihaben, müssen Sie sich in Zukunft nicht mehr mühsam erinnern, wer eigentlich wirklich bedingungslos hinter Ihnen steht. Ihr unsichtbarer Fanclub ist immer für Sie da.

Zu wissen, dass es im Leben Menschen gibt, auf die man sich verlassen kann und die einen so lieben, wie man ist, macht wirklich stark. Wenn wir diese gefühlte Geborgenheit immer präsent haben, ist es kein großes Problem mehr, für uns selbst einzustehen und es auszuhalten, mal unbeliebt zu sein. Probieren Sie es einfach einmal in der nächsten schwierigen Situation aus. Nehmen Sie imaginär jemanden mit, der Ihnen nahesteht und den Sie lieben. Spüren Sie die Kraft im Rücken. Das fühlt sich ungefähr so an wie die Schubkraft einer Rakete. Gerade in schwierigen Situationen denkt man oft, man sei mutterseelenallein. Da ist es sehr hilfreich, sich an seine unsichtbaren Freunde auf dem Sofa zu erinnern.

Manchmal gibt es aber auch Situationen, da läuft man jemandem einfach ins Messer. Mit der besten Absicht möchte man in einem Gespräch etwas klären, versucht auf der Sachebene, die Argumente darzulegen, und die andere Seite pfeffert erst einmal drauflos. Zu guter Letzt wird man auch noch beleidigt. Das haben Sie sicher auch schon erlebt. Mir ist erst neulich auf dem Markt wieder so etwas passiert.

Ich stehe vor einem Stand und werde freundlich bedient. Plötzlich blökt hinter mir eine zickige Stimme: »Hey Fräulein, Sie sind noch gar nicht dran, ich war vor Ihnen da.« Ich habe offensichtlich das Pech, an diesem Morgen auf eine selbsternannte Marktwächterin zu treffen. Wenn ich mich jetzt noch erdreiste zu antworten, dass ich sehr wohl glaube, dran zu sein, wird das Elend seinen Lauf nehmen, denke ich. Dann fällt mir ein, dass ich nicht nur auf dem Markt stehe, sondern auch in meinem Kompetenzraum. Ich sehe die Pokale auf dem Regal, die gut gefüllten Schreibtischschubladen und das Sofa mit all meinen unsichtbaren Freunden. Ich weiß, diese Situation wird anders ausgehen, als die Marktwächterin denkt.

Ich bin an der Reihe, da ich schon eine Weile bedient werde, denn ich komme vom Gemüseplatz und wechselte danach zum Obstplatz. Das erkläre ich der Frau in ruhigem, sachlichem Ton. Ich bin ja ein freundlicher Mensch, das finden schließlich auch meine unsichtbaren Freunde. Und Kommunikationstalent gehört zu meinen Stärken, wie ich in einer ruhigen Minute festgestellt habe. Es steckt in einer der Schubladen meines Schreibtisches. Da sagt die Marktwächterin: »Da haben Sie jetzt aber Glück gehabt.«

Nun könnte ich einfach schweigen, weiter einkaufen und mich still über diese Frau ärgern. Ich beschließe, mich stattdessen unbeliebt zu machen, drehe mich zu ihr um und antworte noch ruhiger als zuvor: »Ich mag es überhaupt nicht, samstagmorgens dumm von der Seite angequatscht zu werden. Und ich kann mir vorstellen, Sie auch nicht!« Danach sehe ich nur noch Staubwolken von ihr.

Ich merke, dass mich dieser Dialog nicht sonderlich angestrengt hat. Ein sicheres Zeichen dafür, dass ich in diesem Moment aus meinem Kompetenzraum heraus agiert habe. Ich weiß ja auch, dass ich mich nicht vorgedrängelt habe.

Diese banale Geschichte habe ich erzählt, um zu demonstrieren, dass es gar nicht so schwer ist, sich fast immer in seinem Kompetenzraum zu befinden. Sogar um acht Uhr morgens beim Einkaufen. Je mehr man das Handeln aus diesem Raum heraus übt, umso öfter erlebt man das sichere Gefühl, das er einem vermittelt. Wirklich *immer* in seinem Kompetenzraum zu sein, ist wahrscheinlich unmöglich. Ich würde schummeln, wenn ich das von mir behaupten würde. Aber je mehr Situationen ich im Leben souverän und sachlich gemeistert habe, umso weniger angreifbar bin ich geworden. Mittlerweile halte ich es locker aus, mal unbeliebt zu sein.

Zur Einrichtung Ihres Kompetenzraums gehören nun also ein Schreibtisch voller Fähigkeiten und Talente, ein Regal bestückt mit funkelnden Trophäen, die von Ihren Erfolgen erzählen, und ein Sofa, auf dem es sich Ihre unsichtbaren Freunde gemütlich gemacht haben. Das ist schon nicht schlecht und reicht sicher aus, um einen relativ belanglosen Konflikt mit einer dahergelaufenen Marktwächterin zu bewältigen. Aber was, wenn es komplizierter ist, Sie emotional stärker beteiligt sind oder es wirklich wichtig wird? Für diese Fälle können ein paar weitere Einrichtungsgegenstände nicht schaden.

Vierter Schritt: Ihre Ziele und Träume sind keine Schäume

Erinnern Sie sich noch an den Beginn dieses Buches, als ich ein bisschen aus meinem Leben an der Frankfurter Börse geplaudert habe? Mit Ende dreißig saß ich vor mehreren Computerbildschirmen voller Zahlenkolonnen und berechnete den ganzen Tag wie eine Wilde Kurse. Einer der neuen Chefs in unserer Firma war in meinen Augen völlig inkompetent, und ich vertraute ihm weder fachlich noch menschlich. Ich war unglücklich. Nie in meinem Leben hatte ich mir gewünscht, für einen Mann zu arbeiten, der einen lila Porsche fuhr, um sein Ego zu massieren, und meine Tage mit dem stumpfen Eintippen von Zahlen zu verbringen. Wie hatte es passieren können, dass ich nun mindestens acht Stunden meines Tages damit verschwendete? Ich kann es Ihnen sagen: Ich hatte irgendwann aufgehört zu träumen, hatte meine Ziele vergessen und meine Wünsche ignoriert. Deshalb war ich so unglücklich, dass ich es eines Tages nicht mehr aushielt. Ich drehte die Uhr auf null zurück und kündigte. Als ich nach einer Zeit des Suchens wieder wusste, was mein Ziel war, und davon träumte, wie es wäre, es erreicht zu haben, hatte ich plötzlich die Energie, eine der größten Krisen meines Lebens zu bewältigen.

Egal, an welchem Punkt im Leben Sie gerade stehen, das Wissen um Ihre persönlichen Ziele, Wünsche und Träume ist eine Ihrer wichtigsten Kraftquellen. Ihre Ziele leiten Ihr Handeln, machen Sie entscheidungsfähig und geben Ihnen die Energie, für sich selbst einzustehen, auch wenn Sie Gegenwind bekommen. Deshalb ist es sehr nützlich, seine Ziele immer präsent zu haben und sich jederzeit klarmachen zu können, wofür es sich lohnt, das Unbeliebtsein auszuhalten. Neben Ihren Fähigkeiten, Ihren Erfolgen und den Menschen, die Ihnen den Rücken stärken, sind also auch Ihre Ziele ein klarer Fall für Ihren Kompetenzraum. Sehen wir uns am Beispiel von Sebastian an, wie man seine Ziele dort integrieren kann.

Als Sebastian erkannte, dass es so etwas wie einen Kompetenzraum gab, machte er sich zuallererst Gedanken darüber, was er mit ihm überhaupt erreichen wollte. Anders ausgedrückt: Wo sollte die Reise hingehen? Was waren seine Ziele und Träume? Nach einer Zeit des Nachdenkens antwortete er schließlich: »Ich werde dieses Jahr in die Position des Abteilungsleiters aufrücken, mit der Option, in den nächsten drei Jahren zum Bereichsleiter aufzusteigen.« Damit hatte er nicht nur sein Ziel sehr klar definiert, sondern sogar einen Zeitkorridor benannt. Aufgrund seiner Fähigkeiten und Talente hielten wir dieses Ziel für realistisch und für ihn erreichbar. Der schönste Teil, um es in dem eigenen Kompetenzraum zum Leben zu erwecken, kommt gleich nach der Zieldefinition. Dieser Teil ist die Zeit des Träumens. Sebastian durfte nach Herzenslust davon träumen, wie es ist, wenn er die neue Position des Abteilungsleiters innehaben würde.

Sebastian gönnte sich ein paar Stunden für diesen Schritt, damit er nicht wesentliche Bestandteile vergaß. Es ging schließlich nicht darum, in seinem Traummodus nur Bilder davon zu sehen, wie er wie ein Wahnsinniger arbeitete und gar keine Freizeit mehr hatte. Hätte er diese Vorstellungen ins Zentrum seiner Träume gerückt, wäre genau dieser Zustand wahrscheinlich auch eingetreten. Er hätte ihn ja so geträumt. Da Sebastian sich zu allem Überfluss früher auch noch stark über seinen Wissensschatz definiert hatte, wäre die Überarbeitung schon vorprogrammiert gewesen. Sebastian verbannte also alle die Bilder von sich selbst aus seiner Vorstellung, auf denen er in Arbeit und Stress ertrank, und gestattete sich, wirklich zu träumen:

Er sah sich als strahlenden Abteilungsleiter mit eigenem Büro, schönen, großen Fenstern und einem kleinen Konferenztisch für Gespräche. Er hatte ein Team von zehn Mitarbeitern, die gut ausgebildet waren, Spaß an der Arbeit hatten und an einem Strang zogen. Manchmal tranken sie abends sogar noch ein Glas zusammen, weil sie sich alle so prima verstanden. Da der Job genau seinen Talenten entsprach, fiel es ihm leicht, die Vorgaben des Unternehmens umzusetzen. Das Budget, das er verantwortete, war groß genug, um dafür Sorge zu tragen, dass sämtliche Mitarbeiter immer auf dem neuesten Stand der Technik waren und Fortbildungen besuchen konnten, wenn sie wollten. In seinen Managerrunden war er ein gefragter Kollege, und sein Chef mochte es, sich fachlich mit ihm auszutauschen.

Ich höre jetzt schon das Murren einiger Leser. »Was, bitte schön, hat denn dieses Szenario mit der heutigen Realität zu tun? Geben Sie Ihre Trainings etwa auf dem Mond?«, fragen sie. Nein, ich gebe keine Trainings auf dem Mond. Sebastian ist im Traummodus und da soll er vor allem eins tun: träumen. Wenn er sich noch nicht einmal im Traum den idealen Zustand vorstellen darf, was kann er dann in der Realität erreichen? Mir ist völlig klar, dass es bei Ihnen da draußen in der Wirtschaftswelt anders abläuft als in Sebastians Traum. Aber es wird nicht besser, wenn man sich ständig auf die Missstände konzentriert, den Tag damit verbringt, sich zu beklagen, und immer anderen die Schuld an der Misere gibt. Entweder liegt es am autoritären Chef, am entscheidungsunfähigen Chef, am narzisstischen Chef, an der Zicke im Nachbarbüro, an den nach oben buckelnden, nach unten tretenden Kollegen oder an den ewig jammernden Opferkollegen. Sebastian hat sich erlaubt, vom Idealzustand zu träumen, um überhaupt die Kraft, die Ideen und den Mut dafür zu haben, Dinge zu ändern und aktiv zu gestalten.

Um diese Ziele, Wünsche und Träume immer präsent zu haben und im entscheidenden Moment Energie aus ihnen ziehen zu können, stellte sich Sebastian vor, seine Traumbilder hingen als Bilder an den Wänden seines Kompetenzraums: ein strahlender Sebastian mit seinen gut gelaunten Mitarbeitern, vertieft in eine sachliche Diskussion an dem Besprechungstisch in seinem professionellen Büro. Sebastian bei einer Präsentation vor seinem Chef und seinen Abteilungsleiterkollegen, die interessiert nicken. Die merklich verbesserten Zahlen seiner Abteilung ein Jahr, nachdem er die Position übernommen hatte.

Auch in Ihrem Kompetenzraum kann sich eine solche Bilderwand befinden. Sie müssen nur anfangen zu malen! Und zu träumen. Diese Träume brauchen sich nicht auf den beruflichen Kontext zu beschränken. Aber es wäre gut, wenn Ihre Ziele und

Träume etwas mit Ihren Fähigkeiten und Talenten zu tun hätten und mit Ihnen selbst. Es wird nicht viele Energien in Ihnen freisetzen, wenn Sie davon träumen, ein Jahr auf Weltreise zu gehen, nur weil Ihr bester Freund das gerade gemacht hat. Träumen Sie von Ihren eigenen Zielen. Von Dingen, mit denen Sie sich gut fühlen und die Sie sich wirklich für sich selbst und Ihr Leben wünschen. Nehmen Sie sich Zeit und malen Sie so viele Bilder, wie Sie möchten. Die Wände Ihres Kompetenzraums sind groß, und es ist jede Menge Platz für Ihre Träume und Ziele.

Nur mal so am Rande: Als Kinder haben wir alle von unserer Zukunft geträumt und uns unser späteres Leben in den buntesten Farben ausgemalt. Hätten sich mehr Menschen diese Fähigkeit erhalten und würden sich öfter den idealen Zustand ihres Lebens erträumen, dann sähe es mit Sicherheit heute anders aus in unseren unternehmerischen Welten. Wenn Sebastian es also trotz vieler Widerstände im Inneren schafft, sein ideales Leben im Beruf zu erträumen, dann kann er den nächsten Schritt nehmen, um seinen Kompetenzraum einzurichten und mit Leben zu füllen: zu entscheiden, was »ideal« für ihn eigentlich bedeutet.

Fünfter Schritt: Ihre Ideale – Was liegt Ihnen am Herzen?

Was ist für Sie ein Ideal? In der Geistesgeschichte gibt es viele Definitionen zu dem Begriff des »Ideals«. Viele beinhalten die Vorstellung, ein Ideal sei eine Annäherung an etwas Vollkommenes. Oft ist ein Ideal auch eine Idee, ein Prinzip, eine Maxime des Handelns. Was das mit Ihnen zu tun hat? Wenn Sie genau wissen, was Ihre persönliche Annäherung an das Vollkommene ist, und dafür auch einstehen, haben Sie es etwas leichter als andere, souverän und stark zu agieren. Wer sich Gedanken darüber gemacht hat, was für ihn richtig ist und was falsch, was seiner Meinung nach erstrebens- und was bekämpfenswert ist, sieht die Dinge im klaren Licht der eigenen Werte. Deshalb halte ich Ideale für wichtige Elemente in Ihrem persönlichen Kompetenzraum.

Zu wissen, was Sie wollen, wie Sie Ihr Leben in Ihrem persönlichen Rahmen gestalten möchten, wie Sie mit Menschen in Interaktion treten möchten und wie Sie dem Leben begegnen, all das sind wichtige Punkte, die etwas mit Ihren Idealen zu tun haben. Wann ist eine Sache oder eine Situation für Sie ideal? Wenn Sie Ihren Willen durchbekommen? Wenn man sich in der Mitte einigt? Geht es Ihnen eigentlich nur um das Agieren in verschiedenen Kontexten oder geht es um das Ergebnis? Egal, für welche Seite der Medaille Sie sich entscheiden, Hauptsache, Sie wissen, was für Sie ideal ist. Das Schöne ist, Sie dürfen das wirklich ganz für sich alleine entscheiden.

Menschen, die wir als stark und selbstbewusst erleben und die in der Lage sind, große Hindernisse zu überwinden, haben nach meiner Erfahrung oft sehr klare selbst gesteckte Ideale. Sie haben ein Bild in ihrem Inneren entwickelt, wie sie die ideale Welt sehen. Sie haben entschieden, welches Verhalten von ihrer Seite notwendig ist, um dieses Ideal Wirklichkeit werden zu lassen. Die Ideale sind die Maximen ihres Handelns. Was natürlich nicht bedeutet, dass diese Menschen, komme, was da wolle, an ihren Idealen festhalten. Aber sie tun viel dafür, ihnen treu zu bleiben.

Wenn Sie nun sagen: »Oh Gott, ich wollte doch nie Mutter Teresa werden, was sollen denn das für großartige Maximen sein? So was hab ich doch gar nicht!«, kann ich Sie beruhigen: Sie haben bereits jede Menge Ideale und handeln auch oft genug danach. Damit Sie Ihre Ideale in Zukunft ganz bewusst als Quelle der Stärke nutzen können, sollten Sie nur herausfinden, worin sie bestehen und was Ihnen wirklich wichtig ist in Ihrem Leben.

Damit es Ihnen ein bisschen leichter fällt, Ihre eigenen Ideale zu entdecken, werfen wir zunächst wieder einmal einen Blick auf Sebastian. Vorhang auf für die richtige Positionierung seiner Ideale:

Was ist ihm wichtig? Wofür steht er ein? Wo ist bei ihm die Grenze, sich und seine Ideale zu verraten? Nach einigem Nachdenken sagt Sebastian, es sei für ihn wichtig, dass die Unternehmensziele erreicht werden. Dass er mit seiner zukünftigen Mannschaft einen guten Job macht. Dass er Menschen fördert, die mit ihm am gleichen Strang ziehen und das Wohl des Unternehmens im Fokus haben. Dass er sich von Menschen verabschiedet, die nur ihre eigenen Interessen verfolgen, die hinter dem Rücken anderer negative Botschaften verbreiten und anderen Mitarbeitern bewusst schaden, um sich in ein besseres Licht zu stellen.

Sebastian hat sich in seinem Leben also dazu entschieden, dafür einzustehen, das Wohl des Unternehmens im Blick zu haben. Das gibt ihm ein gutes Gefühl. Darüber hinaus hat er sich dafür entschieden, nicht Teil von Gruppierungen zu sein, die andere Menschen ausschließen. Er möchte weiterhin allen Menschen unvoreingenommen entgegentreten, immer das Positive im anderen sehen, jedem eine zweite Chance geben und nie an Intrigen mitwirken.

Sie können sich vorstellen, dass das schon sehr kraftvolle Ideale sind. Ich kenne Sebastian schon eine ganze Weile und kann deshalb bezeugen: Er lebt das wirklich. Er ist bei fast allen Mitarbeitern beliebt. Fast. Denn die Kollegen, die versucht haben, ihn für ihre selbstsüchtigen Zwecke zu benutzen, können ihn mittlerweile nicht mehr so gut leiden. Sebastian hat es abgelehnt, sich benutzen zu lassen.

Angesichts dieser Ideale mag es den einen oder anderen wundern, dass Sebastian überhaupt so lange damit gezögert hat, sich auf die nächste Karrierestufe einzulassen. Der Grund dafür ist, dass Sebastian sich früher anders wahrgenommen hat. Er hatte sich nie Gedanken darüber gemacht, welche herausragenden Ideale er hat und wie er nach ihnen handeln könnte. Im Gegenteil, er hat an seinen Idealen gezweifelt. Weil er gesehen hat, wie in seinem Unternehmen die narzisstisch angehauchten und im Intrigenmanagement versierten Mitarbeiter schneller nach oben kamen als er. Er hielt sich selbst für den einfältigen Ochsen und die anderen für die schlauen Füchse. Nach meiner Erfahrung zweifeln Menschen, die versuchen, ethisch zu handeln, häufiger an ihrem Tun als die sportlich ambitionierten Helden der Heimtücke. Die kommen gar nicht auf die Idee, ihr Handeln in Frage zu stellen.

Als ich Sebastian zum ersten Mal traf, war er noch der Meinung, er wäre zu blöd, um sich durchzubeißen, zu nett, um andere einmal auflaufen zu lassen, zu freundlich, um »Nein« zu sagen. Deswegen war es für ihn sehr hilfreich, seine Ideale ins rechte Licht zu rücken. Es war nur ein kleiner Perspektivenwechsel notwendig, um sich bewusst zu machen, dass er seine Ideale nicht verrät, wenn er mal in einem schwierigen Moment schweigt, statt die Fackel des Guten zu schwenken oder – bei aller idealen Hilfsbereitschaft – nicht sofort springt, wenn jemand dringend etwas braucht.

Als Sebastian sich über seine Ideale im Klaren war, forderte ich ihn auf, sich in seinem Kompetenzraum einen großen Kronleuchter vorzustellen. Jede Kerze oder jede Glühbirne daran stand für eines seiner Ideale. Erst durch das Leuchten seiner Ideale erstrahlten seine Erfolge, seine Talente und seine Ziele im rechten Licht. Man könnte auch sagen: Das Licht seiner Ideale wies ihm den richtigen Weg, zwang ihn gleichzeitig aber zu nichts.

Wie sieht das bei Ihnen aus? Woran glauben Sie? Was ist Ihnen wichtig und welche Verhaltensweisen halten Sie für richtig? Was für ein Mensch möchten Sie sein? Was wollen Sie selbst tun, um die Welt ein bisschen idealer zu machen? Nach welchen Grundsätzen handeln Sie bereits oder wollen Sie in Zukunft handeln? Überlegen Sie gut und stellen Sie sich einen großen Kronleuchter an der Decke Ihres Kompetenzraumes vor, der nun im Glanz Ihrer Ideale hell erstrahlt. Jedes einzelne Licht steht für ein Ideal. Noch ein Tipp: Sehen Sie Ihre Ideale nicht als zwingende Gesetze an, sondern als Leitlinien oder Positionslichter. Denken Sie daran: Ideale sind eine Annäherung an das Vollkommene, kein Dogma.

Dazu noch ein kleines Beispiel, das mir so oder in ähnlicher Form immer wieder erzählt wird. Vielleicht ist Ihnen sogar selbst schon einmal etwas in dieser Art passiert:

Sie haben in einem Meeting eine PowerPoint-Präsentation gehalten und ein Kollege möchte die Datei gerne haben. Weil Sie den Kollegen kennen, vermuten Sie hinter dieser Bitte nichts Gutes. Sie fürchten, der Kollege könnte Ihre Präsentation oder Teile daraus nächste Woche vor dem Oberboss als seine eigenen Ideen ausgeben. Nun können Sie einfach mal nett »Nein« sagen. Das ist auch eine gute Übung. Sie können ihm die Präsentation aber auch überlassen, weil es Ihnen in erster Linie wichtig ist, dass die darin enthaltenen Ideen bis nach oben durchdringen. Dann nehmen Sie es bewusst in Kauf, dass ein anderer die Lorbeeren dafür einheimst, freuen sich aber vielleicht über die Durchsetzung Ihres Konzepts. Was Sie tun, hängt ganz von Ihren persönlichen Idealen ab.

Früher, als ich noch an der Börse tätig war, gab es einen wahren Spruch, wenn man einen finanziellen Verlust hinnehmen musste: »Das Geld ist nicht weg, es hat nur ein anderer.« Die Energie ist sozusagen nicht verlorengegangen. Genauso ist das im Arbeitsleben. Die Lorbeeren hat sich zwar ein anderer angesteckt, die Ideen sind aber noch da.

Ideale zu haben ist ein wichtiger Motor im Leben. Wenn Sie Ihre Ideale bewusst in Szene setzen und auch darüber reden, aus welcher Motivation heraus Sie handeln, werden Sie Zugriff auf ein enormes Kraftfeld in Ihrem Inneren haben. Knipsen Sie in Zukunft das Licht in Ihrem Kompetenzraum an und spüren Sie, wie viel Mut und Selbstvertrauen Ihnen Ihre Ideale geben können.

Sechster Schritt: Sie haben es wirklich verdient, sich selbst zu lieben

Der letzte Schritt bei der Einrichtung Ihres Kompetenzraumes ist vielleicht der schwierigste. Er erfordert nicht so sehr einen analytischen Verstand, dafür aber ein offenes Herz und einen Moment der Stille. Ich hoffe, dass ich Sie mittlerweile so weit von der Idee des Kompetenzraumes überzeugt habe, dass Sie mir auch bei diesem letzten wichtigen Schritt folgen und ihm ein paar Stunden Ihrer Zeit widmen möchten.

Für diesen letzten Schritt würde ich Sie gerne bitten, sich darüber Gedanken zu machen, warum Sie es verdient haben, Ihre Ziele und Träume zu erreichen und zu verwirklichen.

Wir hatten das ja schon: Die meisten von uns haben ein bisschen Hemmungen davor, sich selbst zu loben. Der Vorteil, es im Rahmen dieses Buches zu tun, ist: Es bekommt ja keiner mit. Es weiß niemand, dass Sie der Meinung sind, es verdient zu haben, zum Beispiel Abteilungsleiterin zu werden, weil Sie sehr gut mit Menschen umgehen können. Weil Sie fachlich anderen Kollegen immer eine Nasenlänge voraus sind, weil Sie bei allem, was Sie tun, immer zuerst an das Unternehmen denken. Weil Sie immer sehr fleißig waren, weil Sie ein guter Mensch sind, kurz: weil Sie so sind, wie Sie sind.

Hinter diesem »Selbstlob« steht folgender Gedanke: Wenn wir selbst nicht glauben, dass wir es verdient haben, dies oder jenes zu erreichen, wer soll es denn dann glauben? Die Arbeitsbedingungen haben sich in den letzten Jahren etwas verschärft, um es nett zu formulieren. Deshalb ist es wichtig, dass Sie in der Lage sind, sich selbst zu loben, wenn Sie alleine sind. Es macht Sie stark, wenn Sie felsenfest davon überzeugt sind, es verdient zu haben, dass es Ihnen gut geht und dass Sie das bekommen, was Sie sich wünschen.

Denn genau da liegt die Schwierigkeit. Nach meiner Erfahrung ist die Diskrepanz zwischen der Fähigkeit, mal kurz eine flammende Rede über seine Erfolge zu halten, und der Fähigkeit, auch aus tiefstem Herzen zu glauben, dass man diese Erfolge einzig und allein sich selbst zu verdanken und sie deshalb verdient hat, leider manchmal immens groß. Menschen, die zutiefst an sich und ihre Fähigkeiten glauben, verfallen fast nie in Monologe, um sich selbst besser darzustellen. Sie könnten, wenn sie wollten. Brauchen sie aber nicht, da sie sich hundertprozentig in ihrem Kompetenzraum befinden. Bestimmt ist Ihnen das selbst schon einmal aufgefallen. Diesen Zustand können Sie auch erreichen, wenn Sie möchten.

Doch wie soll man es schaffen, das Gefühl in sich selbst aufzubauen, Erfolg verdient zu haben? Kann man Gefühle willentlich herbeizaubern? Schnipst man mit den Fingern und sagt: »Ab jetzt habe ich es verdient, erfolgreich zu sein«? Ganz so einfach ist es nicht, aber machbar.

Die beste Methode, in dieses begehrte Gefühl zu kommen, verbirgt sich hinter diesem Satz: »Sie dürfen sich selbst so lieben, wie Sie sind.« Hört sich einfach an und ist tatsächlich auch gar nicht so schwierig, Sie müssen nur wieder etwas Zeit dafür mitbringen. Zeit für sich selbst. Vielleicht denken Sie jetzt: »Aber ich verbringe doch schon viel Zeit mit mir selbst! Ich gehe ins Fitnessstudio, besuche einen Yogakurs, treffe mich mit Freunden zum Essen, spiele Golf, gehe ins Fußballstadion, male, lese, gehe in Ausstellungen und mache Ausflüge.« Es ist schön, wenn Sie das alles oder einige dieser Dinge wirklich tun. Das ist gut für Sie und bringt Sie sicher weiter. Zeit mit sich selbst verbringen kann jedoch auch bedeuten: in der Stille sein. Seinen Träumen und Gedanken in einer entspannten Atmosphäre nachgehen. Rituale für sich selbst etablieren, durch die man in der Tiefe seines Herzens berührt wird.

Man kann sich zum Beispiel Zeit zum Schreiben nehmen. Wie wäre es, wenn Sie sich öfter einmal selbst einen Brief schrieben? In diesem Brief könnten Sie schreiben, was Sie bewegt, auf was Sie stolz sind, was Ihnen gut gelungen ist, wie Sie Ihre Fortschritte im Leben sehen oder wie Sie sich über die kleinen Geschenke des Lebens freuen. Sie können auch Zeit in der Natur verbringen und nichts anderes tun, als die vielen Gerüche und die Verschiedenartigkeit der Blätter und Bäume wahrnehmen oder einfach nur auf die Geräusche hören. Wenn Sie in der Lage sind, das Alleinsein zu genießen, und sich dabei gut fühlen, dann sind das wunderbare Voraussetzungen dafür, sich selbst zu lieben, sehr leicht im Kompetenzraum zu bleiben und ihn bewusst zu spüren. Was mögen Sie an sich? Was sind die Dinge, die Sie im Innersten ausmachen? Warum möchten Sie Ihr eigener Freund oder Ihre eigene Freundin sein?

Wenn Sie wollen, dann üben Sie in nächster Zeit öfter einmal, sich Gedanken darüber zu machen, warum Sie dies oder jenes im Leben verdient haben, und üben Sie zu fühlen, dass es so genau richtig ist.

Wenn Sie zu ein paar Antworten gekommen sind, stellen Sie in Ihrem Kompetenzraum ein schönes Porträt von sich – liebevoll in einen goldenen Rahmen gefasst – auf Ihren Schreibtisch. Vielleicht ist das das schönste Foto, das je von Ihnen gemacht worden ist, Ihr Lieblingsbild. Eines dieser Bilder, die man anschaut und sich denkt: Das bin ich und das ist gut so. Betrachten Sie es, schauen Sie sich selbst in die Augen und denken Sie noch einmal an all das, was Sie zu der Person macht, die Sie sind. Spüren Sie, wie es Ihnen dabei geht. Wenn Sie das Selbstporträt in Zukunft in Ihrem Kompetenzraum stehen sehen, werden Sie sich daran erinnern, was für ein liebenswerter, wunderbarer Mensch Sie sind.

Spüren Sie die Kraft Ihres Kompetenzraums!

Fassen wir an dieser Stelle einmal kurz zusammen, was wir alles zum Thema »den Kompetenzraum einnehmen, um es auszuhalten, sich auch mal unbeliebt zu machen« gehört haben.

Erstens: Sie müssen wissen, was Sie besonders gut können. Ihre Fähigkeiten und Talente sind Ihr Handwerkszeug, das Ihnen niemand nehmen kann. Zweitens: Denken Sie an Ihre Erfolgserlebnisse. Sich daran erinnern zu können, welche beruflichen und privaten Erfolge man bis heute erlangt hat, ist ein wesentlicher Teil, um den persönlichen Kompetenzraum zu »möblieren«. Drittens: Holen Sie sich Rückendeckung von den Menschen, die hundertprozentig hinter Ihnen stehen. Viertens: Aktivieren Sie Ihre Fähigkeit, davon zu träumen, was Sie im Leben haben möchten. Nehmen Sie sich alle Zeit der Welt, um herauszufinden, was Ihre Ziele und Wünsche sind. Fünftens:

Forschen Sie nach Ihren Idealen und entscheiden Sie, nach welchen Maximen Sie in Zukunft handeln möchten. Und sechstens: Üben Sie, sich selbst zu lieben und Ihre Träume zu verwirklichen.

Sich an all diese Dinge zu erinnern, lässt uns unseren Selbstwert spüren. Leider haben wir alle einen Defekt in unseren Köpfen: Wir erinnern uns sofort an die schlechten Dinge in unserem Leben, während die guten allzu oft verschüttet sind. Sie zurückzuholen ermöglicht uns dieser Raum. Wir können jederzeit hineingehen und uns bewusst machen, warum wir stark, kompetent und liebenswert sind.

Schauen wir am Ende dieses Kapitels noch einmal, wie das Einnehmen Ihres persönlichen Kompetenzraumes in Zukunft dafür sorgen kann, dass Sie es aushalten, auch einmal unbeliebt zu sein, und warum sich die Mühe für Sie lohnt. Wenn Sie es geschafft haben, all die genannten Punkte in Ihr Bewusstsein zu heben – etwas anderes ist es ja nicht –, werden Sie in Ihrem Inneren eine Urkraft spüren, die Sie in vielen Situationen Ihres Lebens souveräner sein und damit auch souveräner wirken lässt. Sie werden nicht mehr mit Ihrem Autopiloten reagieren, wenn Sie plötzlich in einer schwierigen Situation stecken. Wenn Sie vorher dazu geneigt haben, viel zu viel schlecht durchdachtes Zeug zu reden, sobald Sie unter Druck gerieten, werden Sie jetzt in der Lage sein zu schweigen und hinzuhören. Und dabei feststellen, dass sich nun Ihr Gegenüber um Kopf und Kragen redet, weil er Ihr Schweigen nicht aushält.

Es gibt Menschen, die nach so einem Kompetenzraumtraining richtig wild darauf sind, sich in heikle Situationen zu werfen, um zu testen, wie weit es her ist mit ihrer Souveränität. Das kann man machen, muss aber nicht. Denn auch die Stilleren unter Ihnen werden sich verändern, wenn sie sich souverän in ihrem Kompetenzraum bewegen können. In dem Moment, in dem Sie Ihre Talente, Fähigkeiten, Erfolgserlebnisse, Ziele, Träume und Ideale wie Sternenstaub bewusst um sich herumkreisen lassen, kann es passieren, dass Sie anfangen werden zu sprechen. Man muss nie sehr viel sagen. Es reicht, wenn es die richtigen und treffenden Sätze sind. Das werden Sie mit Sicherheit lernen und auch praktizieren können.

Wenn man sich entschlossen hat, seinen Kompetenzraum einzurichten, ist es hilfreich, sich im nächsten Schritt von Altem zu trennen. Man braucht ja ein bisschen Platz in seiner Innenwelt für diesen schönen Raum mit dem Sofa, den Regalen, dem Schreibtisch und dem Kronleuchter. Ohne Sie persönlich zu kennen, glaube ich zu wissen, dass Sie in Ihrer Innenwelt viele Dinge aufbewahren, die Sie nicht mehr benötigen. Das führt uns zum nächsten Schlüssel, der Sie dabei unterstützen wird, souveräner zu werden und unangenehme Situationen auszuhalten. Gehen wir jetzt gemeinsam in das nächste Kapitel, damit Sie erkennen, warum es sinnvoll ist, sich von Altem zu trennen.

ZWEITER SCHLÜSSEL

Lassen Sie Altes los und fangen Sie an, an sich selbst zu glauben

Warum es wichtig ist, an sich selbst zu glauben

Vielleicht sind Sie gerade schon voller Eifer dabei, sich zu überlegen, wie Sie den persönlichen Kompetenzraum ausstatten oder wie Sie sich ab sofort souveräner in Besprechungen, Meetings oder in Familienangelegenheiten positionieren und verhalten. Gut so!

Vielleicht aber schleichen sich bei Ihnen auch gerade wieder Zweifel ein, ob Sie das alles überhaupt jemals können werden. Möglicherweise gehören Sie zu den vielen Menschen, die bislang irgendwie ganz passabel durchs Leben gekommen sind, die stets ihre Ziele vor Augen hatten, die sich aber – eventuell, ohne es überhaupt zu merken – damit abgefunden haben, dass es bei den anderen anscheinend immer besser klappt. Dass die einfach mehr Glück haben, die anderen. Dann ärgern Sie sich höchstwahrscheinlich hin und wieder, wenn diese anderen mit ihren Erfolgen prahlen. So wie beispielsweise der Nachbar auf der letzten Geburtstagsfete. Ewig hat er darüber referiert, dass er abermals eine großzügige Gehaltserhöhung plus Leitungsübertragung einer neuen Abteilung bekommen hat. Dabei ist Herbert Peters nun wirklich keine Intelligenzbestie. Er macht nur irgendetwas anders. Aber was? Mag sein, dass er einfach forscher auftritt, wenn er vor seinem Chef steht. Mag sein, dass er ein bisschen schummelt, wenn er gefragt wird, ob er sich vorstellen könne, die angegliederte Abteilung auch noch zu übernehmen – und das, obwohl er Ihrer Meinung nach nicht viel von Logistik versteht. Vielleicht hat er seinem Chef ganz keck geantwortet: »Na klar kann ich mir das vorstellen. Wer außer mir sollte das wohl sonst machen?« Das alles könnte Herbert gesagt und getan haben. Aber das ist gar nicht so wichtig. Das eigentlich Interessante dabei ist: Herbert denkt wirklich, dass er das kann.

Wie hätte das Ganze nun bei Ihnen ausgesehen? Nehmen wir an, man hätte Ihnen die Frage gestellt, ob Sie die Abteilung Logistik übernehmen möchten. Sie hätten eventuell erst einmal darüber nachgedacht, ob Sie überhaupt eine Ahnung von diesem Aufgabengebiet haben oder ob irgendetwas, was Sie jemals gelernt haben, dazu passen könnte. Möglicherweise hätten Sie auch Zweifel gehabt, ob Ihr Partner/Ihre Partnerin einem Fernstudium neben Ihrer beruflichen Tätigkeit zustimmt. Je länger Sie darüber nachgedacht hätten, umso mehr Gründe wären Ihnen eingefallen, warum Sie sich für diese neue Herausforderung plus Gehaltserhöhung besser nicht zur Verfügung stellen sollten.

Was also macht Herbert Peters anders? Denkt er nie über die Risiken nach, die so eine Aufgabe mit sich bringen kann? Kennt er die Befürchtungen und Vermutungen nicht, die bei Ihnen auf Knopfdruck abrufbar sind, wenn es darum geht, neue Herausforderungen anzunehmen? Das kann doch nicht sein, dass er einfach immer in seinem Kompetenzraum lebt. Der weiß doch gar nicht, dass es so einen Raum überhaupt gibt, und niemals würde er Bücher lesen, die sich mit diesen Themen befassen. Schlimmer noch, der Mann glaubt am Ende sogar, dass er diese Art von Büchern selbst schreiben könnte. Der Erfolg gibt ihm ja recht, oder etwa nicht?

Lassen wir an dieser Stelle Herbert Peters Herbert Peters sein und konzentrieren wir uns wieder auf Sie. Der entscheidende Unterschied zwischen Ihnen und Ihrem Nachbarn ist der folgende: Wovon er zu viel hat, haben Sie offenbar zu wenig, und zwar von dem Glauben an sich selbst. Von dem Glauben an sich und die eigenen Talente. Von dem Glauben, dass Sie genauso gut oder sogar besser mit Herausforderungen und Hindernissen umgehen können als die anderen. Von dem Glauben, dass einem schon irgendjemand helfen wird, wenn es eng wird.

Die spannende Frage ist natürlich: Wie kommt man zu einem so unbeirrbaren Glauben an sich selbst? Eine sehr wirkungsvolle Methode, die sich in meiner Coaching-Praxis oft bewährt hat, ist, dass Sie sich von all dem trennen, was Sie bis heute daran gehindert hat, ein gesundes Selbstbewusstsein zu entwickeln. Ein Mensch, der einen gesunden Glauben an sich selbst besitzt, weiß, dass er mit Hindernissen und Herausforderungen spielerisch umgehen kann und selbst bei schwerwiegenden Problemen in der Lage sein wird, sich die entscheidende Unterstützung zu holen.

Haben Sie Lust dazu, das Loslassen auszuprobieren? Dann wollen wir nun gemeinsam das ultimative Entrümpelungsprogramm in Angriff nehmen.

Entrümpeln Sie die Dinge, die Ihnen im Weg stehen – Alles, von dem Sie sich schleunigst trennen sollten

Damit wir nicht Gefahr laufen, dass Sie sich an der nächsten Ecke wieder Ihre alten Programme, Glaubensmuster, Verhaltensweisen und Sichtweisen zurückholen, möchte ich nun eine solide Basis mit Ihnen schaffen, die die Voraussetzung dafür ist, nachhaltig und langfristig ein gesundes Selbstwertgefühl in Ihnen zu etablieren. Ganz nebenbei werden Sie dadurch die Fähigkeit erlangen, zwischen Ihren alten Programmen und Mustern, die erfolgsweisend in Ihrem Leben waren, und den neuen Einsichten und Realitätserweiterungen zu wählen.

Das hört sich jetzt nach einer echten Lebensaufgabe an, ist es aber nicht. Wenn Sie schon viele Jahre im Opferbewusstsein gelebt haben – ob Sie sich darüber im Klaren waren oder nicht, spielt dabei keine Rolle –, kann es natürlich sein, dass Sie sich ein bisschen schwerer damit tun, die alten, liebgewonnenen und bequemen Einstellungen zu verändern. In diesem Fall mag es etwas länger dauern, bis Sie in der Lage sind, in den meisten Situationen des Lebens eloquent, selbstsicher und souverän zu wirken und zu sein. Es kann auch passieren, dass Sie gar nichts ändern möchten, weil es Ihnen einfach unmöglich erscheint, dass es eine Frage der Entscheidung sein soll, wie man tickt und wie man sich verhält. Auch diese Einstellung ist normal und völlig legitim. Jeder ist für sich selbst verantwortlich.

Wie sieht es nun bei Ihnen aus? Wollen Sie wirklich loslassen und in das Leben Ihrer Wahl eintauchen? Dann lassen Sie uns starten. Wir entrümpeln! Und zwar in Ihrer Innenwelt.

Stellen Sie sich nun zuallererst einmal vor, vor Ihrer Haustür stünde ein großer Container eines Entrümpelungsunternehmens. Während Sie weiterlesen, können Sie jedes Mal, wenn es für Sie einen Sinn ergibt, das eine oder andere unbrauchbar gewordene Muster, die eine oder andere nicht mehr benötigte Angst sowie die abgetragenen Verhaltensweisen als Sperrmüllstücke in diesen Container geben.

Ihren Container werden Sie in fünf Schritten füllen, die ich gleich nach und nach mit ihnen gehen werde. In einem ersten Schritt durchforsten wir zunächst Ihre Innenwelt nach Ihren verschiedenen Ängsten und analysieren, welche davon dazu beitragen, dass Sie es nicht aushalten, einmal unbeliebt zu sein bzw. dass Sie nicht für sich einstehen.

Erster Schritt: Ihre Ängste und Bedenken – Welche Angst ist gesund und berechtigt, welche behindert Sie?

Wir haben in den letzten Kapiteln schon über einige Ängste gesprochen, die sich in unserer Innenwelt so tummeln. Noch einmal kurz zur Erinnerung: In den Fokus gestellt hatten wir die Angst, nicht gut genug zu sein, die Angst, nicht alles zu wissen, und die Angst, nicht richtig zu sein. Alle drei Ängste sind entscheidend daran beteiligt, dass wir es nicht aushalten, unbeliebt zu sein.

Es erscheint mir an dieser Stelle sinnvoll, einmal über die positiven Seiten der Angst zu sprechen. Angst ist nicht per se etwas Schlimmes, sondern im Gegenteil ein absolut notwendiges Gefühl. Lassen Sie mich das anhand eines Beispiels aus meinem Leben verdeutlichen. Letztes Wochenende war mein Vater mit seiner Lebenspartnerin zu Besuch bei uns in Hamburg. Wir hatten ein schönes Sightseeing-Programm bei strahlendem Sonnenschein und klirrender Kälte geplant. Während unserer Fahrt in den Hamburger Hafen erzählte mein Vater dann, dass er wegen einer kleinen Wunde seit zwei Wochen Schmerzen im rechten Fuß habe. Sein Fuß war inzwischen ganz dick geworden, und das untere Bein war derart angeschwollen, dass es als dreijähriger Birkenstamm im Garten hätte durchgehen können. Als ich fragte, ob wir nicht doch lieber mal ins Krankenhaus fahren sollten, winkte er nur ab und sagte: »Das mache ich, wenn ich zu Hause bin, und außerdem will ich nächstes Wochenende Skifahren gehen, da kann ich jetzt keinen Krankenhausstress gebrauchen. Die wollen mich dann doch nur dabehalten, weil ich eine private Zusatzversicherung habe.« Ich wollte ein paar mehr Details zu seiner Verletzung am Fuß wissen und machte ihn darauf aufmerksam, dass es sich ja auch um eine Blutvergiftung handeln könnte. In einem solchen Fall muss man schnell handeln, denn sonst könnte es sein, dass man nie mehr in der Lage sein würde, Ski zu fahren – mit einem Bein ist das nämlich erheblich schwerer als mit zwei Beinen. Mit meiner fantasievollen, bildhaften Darstellung seiner zukünftigen Skiaktivitäten schaffte ich es schließlich irgendwie, meinen Vater zu überzeugen. Wir änderten unseren Plan und fuhren auf direktem Wege ins Krankenhaus. Dort entwarf der diensthabende Arzt sogar noch schönere Szenarien als ich und klärte ihn darüber auf, dass die Bakterien, die sich in seinem Fuß eingenistet hatten, auch gern eine Wanderung ins Knie machen. Sollte der Patient dann noch ein künstliches Kniegelenk haben – was rein zufällig bei meinem Vater der Fall war –, kann die Sache richtig schlimm enden. Es war also auf keinen Fall übertrieben gewesen, das Krankenhaus anzusteuern.

Natürlich müssen wir nicht zu angstbesetzten Hypochondern mutieren, aber an der richtigen Stelle kann es durchaus sinnvoll sein, eine Angst zuzulassen. Ein anderes Beispiel für so eine berechtigte Angst sind für mich kleine oder größere Schnittwunden. Die krassesten Geschichten zu diesem Thema habe ich im engeren Bekannten- und Freundeskreis erlebt. Zwei Mal sind lebensbedrohliche Streptokokken-Vergiftungen im Körper entstanden, und diese Biester haben fast alle inneren Organe lahmgelegt, so dass es am Ende um Leben und Tod ging.

Und hier noch ein weiteres kleines Beispiel für berechtigte Ängste – ebenfalls aus dem Krankenhaus: In der Notaufnahme habe ich einige Leute getroffen, die wären gut beraten gewesen, ihrer inneren Angststimme einmal zuzuhören. Die hätte ihnen bestimmt ins Ohr geflüstert, dass es nicht die beste Idee ist, sich nach zehn Jahren zum ersten Mal wieder mit Schlittschuhen aufs Eis zu begeben. Das Wartezimmer war voll von Menschen mit Arm- und Beinbrüchen. Oder nehmen wir das Reisen: Wenn Sie in exotischen Städten unterwegs sind, meiden Sie doch sicher die Gegenden, von denen Ihnen jeder Reiseführer abrät, sie nach Einbruch der Dunkelheit noch aufzusuchen – es sei denn, Sie nehmen es in Kauf, dass Ihnen dort einige Wertsachen oder sogar Körperteile abhandenkommen.

Ich möchte Ihnen auf gar keinen Fall den Spaß verderben, es gibt nur einfach Situationen, in denen es sehr wohl sinnvoll ist, auf seinen gesunden Menschenverstand und die damit einhergehenden berechtigten Ängste zu vertrauen, die einen warnen möchten. Vielleicht haben Sie selbst schon eine solche Situation erlebt: Obwohl Sie ein mulmiges Gefühl hatten und eine altbekannte Angst sich in Ihrem Inneren breitmachte, haben Sie sich ihr todesmutig gestellt und sich gesagt: »Ich bin kein Feigling, das wäre doch gelacht, wenn ich das nicht hinbekäme.«

Zu diesem Thema erzähle ich Ihnen noch eine letzte Geschichte, die das Problem sehr schön verdeutlicht. Eine Kundin von mir, die geschäftlich öfter fliegen muss, kam vor ein paar Jahren von ihrem Flug aus Peking zurück und beschloss, das Transportmittel Flugzeug nur noch in dringenden beruflichen Fällen zu nutzen. Es war nichts Besonderes auf ihrer Reise von Peking nach Frankfurt vorgefallen, es war nur so ein Gefühl, das plötzlich in ihr hochkam. Sie hielt sich drei Jahre konsequent an ihre innere Abmachung – bis zu dem Tag, als ihre Freundin Gabriele, die schon seit fünf Jahren in Madrid lebte, damit drohte, ihr die Freundschaft zu kündigen, wenn sie jetzt nicht endlich mal zu Besuch käme. Da Katja diese Freundschaft nicht aufs Spiel setzen und sich auch nicht unbeliebt machen wollte, durchbrach sie die von ihr aufgestellte Regel aus ihrer Innenwelt und buchte einen Flug. Auf dem Rückflug nach Frankfurt meinte sie eine Veränderung der Motorengeräusche wahrzunehmen, und auch die Tatsache, dass sie über den Pyrenäen jedes einzelne Detail der bergigen Landschaft erkennen konnte, beunruhigte sie. Das schien auch dem Kapitän des Flugzeugs nicht zu gefallen. Er gab kurze Zeit später in einer Durchsage an die Passagiere bekannt, dass er jetzt die Maschine verdunkeln und den Service einstellen würde. Leider müsse er sehr tief fliegen, da die rechte Benzinpumpe des Flugzeugs ausgefallen sei und die linke nur noch temporär arbeite. Aus diesem Grund würde er jetzt auch nach Barcelona zurückfliegen, um dort notzulanden. Ich muss Ihnen wahrscheinlich nicht sagen, dass das die schlimmste halbe Stunde im bisherigen Leben von Katja war. Und ich möchte das Beispiel auch gar nicht weiter ausschmücken, nicht dass Sie Flugangst bekommen! Die Notlandung hat ja zum Glück geklappt.

Vielleicht denken Sie, dass man mit seiner Angst das Unglück auch anzieht. Das kann schon sein, doch beweisen lässt es sich natürlich nicht. Meine Theorie hierzu ist, dass wir sehr oft intuitiv genau wissen, was gut oder schlecht für uns ist. Und so möchte ich Ihnen mit dieser Geschichte auch in erster Linie zeigen, welche Dinge einem zustoßen können, wenn man nicht auf seine Intuition, sein Bauchgefühl oder seine innere Stimme hört. Der Preis, den man dafür zahlt, dass man sich nicht unbeliebt machen will bei Menschen, die einem wichtig sind, kann manchmal ganz schön hoch sein. Nicht immer hat man das Glück, einen erfahrenen und trainierten Profi am Steuer zu haben. Wer Angst hat, ist also nicht zwangsläufig ein Feigling!

Bestimmt liegt Ihnen jetzt die völlig verständliche Frage auf dem Herzen: Wie stellen wir denn nun fest, ob eine Angst, die sich in unserem Inneren regt, die uns manchmal schwerer atmen oder sogar beinahe ohnmächtig werden lässt, berechtigt ist oder nicht? Damit diese Unterscheidung einfacher für Sie wird, beschäftigen wir uns nun mit den Ängsten, die uns im Weg stehen, die eher hinderlich als förderlich sind und bei denen wir uns selbst oft fragen, woher sie auf einmal ungebetenerweise kommen. Um eine bessere Vorstellung davon zu erhalten, um welche Ängste es sich handeln könnte, gebe ich Ihnen hier ein paar Beispiele, die mir in der einen oder anderen Variante regelmäßig von meinen Kunden erzählt werden und die vielleicht teilweise auch auf Sie zutreffen: Einige fühlten sich früher unsicher oder hatten Angst, wenn sie Präsentationen vor der Geschäftsleitung halten mussten. Andere hatten Angst davor, sich im Meeting lächerlich zu machen, da sie ihrer Meinung nach nicht besonders eloquent sind. Wieder andere befürchteten, dass jemand sie etwas fragen könnte, worauf sie keine Antwort wüssten. Und ein Handwerksmeister schreckte davor zurück, seinen Mitarbeitern negative Botschaften zu übermitteln. Viele Personen haben nämlich wirklich Angst davor, nicht mehr liebenswert zu sein, wenn sie über etwas sprechen, das nicht jedem gefällt.

Die gute Nachricht ist: All diese Ängste lassen sich auflösen. Und wie so oft liegt der Schlüssel zur Auflösung beim Betroffenen selbst. Es gibt ein paar Übungen, die Sie dabei unterstützen, sich von den unberechtigten Ängsten zu befreien. Sie können zum Beispiel die für Sie schwierigen Situationen ganz real trainieren. Oder Sie stellen sich immer wieder visuell vor, dass Sie in einem Meeting sitzen, und argumentieren mit fester, lauter Stimme zu den verschiedensten Sachverhalten einfach drauflos. Oder aber Sie stellen sich Ihren Ängsten in Form von inneren Dialogen. Das Schöne bei solchen inneren Konferenzen ist, dass Sie die Rolle des Regisseurs einnehmen. Sie geben Regieanweisungen und betrachten das ganze Spektakel von außen. So sind Sie in der Lage, jederzeit auf Ihre Fähigkeiten, Talente und Kompetenzen zuzugreifen.

Wichtig dabei ist: Wer viel übt, wird sicherer. Das Unterbewusstsein ist sehr simpel gestrickt. Egal, ob Sie alleine für sich das Argumentieren üben oder vor Menschen. Abgespeichert in Ihrem Unterbewusstsein wird jedes Mal: Ich habe laut sprechend argumentiert. Und weil ich das geübt habe, kann ich das. Probieren Sie es aus, es funktioniert auch bei Ihnen! Damit es ein bisschen einfacher wird, gehe ich mit Ihnen aber vorher noch ein konkretes Beispiel einer solchen inneren Konferenz durch. So bekommen Sie eine Idee davon, wie so etwas ablaufen kann.

Ich möchte Ihnen gern von Daniela erzählen, die sich nicht traut, in Abteilungsmeetings etwas zu sagen, weil sie erstens denkt, dass sie nicht so toll reden kann, und zweitens auf jeden Fall vermeiden möchte, sich unbeliebt zu machen, indem sie irgendjemandem versehentlich auf die Füße tritt. Während sie in den Meetings sitzt, hat sie stets ganz viele Ideen zu den Punkten, die gerade behandelt werden. Leider sagt entweder jemand vor ihr etwas, was sie auch hätte sagen wollen, oder der Kollege Jörn hat mal wieder das Gespräch an sich gerissen, weil er sich selbst so gern reden hört. Die Angst, die sich immer wieder in ihr breitmacht, hat verschiedene Gesichter. Da gibt es die Stimme, die zu ihr im Inneren sagt: »Wenn du nicht bald mal deinen Mund aufmachst, Daniela, denken alle anderen in der Runde, dass du nichts kannst und nichts weißt. Das kann doch wohl nicht so schwer sein, mal als Erste das Wort zu ergreifen, sprechen kannst du ja schließlich, oder?« Eine andere Stimme in ihrem Kopf sagt: »Bestimmt hast du dich wieder nicht richtig vorbereitet, sonst würdest du doch sprechen.« Daniela ärgert sich jedes Mal über sich selbst, aber die Angst, das Falsche zu sagen bzw. nicht die richtigen Worte zu finden oder jemanden zu brüskieren, ist stärker als alles andere. So wie ihre inneren Dialoge momentan ablaufen, tragen sie ganz gewiss nicht dazu bei, dass Daniela sich zukünftig sicherer fühlen wird. Im Gegenteil, sie wird vermutlich versuchen, um die Meetings herumzukommen, indem sie Arbeit vorschiebt, die unbedingt erledigt werden muss. Wenn Daniela nur den Mut hätte, sich ihren Ängsten und den dazugehörigen Stimmen zu stellen, dann hätte sie gute Chancen, sie loszuwerden.

Was genau könnte Daniela tun? Eine gute Möglichkeit wäre,

in einen Dialog mit den Ängsten zu treten und ihnen die Meinung zu sagen. Ihrer ersten Stimme könnte sie in der Rolle der souveränen Regisseurin entgegnen, dass es glücklicherweise nichts an ihrer Leistung auszusetzen gibt, dass sie in jedem Review-Gespräch für ihren Einsatz gelobt wird und dass sie sich vorgenommen hat, das Sprechen in der Gruppe zu üben. Daniela hat nämlich damit angefangen, während ihrer Fahrt zum Büro laut die Abteilungsrunde zu simulieren. Sie könnte dieser Stimme außerdem sagen, dass das Sprechen in der Runde zwar in der Tat nicht wirklich schwer ist, dass sie selbst aber aus Höflichkeit bislang ihrem Vorgesetzten das erste Wort überlassen hat. Natürlich würde Danielas zweite innere Stimme sofort damit kontern, dass sie sich nicht in die Tasche lügen solle, denn bis jetzt habe sie schließlich noch nie etwas über ihre Lippen gebracht. Daniela könnte dann darauf antworten, dass dies zwar stimme, dass sie mittlerweile aber gelernt habe, zielfokussiert zu denken und zu argumentieren, so dass ihr Schweigen in Zukunft kein Thema mehr sei. Damit hätte sich Daniela schon in eine ziemlich gute Position gebracht, um beim nächsten realen Meeting das Wort zu ergreifen.

Sie könnte sogar noch eins draufsetzen und einer ihrer inneren Stimmen erzählen, dass sie bisher immer den gleichen Fehler gemacht habe, nämlich den, einfach nur peinlich berührt zu sein, wenn ein Teilnehmer mal wieder etwas völlig Blödsinniges im Meeting von sich gegeben hatte. Nun, da sie erkannt habe, dass es sehr sinnvoll sei, das Ziel nicht aus den Augen zu verlieren, wäre sie bereit, die zukünftigen Meetings zu moderieren. Damit würde Daniela sich nicht nur endlich trauen zu sprechen, sie würde dabei auch noch extrem professionell wirken. Sie hätte also gleich zwei Fliegen mit einer Klappe geschlagen.

Widmen wir uns nun Danielas Angst, das Falsche zu sagen. Diese Angst ist natürlich härteres Geschütz. Hier kann Daniela, die neue Regisseurin, philosophisch kontern, etwa mit folgenden Fragen: »Wer weiß schon, was richtig und was falsch ist? Wer soll die Person sein, die darüber urteilen könnte? Ist außerdem nicht morgen das richtig, was gestern falsch war? Ein Blick in die täglichen Nachrichten zur Politik genügt, um zu sehen, dass viele Menschen die Meinung vertreten: ›Was schert mich mein Geschwätz von gestern? Heute ist heute, morgen ist morgen, und gestern ist gestern.‹« Das bedeutet nicht, dass Sie auf einmal zu einem »Ist mir doch egal, was ich gestern gesagt habe«-Menschen mutieren. Es bedeutet, dass Sie sich in Zukunft etwas lockerer machen können, da nicht alles so heiß gegessen wird, wie es gekocht wird.

Sie sind nun ganz gut gewappnet, um das alles einmal selbst auszuprobieren. Wenn Sie Lust haben, legen Sie gleich damit los! Identifizieren Sie alle unberechtigten und unbrauchbaren Ängste und Bedenken, sobald Sie sich wieder bei einem destruktiven inneren Dialog ertappt haben, und füllen Sie damit Ihren Sperrmüllcontainer. Üben Sie die schwierigen Situationen und das Argumentieren, egal, ob laut oder leise. Eine zusätzliche Technik ist, sich zu überlegen, welchen Tipp Sie einer anderen Person geben würden, bei der Sie sich ähnliche innere Gedankengänge vorstellen können. So gelangen Sie automatisch in den dissoziierten Zustand. Das bedeutet, Sie bekommen Abstand zu Ihrer persönlichen Gebundenheit an die Angst und gleichzeitig Zugriff auf Ihre innerlichen Lösungswerkzeuge. Auf jeden Fall sollten Sie sich vornehmen, immer öfter zu trainieren, Ihre Ängste auf »berechtigt« oder »unberechtigt« zu überprüfen. Das wird Ihr Leben sehr bereichern.

Zweiter Schritt: Ihre Glaubensmuster und Überzeugungen – Sind Ihre alten Maßstäbe noch gültig?

Beschäftigen wir uns nun mit einer weiteren Sorte Sperrmüll, von der wir alle mit Sicherheit etwas in unserer Innenwelt eingebaut haben: den Glaubensbekenntnissen, die wir nicht mehr benötigen. Jeder von uns trägt derart viele Glaubensmuster und Glaubenssätze in seinem Inneren herum, dass man allein mit diesem Thema schon ein ganzes Buch füllen könnte. Einige dieser Bekenntnisse sind sehr vorteilhaft, andere stören nicht besonders, wieder andere sind fatal und wirken sich extrem negativ auf unseren Erfolg und unser Verhalten aus.

Wenn ich in meinen Workshops darauf zu sprechen komme, lehnen sich die meisten Teilnehmer erst mal entspannt zurück, hören interessiert zu und denken sich so etwas wie: »Da kenne ich einige, die solche Glaubenssätze mit sich herumschleppen, zum Glück ist das bei mir nicht so.« Diese Teilnehmer kommen nicht auf die Idee, dass sich in ihrem eigenen Innern eine ganze Armada davon tummelt. Ich verrate Ihnen an dieser Stelle noch nicht, ob das bei Männern und Frauen gleichermaßen der Fall ist.

Zunächst einmal möchte ich Ihnen erklären, wie solche Überzeugungen entstehen. Eins ist klar: Sie sind nicht auf die Welt gekommen und haben sich gedacht: Geld stinkt! Geld verdirbt den Charakter! Eigenlob stinkt! Sei sittsam und bescheiden, dann mag dich jeder leiden! Babys denken nicht über so etwas nach. Die haben Hunger, brauchen Nähe und saubere Windeln, wollen schlafen und erst einmal richtig ankommen im Leben. Wenn sie ein bisschen gewachsen sind, fangen sie krabbelnd an, die Welt zu entdecken, fassen alles an, stecken ihre Hände überall rein, machen lustige Geräusche, lachen viel und sind meistens recht zufrieden, sofern sie nicht krank sind. Wie kommt jetzt so ein kleiner Matz darauf, dass Geld den Charakter verdirbt?

Stellen wir uns das Szenario einmal folgendermaßen vor: Der kleine Matz bekommt von früh an mit, wie seine Eltern sich über andere Verwandte, Bekannte und Freunde unterhalten, die durch irgendein Geschäft sehr schnell an sehr viel Geld gekommen sind. Gemeinschaftlich gelangen sie nun zu der Erkenntnis, dass dieses Geld sie total verändert hat. Schlimmer noch, das Geld hat nach Meinung der Eltern ihren Charakter verdorben. So überheblich, arrogant und selbstgefällig wie Onkel Willi jetzt auftritt, war er doch früher nicht. Ständig erzählt er von seiner bekloppten Jacht und wo überall er damit herumschippert, wen er in seinen Jachtclubs kennengelernt hat und mit welchen Baronen, Fürsten und C-Promis er neuerdings auf Partys in Südspanien herumhängt. Dabei war er früher so nett. Er war hilfsbereit, hat fleißig gearbeitet, und alles war im Lot. Das Fazit der Eltern lautet dann: So wollen wir in unserer Familie nie sein. Wir sind ehrliche Leute, und wir wissen, dass es ohne Fleiß keinen Preis gibt.

Da für unseren imaginären kleinen Matz die Eltern die wichtigsten Bezugspersonen sind, nimmt er die von ihnen aufgestellten Regeln und Glaubenssätze in seiner Innenwelt ungefiltert auf. Fein säuberlich werden sie in seinem Unterbewusstsein abgelegt und stehen jederzeit zur Verfügung – auch dann noch, wenn der kleine Matz längst erwachsen ist. Nehmen wir an, der kleine Matz heißt Thomas, und nehmen wir weiter an, er trägt eine gewisse Zocker-Mentalität in sich. Sein Großvater ist gerne zu Pferderennen gegangen und hat sich, da er ein gutes Gespür für Pferde besaß, auf diese Weise etwas dazuverdient. Thomas hat dieses Gespür geerbt, nutzt es aber eher, um nebenbei an der Börse zu spekulieren. Beruflich ist er in die Fußstapfen seines Vaters getreten und leitender Ingenieur in einem renommierten Ingenieurbüro geworden. Irgendwann passierte etwas Magisches. Thomas setzte aus einer Laune heraus in Form von Optionsscheinen auf die richtigen Aktien und verdiente damit richtig viel Geld. Er freute sich wahnsinnig, da er sich jetzt den langersehnten Wunsch erfüllen konnte, einen Sportwagen zu kaufen.

So weit, so gut. Aber er hatte Blut geleckt. Er wurde übermütiger und setzte weitaus größere Summen Geld ein, als er besaß. Und vielleicht können Sie jetzt schon erraten, wie die Geschichte ausging. Thomas verlor seinen gesamten Besitz und noch viel mehr. Sein gut gehüteter Glaubenssatz, dass Geld den Charakter verdirbt, war gerade noch rechtzeitig aus seinem Unterbewusstsein in sein Bewusstsein gestiegen und hatte nun erfolgreich dafür gesorgt, dass das mit dem »Charakterverderben« gar nicht erst passieren würde. »Demut« ist das Zauberwort, das sich Thomas zu eigen machen musste.

Diese unglückliche Geschichte, die übrigens wirklich so passiert ist, habe ich Ihnen erzählt, damit Sie sehen, warum es so wichtig ist, die eigenen Glaubenssätze zu entrümpeln. Leider gibt es einen kleinen Wermutstropfen bei diesem Thema: Es ist nicht wirklich einfach herauszufinden, was man sich da in seiner Kindheit und Jugend alles selbst eingetrichtert hat. Man muss sich schon ein bisschen Zeit zum Nachforschen nehmen.

Wie wäre es, wenn Sie das gleich am nächsten Wochenende tun würden? Nehmen Sie sich ein bis zwei Stunden Zeit und machen Sie es sich an einem Ort, an dem Sie sich wohlfühlen, gemütlich. Überlegen Sie sich zunächst ein paar gängige Begriffe wie zum Beispiel Erfolg, Geld, Macht, Wohlstand, Expertentum, Geborgenheit und Liebe, und schreiben Sie dann zu jedem Begriff ohne viel nachzudenken auf, welche Regeln, Maßstäbe und Glaubenssätze aus Ihrem Inneren heraussprudeln. Überprüfen Sie danach, ob diese Sammlung für Sie stimmig ist. Haben Sie bei dem einen oder anderen Glaubenssatz, der aus Ihrem Unterbewusstsein gekommen ist, das Gefühl, er könnte Sie daran hindern, das Unbeliebtsein auszuhalten bzw. selbstbewusst für sich und Ihren Erfolg einzutreten? Wenn ja, dann sollten Sie sich schnellstmöglich von ihm verabschieden und ihn in Ihren imaginären Sperrmüllcontainer vor Ihrer Haustür werfen.

Die Identifikation mit den Gedanken, Vorstellungen, Normen, Regeln oder Maßstäben von Eltern, Verwandten oder Lehrern trägt oftmals dazu bei, dass man sich viel zu lange im Leben vor dem verschließt, was alles möglich wäre. Lassen Sie mich Ihnen hierzu ein Beispiel geben.

In einem Porträt des Sängers »Der Graf« der deutschen Band »Unheilig« wurde im Magazin *Stern* (Heft 43/2010) eine sehr aufschlussreiche Geschichte erzählt. Der stellvertretende Schulleiter des Sängers hatte ihm im Alter von achtzehn Jahren den Wahnsinnstipp mit auf den Weg gegeben, dass er es vermeiden sollte, vor anderen Menschen zu stehen und zu sprechen. Der Rektor war der Meinung, dass es für den »Grafen« besser wäre, wenn er sich einen Job suchen würde, bei dem er mit niemandem reden müsste, eventuell einen ganz normalen Bürojob. In seinen jungen Jahren stotterte »Der Graf« nämlich, wofür er sich furchtbar schämte. Und weil er ausgelacht wurde, beschloss er irgendwann, seinen Mund nicht mehr aufzumachen. Der stellvertretende Rektor wollte ihm mit seinem Ratschlag bestimmt etwas Gutes tun, aber glücklicherweise hat sich der Sänger trotzdem nach der Bundeswehr durch die Ausbildung zum Hörgeräteakustiker geboxt. Was ihm unter anderem dabei geholfen hat, aus den Fesseln der Meinungen und Anschauungen auszubrechen, war das Annehmen eines Künstlernamens und die Veränderung seines Typs. Ihm ist es erfolgreich gelungen, die Dämonen der Vergangenheit zu besiegen.

Dem Topmodel Claudia Schiffer ist es ähnlich ergangen. Sie war ein schüchternes Kind, das schnell rot wurde und sich in jungen Jahren in den Vorhang eindrehte, sobald ihre Eltern Besuch bekamen. Als sie im Alter von siebzehn Jahren in einer Diskothek entdeckt wurde und mit dem Segen ihrer Eltern in die Modebranche eintauchte, meinten viele Menschen, die sie kannten, dass sie das niemals durchhalten würde. Doch siehe da, sie hatte Glück. Als sie merkte, dass ihre Tendenz zu erröten durch das Make-up für die Fotoshootings keine Auswirkungen mehr hatte, hatte sie auf einmal eine »Rüstung«. Heute sagt sie, dass das Modeln die beste Therapie war, um ihre Schüchternheit zu besiegen.

Schön zu sehen, wie andere Menschen mit ihren Herausforderungen umgehen – und Sie können das auch! Damit Sie nicht aus der Übung kommen, schlage ich vor, dass auch Sie während des Lesens Ihren Innenweltmüll entrümpeln. Je mehr Sie lesen, desto mehr neue Einsichten gewinnen Sie und desto mehr neue Methoden lernen Sie, um in Zukunft souveräner in allen Lebenslagen agieren zu können.

Dritter Schritt: Ihr inneres Wertesystem – Ist richtig, was Ihnen wichtig ist?

Wir konnten gerade eben sehen, wie wichtig es ist, sich von einigen Glaubenssätzen zu trennen, die wir von unseren Eltern blind übernommen haben und die uns eher blockieren, als dass sie uns nach vorne bringen. Widmen wir uns nun im nächsten Schritt unseren inneren Werten.

Oft nehmen Kinder das an, was Eltern ihnen vorleben. Sie verhalten sich genauso wie sie, weil sie es schlicht als stimmig empfinden und weil der vermeintliche Erfolg ihrer Eltern ihnen recht gibt. Dann wiederum gibt es Kinder, die es genau gegenteilig handhaben wie ihre Eltern, da sie überhaupt nicht mit deren Einstellungen und Werten übereinstimmen. Für unser Thema ist es allerdings nicht relevant, ob Sie Ihre Werte ändern oder sie sogar verleugnen. Das, was wir uns jetzt anschauen werden, ist die Hierarchie. Wie haben Sie die Werte in Ihrer Innenwelt angeordnet? Warum ist das sinnvoll – oder auch nicht? An dieser Stelle betrachten wir wieder ganz genau Ihre Emotionen, und zwar zunächst Ihre intensivste und wichtigste Emotion. Sie ist direkt an Ihren höchsten Wert gekoppelt. Sie ist das, was Sie antreibt, Dinge zu tun oder eben nicht zu tun.

Gehen wir noch einmal zurück zum Beispiel von Daniela, der Abteilungsleiterin, die so ungern vor versammelter Mannschaft spricht. An ihm wird das Prinzip der intensivsten Emotion, die an ihren höchsten Wert gekoppelt ist, deutlicher. Beim Erstellen einer Liste, was ihr im beruflichen Leben wichtig ist, hat Daniela ihre Werte in der folgenden Reihenfolge notiert: Freundschaft, Teamgeist, Harmonie, Zuverlässigkeit, Zielfokus. Diese Werte sind alle super, man kann nichts gegen sie einwenden – nur sind sie eben in dieser emotionalen Reihenfolge nicht besonders günstig, wenn sie es aushalten möchte, einmal unbeliebt zu sein und gleichzeitig den Zielen des Unternehmens zu dienen. Bei Daniela wäre das der Fall, wenn sie im Meeting etwas sagen würde, das ihren Kollegen Georg, mit dem sie freundschaftlich verbunden ist, nicht so klasse dastehen lässt. Etwa, weil er in seiner Präsentation falsche Dinge behauptet hat oder schlecht vorbereitet war. Wenn nun also Freundschaft Danielas höchster Wert ist, kann sie nie sicher sein, dass das, was sie zur Diskussion im Meeting beiträgt, nicht vielleicht irgendjemandem oder sogar Georg einen Schaden zufügt. Ihre Freundschaft mit der betreffenden Person wäre in diesem Fall in Gefahr, der

Teamgeist erheblich gestört, und ob dann noch Harmonie in ihrer Gruppe herrschen würde, ist fraglich.

Wieder einmal sehen wir, dass das Unterbewusstsein zu verhindern weiß, dass wir im Außen etwas tun, das unserem Wertesystem widerspricht. Am Beispiel von Daniela wird daher klar, dass sie schleunigst die Hierarchie ihrer Werte modifizieren sollte, wenn sie den Wunsch verspürt, zukünftig mehr in Erscheinung zu treten. Wäre nämlich der Zielfokus an erster Stelle ihrer Werte angesiedelt, würde sie sich wahrscheinlich automatisch zu Wort melden, wenn in einer Sitzung die Gefahr bestünde, dass das Ziel des Unternehmens verlassen wird. Besäße sie dann noch die Kühnheit, Zuverlässigkeit an die zweite Stelle zu schieben, könnte Daniela ihre Zunge garantiert nicht mehr im Zaum halten. Ihre anderen Werte könnte sie nun einfach hintanstellen, so dass diese dafür sorgen würden, dass sie stets den richtigen Ton trifft. Denn das ist das Optimum, das wir erreichen können: die Dinge anzusprechen, die angesprochen werden *müssen*, und zwar in einer Art und Weise, dass niemand emotional zu Schaden kommt, sondern vielmehr alle froh sind, dass jemand den Mund aufgemacht hat, weil sie wissen, dass besagtes Thema einen großen Einfluss auf den Gewinn des Unternehmens hat.

Denken Sie nun einmal an Ihren eigenen Arbeitskontext und an Menschen, die das genaue Gegenteil von Daniela sind. Sicher kennen Sie jemanden, bei dem es offensichtlich ist, dass er oder sie keinen einzigen Beziehungswert in seiner oder ihrer inneren Wertehierarchie aufgelistet hat. Ein autoritärer Chef etwa. Diese Menschen agieren getreu dem Werteschema: Macht, Ergebnis, Leistung, Professionalität, Termintreue. Keine Frage, das sind klasse Werte – wenn aber kein einziger Beziehungswert dabei ist, wird es für den Chef schwer, seine Mitarbeiter hinter sich zu versammeln und auf ihre Unterstützung zu bauen, wenn er in Probleme gerät. Sie wissen ja, jeder findet seinen Meister. Anders ausgedrückt: Sollte ein anderer Interesse daran haben, den Chefposten zu ergattern, und hat er im Gegensatz zu Chef 1 wenigstens *einen* Beziehungswert in seiner Wertehierarchie, stehen in Windeseile sämtliche Mitarbeiter des autoritären Chefs hinter ihm. Da spielt Fachkompetenz überhaupt keine Rolle, und diese selbsternannten Diktatoren verstehen dann die Welt nicht mehr. Meistens reden sie sich ein, dass alles und jeder um sie herum bekloppt ist.

Lassen Sie mich Ihnen das Thema Wertesystem noch an einem Beispiel aus dem Bereich des Privaten näherbringen. Annika, eine Kundin aus einer Firmentrainingsmaßnahme, bat mich, mit ihr ihre verzwickte Partnerschaftssituation zu lösen. Sie ist seit ein paar Jahren Single, und obwohl sie wirklich sehr gut aussieht und eine intelligente Frau ist, gerät sie nur an verheiratete Männer. Das wollte sie verständlicherweise unbedingt ändern.

Ich verrate Ihnen jetzt, welche höchsten inneren Werte Annika in Bezug auf Beziehungen in ihrer Innenwelt implementiert hatte. Vermutlich wird Ihnen dann schlagartig klar, warum sie in der Vergangenheit unweigerlich in solche unbefriedigenden partnerschaftlichen Situationen geriet. Ihre höchsten Werte waren bis zu dem Zeitpunkt unseres Zusammentreffens: Freiheit und Unabhängigkeit. Sehr aufschlussreich, nicht wahr? Annika hat sich also, ohne es zu merken, Beziehungen gesucht, bei denen sie sicher sein konnte, dass die von ihr unbewusst aufgestellten Werte niemals in Frage gestellt werden würden. Von einem verheirateten Lover musste sie zu große Nähe, geschweige denn ein Ehebündnis niemals fürchten.

Wenn Annika sich nun aber eine beständige Partnerschaft wünscht, würde eine weitaus bessere Konditionierung ihrer Werte so aussehen, dass Partnerschaft, Liebe und Familie an den ersten Stellen ihres internen Wertesystems stehen. Ja, so einfach ist das! Den vielen tollen unfreiwilligen Single-Frauen in meinen Trainings würde ich es so sehr wünschen, dass sie genau das tun. Bei den gefühlten fünfundsiebzig Internet-Partnerschaftsbörsen, die mittlerweile existieren, muss ein trauriges Single-Dasein wirklich nicht sein. (Falls sich einer meiner Leser angesprochen fühlt und beschließt, die Werte zu seinem Beziehungsthema heimlich zu ändern: Über Hochzeitskarten freue ich mich jederzeit!)

Haben Sie gesehen, wie unglaublich wichtig es ist, sich in einer ruhigen Minute Gedanken darüber zu machen, wie Sie Ihre Werte bislang aufgestellt haben? Wie sieht es mit Ihren Beziehungswerten aus? Zu ihnen gehören: Liebe, Partnerschaft, Gemeinsamkeit, Verständnis, Toleranz, Respekt, Vertrauen, Rücksichtnahme und so weiter. Sollten sie (wie bei Daniela) ungünstig oder hierarchisch in der falschen Reihenfolge positioniert sein, dann würde ich Ihnen dringend zu einer Transformation raten, sofern Sie an Ihrer Partnerschaftssituation etwas ändern wollen.

Lassen Sie uns nun den vierten Schritt in Angriff nehmen.

Vierter Schritt: Warum Sie Ihr Bedürfnis nach Harmonie nicht weiterbringen wird

Wenn Sie es in Zukunft aushalten wollen, ab und an mal unbeliebt zu sein, dann müssen wir uns jetzt leider Ihre Harmoniesucht vorknöpfen. Sie retten die Welt nicht, wenn Sie zu allem Ja und Amen sagen, nur um des lieben Friedens willen. Kein Mensch respektiert Sie in Ihrem Berufsleben, wenn Sie aus lauter Mitgefühl nicht mehr in der Lage sind, Ihre Ziele zu erreichen. Viele egozentrische Mitmenschen ziehen dann an Ihnen vorbei, weil Sie sich ihnen nicht in den Weg stellen und »Stopp« sagen. Weil es Ihnen eher unangenehm ist, wenn sich beispielsweise Kollegen, die offensichtlich nur ihren persönlichen Vorteil vor Augen haben und ohne Skrupel über Leichen gehen, in Ihrer Gegenwart im Ton vergreifen. Weil es Ihnen ganz selten in den Sinn kommt, dass Sie einfach nur aufstehen und besagten Kollegen die Rote Karte zeigen müssten. Wer nichts versucht, der kann auch nicht gewinnen. Also, stehen Sie auf!

Was Sie sich vor Augen führen müssen, ist, dass die eben genannten Menschen, die so gar nicht ethisch agieren, in den Unternehmen immer mehr an Einfluss gewinnen – und dann ist es mit der Harmonie letztendlich sowieso vorbei. Anders ausgedrückt: Übertriebene Harmoniesucht kann dazu führen, dass das gesamte Klima im Unternehmen, in Ihrem Verein, in Ihrer Familie oder in welchem Bereich auch immer für längere Zeit ins Ungleichgewicht kommt, weil Sie es versäumt haben, an der richtigen Stelle etwas zu sagen oder zu tun. Nehmen Sie es mir nicht krumm, wenn ich jetzt etwas strenger klinge als vorher. Das liegt einfach daran, dass ich nur allzu oft in Firmen gerufen werde, in denen das Chaos schon perfekt ist. Ein kleiner Teil testosterongesteuerter Machttypen hat es dort geschafft, Unruhe in die Mitarbeiter und das Organisationssystem zu bringen. Und nach Meinung dieser Führungskräfte sind natürlich immer die anderen daran schuld – vielleicht sogar Sie?

Gerne zeige ich Ihnen noch an einem konkreten Beispiel auf, warum ein übersteigertes Harmoniebedürfnis sich äußerst negativ für alle Beteiligten auswirken kann. Letztes Jahr habe ich ein Training in einer reinen Frauenabteilung gegeben. Die Mitarbeiterinnen waren alle spitze ausgebildet, sehr effektiv im Job, waren freundlich und beliebt in der Firma. Mein Auftrag war es, sie dabei zu unterstützen, selbstbewusster aufzutreten, sich besser durchzusetzen und in Meetings die Themenabweichler wieder auf die Zielgerade zu bringen. Der erste Eindruck, den die weibliche Gruppe vermittelte, war folgender: eine für alle, alle für eine. Es schien so, als ob kein Blatt Papier zwischen die Kolleginnen passte, so stark war der Zusammenhalt. Wer mit einer von ihnen Krach hatte, würde mit allen Krach haben. Das wagte natürlich niemand, der noch bei Verstand war. Jetzt aber das Spannende: Das, was nach außen sehr harmonisch wirkte und worauf sie alle stolz waren, war gleichzeitig ihre größte Schwäche. Keine Frau aus dem Team traute sich, besser zu sein als die andere, weil das die Harmonie hätte gefährden können. Das Horrorszenario war, auf einen Schlag lauter neue Feindinnen um sich herum zu haben.

Je mehr wir dann jedoch gemeinsam übten, in den souveränen Kompetenzraum zu gehen, umso mehr Widerstände kamen hoch. Auf der einen Seite genossen es diese Frauen sehr, selbstbewusster und souveräner zu wirken, auf der anderen Seite wurde mit der neu gewonnenen Kraft der Wunsch geboren, freier und autarker zu sein. Das Prinzip ist leicht zu erklären: Bislang gaben sich die Frauen gegenseitig Rückendeckung und Unterstützung, nun brauchte die eine oder andere auf einmal die Rückendeckung des Teams nicht mehr, da sie durch die vielen Trainingseinheiten lernte, das Selbstwertgefühl aus sich selbst heraus zu generieren. Als die restlichen Damen das merkten, fühlten sie sich unbewusst verraten, und es traten plötzlich Kritikpunkte an die Oberfläche, die im Team vorher nicht präsent waren.

Haben Sie gesehen, wie hier das übertriebene Harmoniebedürfnis der einzelnen Frauen eine Schwächung der gesamten Gruppe zur Folge hatte? Genau darum geht es, genau deshalb holen mich viele Firmen zu Hilfe. Ich war natürlich dazu aufgefordert, dem Unternehmen einen Mehrwert zu bringen. In dem eben beschriebenen Fall sollte er darin bestehen, den Harmonie-Regler bei allen Mitarbeiterinnen dieser Abteilung etwas herunterzudrehen, um die individuellen Potenziale mehr hervorzubringen. Und tatsächlich, nachdem die vermeintliche gemeinsame Stärke der Frauengruppe ganz schnell zusammenbrach, als jede Einzelne für sich stark war, pendelte sich das Gruppenklima nach einer kleinen Umgewöhnungszeit wieder ein – aber auf einem höheren, souveräneren und unabhängigeren Niveau.

Klingt gut, oder? Sind Sie nun auch bereit, etwas von Ihrem Harmoniebedürfnis in den Container vor Ihrer Haustür zu werfen? Wenn es Ihnen noch immer ein bisschen schwerfällt, konzentrieren Sie sich auf das, was Sie dadurch gewinnen. Ihre Durchsetzungskraft wird sich rapide erhöhen, je mehr Sie von dem loslassen, was Sie bis jetzt daran gehindert hat, das Unbeliebtsein ab und zu mal auszuhalten.

Fünfter Schritt: Ihr Anspruch an sich selbst – Wie perfekt ist perfekt?

Wir sind nun beim fünften und letzten Schritt angelangt, und Ihr Müllcontainer hat sich sicher schon ein wenig (oder vielleicht ein wenig mehr) gefüllt. Sehr schön! Und er kann noch voller werden, wenn Sie sich gemeinsam mit mir einem weiteren Stück Ballast in Ihrem Inneren widmen: Ihrem Perfektionismus.

Viele Menschen, die ich beruflich treffe, haben eins gemeinsam: Sie streben alle die Perfektion an und sind bereit, jeden Preis dafür zu zahlen. Allein die Statistiken über die Ursachen von krankheitsbedingten Fehlzeiten in Unternehmen beweisen das. Beispielhaft nennen möchte ich hier den Anteil der Ausfalltage der DAK-Versicherten, der psychischer Natur ist: Mittlerweile beläuft sich dieser Anteil auf 14,5 Prozent (das geht aus dem DAK-Gesundheitsreport 2013 hervor). Und in diesem Zusammenhang fällt sehr oft das Wort Burnout. Ausgebrannt sein davon, dass man ständig am Rennen ist, am Verbessern, am sich Beeilen, dass man perfekt sein möchte und unentbehrlich.

Schauen wir uns dazu ein Beispiel an. Neulich bat mich ein Workshop-Teilnehmer um einen Tipp, wie er besser mit der E-Mail-Flut und mit den ständigen Unterbrechungen durch Telefonate und Menschen, die vor seinem Schreibtisch stehen und Hilfe benötigen, klarkommen kann.

Die Antwort hätten sicher auch Sie ihm geben können, das ist kein Hexenwerk. Zunächst sollte dieser Mann sich klar darüber werden, welches Ziel er verfolgt und welche Ziele für sein Unternehmen vereinbart worden sind. Dann ist es ein Einfaches, Prioritäten zu setzen und Zeitfenster zu bestimmen, in denen die eingehenden Mails bearbeitet werden. Er könnte seinen Kollegen und Mitarbeitern Sprechzeiten anbieten, in denen sie sich mit allgemeinen Fragen an ihn wenden dürfen. Er könnte regelmäßige Abteilungsmeetings abhalten, dann wären die Mitarbeiter immer zeitnah und transparent über die aktuellen Arbeitsprozesse und Aufgabenstellungen informiert. Zusätzlich könnte er eine Notfallhotline einrichten für die Fälle, in denen Mitarbeiter auf Entscheidungen angewiesen sind, die einem strengen Zeitlimit unterliegen. Das alles unter der Prämisse, dass dieser Mann sein berufliches Aufgabengebiet liebt und es auch seinen Talenten und Fähigkeiten entspricht. Mit diesen idealen Voraussetzungen sollte es absolut machbar sein, den oben genannten Ratschlägen zu folgen.

Doch dieser Mann hat bereits einige Bücher über optimales Zeitmanagement gelesen. Wahrscheinlich hat er diesbezüglich sogar schon das eine oder andere Training besucht. Irgendetwas steht ihm also im Weg, das alles anzuwenden.

Es handelt sich bei ihm um einen Beziehungstypen, deshalb fällt es ihm von vorneherein schon schwerer als anderen, »Nein« zu sagen. Er bringt immer unglaublich viel Verständnis für seine Mitmenschen auf und findet es angenehm, wenn er gebraucht wird. Was sehr stark in seiner Innenwelt wirkt, ist das Gefühl, anerkannt und gewürdigt zu werden für das, was er ist: nett, hilfsbereit, freundlich, zuvorkommend. Das allein macht es ihm schwer genug, sein Arbeitsleben schadlos zu überstehen. Was ihm aber zusätzliche Steine in den Weg legt, weil es eine tragende Rolle in seiner Welt spielt, ist sein ausgeprägter Perfektionismus. Aus irgendeinem Grund glaubt er, Rom an einem Tag erbauen zu müssen. Anders formuliert, wenn er nicht alles schafft, was er sich morgens für den Tag vorgenommen hat, dann empfindet er seine Leistung als schlecht. Was also macht er am nächsten Tag? Er gibt noch mehr Gas. Hüten Sie sich vor dieser Logik! Wenn Sie über einen längeren Zeitraum auf diese Art agieren, sind Sie zwangsläufig irgendwann ausgebrannt – egal, ob Sie Ihren Job lieben oder nicht. Wenn Sie ihn lieben, dauert es einfach nur ein bisschen länger.

Bevor wir aber darüber sprechen, wie Sie Ihren Perfektionswahn zurückschrauben können, erzähle ich Ihnen noch von einer anderen Berufsgruppe, die ich bereits mehrmals in Trainings hatte, nämlich der Zunft der Steuerberater und Wirtschaftsprüfer. Diese sind womöglich besonders vorbelastet, denn erstens müssen sie sehr genau sein bei ihrer Arbeit: Ein bisschen richtig ist gleich falsch. Zweitens sind sie getrieben von Terminen, die das Steuergesetz vorgibt. Drittens haben sie oftmals Mandanten, die ihre Belege, Unterlagen, Bescheinigungen etc. unvollständig oder zu spät abgeben oder einfach nicht mehr finden. Gespickt wird dieses Problem mit einer, drücken wir es freundlich aus, schleppenden Zahlungsmoral.

Ich gab also vor ein paar Jahren Workshops speziell für Frauen aus der Branche. Und ich hatte den Eindruck, ich müsste sämtliche Teilnehmerinnen zum Entzug in die Betty-Ford-Klinik einweisen lassen. Nicht, dass sie drogen- oder alkoholabhängig waren, nein, sie waren einfach zu perfekt. Ständig haben sie versucht, die Schlampereien ihrer Mandanten auszugleichen, standen Gewehr bei Fuß, wenn es galt, die Kontoschließung durch das Finanzamt zu verhindern, und schüttelten zack, zack ein paar Formulare, Erklärungen und Begründungen aus dem Ärmel, damit das Unternehmen irgendwie aktionsfähig blieb. Natürlich blieben in solchen Fällen die aktuell zu bearbeitenden Steuererklärungen und Bilanzen anderer Mandanten liegen und mussten anschließend in Nacht- und Wochenendarbeit erledigt werden.

Mit diesem Beispiel möchte ich Ihnen zeigen, dass es eigentlich schon zu viel des Guten ist, für sich selbst den Anspruch zu erheben, alles perfekt abzuliefern. Wenn man das dann noch für andere versucht, ist man nicht mehr zu retten. Sie setzen damit eine Demotivationsschleife in Gang, die nicht mehr aufzuhalten ist. Ständig werden Sie der Zeit hinterherrennen und müssten, wie im Fall der Steuerberaterinnen, theoretisch eine Person einstellen, die sich einzig und allein um Fristverlängerungen kümmert.

Ich frage Sie: Wie perfekt ist perfekt? Kann man in dieser Welt überhaupt perfekt sein? Reicht es nicht schon, wenn man achtzig Prozent im Griff hat? Und was ist mit all den unvorhergesehenen Ereignissen des Lebens? Ist es nicht sinnvoll, den Perfektionismus zur Seite zu stellen und stattdessen der Kreativität und dem Improvisationstalent freien Lauf zu lassen? Ist es überhaupt möglich, gleichzeitig perfekt, kreativ und improvisationsbegabt zu sein? Und nicht zuletzt: Wer entscheidet eigentlich darüber, was perfekt ist und was nicht? Sie, ich, Ihr Chef, Ihr Partner, Ihre Eltern, das Staatsoberhaupt, der Papst oder vielleicht der Dalai-Lama? Wer soll uns bloß darüber Auskunft geben?

Es ist also so eine Sache mit dem Perfektsein. Es gibt keine zuverlässigen Parameter dafür, es ist komplett subjektiv, es kann jederzeit durch Unvorhergesehenes über den Haufen geworfen werden, und das Streben danach hindert uns daran, andere wertvolle Gaben zu nutzen. Machen Sie also bloß nicht Ihr Glück davon abhängig, ob Sie alles perfekt gelöst haben. Sie können nur verlieren.

Und es gibt noch einen weiteren, oftmals nicht bekannten Nebeneffekt bei dieser Angelegenheit: Die meisten Menschen, die an dem Perfektions-Phänomen leiden, gehen den Menschen um sie herum damit auf die Nerven, ja drangsalieren sie teilweise regelrecht – womit sie es dann tatsächlich schaffen, sich unbeliebt zu machen. Das ist das tragische Paradox an der Sache. Die übertrieben perfektionsgesteuerten Menschen kultivieren ihre Haltung ja gerade deshalb, weil sie beliebt sein wollen! Sie glauben, sie müssen so gut sein, damit sie auf dieser Erde eine Existenzberechtigung haben.

Fühlen Sie sich ein bisschen ertappt? Haben Sie das Gefühl, Sie müssten sich dringend weniger belasten mit diesem Streben? Wie wäre es, wenn wir dann ab sofort die Parameter Ihrer Perfektionsskala etwas verändern würden? Allzu viel müssen Sie dafür gar nicht ummodeln, Sie dürfen weiterhin ordentlich, termintreu und nachhaltig sein. Nur eben nicht im Zwang und nahe der Wahnsinnsgrenze.

Warum es so schwer ist loszulassen

Wie wir gerade gesehen haben, gehört also auch der übertriebene Perfektionismus ganz klar in den Sperrmüllcontainer. Zusammen mit den unberechtigten Ängsten, ungünstigen

Glaubensmustern und Werten sowie dem zu großen Harmoniebedürfnis haben wir schon ganz schön viele Stücke gesammelt, die wir entsorgen dürfen. Sie alle hindern uns daran, souverän zu sein. Man muss aber souverän sein, um es auszuhalten, einmal unbeliebt zu sein. Warum? Nur so können wir die Gefahr bannen, emotional oder mental verletzt zu werden. Mögliche emotionale Verletzungen wären: ausgeschlossen oder beleidigt zu werden, vor versammelter Mannschaft als Lügner dargestellt zu werden, sarkastischen Kommentaren ausgeliefert zu sein, Opfer einer Intrige zu sein oder nicht mehr geliebt zu werden für das, was wir sind. Die Angst vor solchen Verletzungen hält uns davon ab, uns Situationen auszusetzen, in denen die Gefahr besteht, sich unbeliebt zu machen.

Sie merken jetzt bestimmt, warum ich in den ersten beiden Kapiteln so viel Wert darauf gelegt habe, Ihr Selbstwertgefühl aufzubauen oder Sie daran zu erinnern, sich Ihres Selbstwertgefühls bewusst zu werden. Ein gesundes Selbstwertgefühl ist essenziell, um sich in dieser Welt zu behaupten. Wenn Sie es dann im nächsten Schritt noch schaffen, sich von den Altlasten Ihrer internen Datenbanken und Emotionsdepots zu verabschieden, sind Sie schon auf dem allerbesten Weg, immer autarker, authentischer und selbstsicherer zu werden. Dann sind Sie in der Lage, sich für das Gute im Leben einzusetzen und für das Beste in Ihrem Unternehmen – ob es Ihr eigenes ist oder ob Sie angestellt sind, ist hierbei egal. Sie werden zufriedener mit sich selbst sein und spielerisch mit den täglichen kleinen und großen Herausforderungen umgehen können.

Nachdem Sie jetzt wissen, was alles für Sie drin ist – und ich finde ehrlich, das ist eine ganze Menge –, fällt es Ihnen doch bestimmt ein bisschen leichter, sich von Altem zu verabschieden, oder?

Wahrscheinlich verrate ich Ihnen kein Geheimnis, wenn ich Ihnen sage, dass es fast jedem Menschen schwerfällt, alte Dinge loszulassen. Meistens muss erst einmal ein richtiger Schlag ins Gesicht kommen, bevor wir darüber nachdenken, ob jetzt vielleicht der geeignete Zeitpunkt wäre, sich von Unbrauchbarem zu verabschieden. Solange wir unser Leben noch irgendwie im Griff haben, solange wir immer neue Ausreden finden, warum es nur an den anderen liegt, dass wir uns schlecht fühlen, an den Umständen oder an der nicht sonderlich berauschenden Weltwirtschaftslage, so lange halten wir an unseren alten Überzeugungen fest. Es ist schlicht viel bequemer und erscheint uns dazu trügerischerweise auch viel weniger gefährlich.

Da Sie sich nun schon durch die ersten Kapitel dieses Buches gearbeitet haben, sind Sie natürlich immer besser in der Lage, Unbrauchbares loszulassen und Ihren Kompetenzraum einzunehmen. Allein das wird schon bewirken, dass Sie sich sicherer und näher bei sich selbst fühlen – auch wenn es bei dem einen oder anderen nicht gleich von Anfang an perfekt klappen wird. Sie wissen ja, wie das ist. Jeder Mensch, der sich auf einer neuen Verhaltens- und Emotionsebene bewegen möchte, bekommt eigene Situationen vom Leben präsentiert, in denen er das neue Verhalten üben kann. Das können durchaus Momente sein, bei denen Sie sich wünschen, Sie hätten nie damit angefangen, sich aus Ihrer Komfortzone herauszubewegen, auch im neuen Kompetenzraum kann es sich zunächst komisch, ungewohnt und ungerecht anfühlen. Zu diesem Zustand passt der Titel der Filmkomödie *Die Geister, die ich rief* ganz wunderbar.

Wenn es Sie tröstet: Bei mir ist das nicht anders. Als Management-Trainerin gehe ich immer brav vor Ihnen durch die verschiedenen Prozesse, und was ich, während ich das Kapitel über das Loslassen geschrieben habe, alles erleben durfte, das wollen Sie im Moment gar nicht wissen. Ich erzähle es Ihnen später, wenn Sie sich entschieden haben, nicht mehr in Ihre alten Zustände zurückgehen zu wollen. Das können Sie übrigens am besten dadurch regeln, dass Sie jetzt auf der Stelle die Entscheidung treffen, den Sperrmüllcontainer vor Ihrem Haus beherzt zu füllen.

Ihr persönlicher Sperrmüllcontainer

Ich schlage vor, dass wir uns nun, am Ende dieses Kapitels, einen Überblick verschaffen und noch einmal durch Ihren Sperrmüll gehen. Nicht, dass einer von uns etwas vergessen hat und in den nächsten Kapiteln hinterherhinkt, weil er oder sie sich noch an alten, nicht mehr benötigten Sperrmüllstücken in Form von unberechtigten Ängsten, falschen Glaubenssätzen oder einem Rest Perfektionswahn festklammert. Wissen Sie was? Während ich hier zusammenfasse, können Sie gleich ein Blatt Papier und einen Stift parat legen und mitschreiben. Das macht es einfacher für Sie.

Beginnen wir mit den Ängsten, die Sie nicht mehr benötigen. Das kann die Angst sein, sich nicht zu trauen, die eigene Meinung zu vertreten, weil ein anderer Sie in Grund und Boden reden könnte. Da Sie jetzt wissen, dass man sich in der Argumentation immer auf das große Ziel konzentriert, werden Sie künftig den Zielkorridor nicht mehr verlassen und aus dieser Stärke heraus sprechen. Diese Angst brauchen Sie also nicht mehr zu haben.

Jetzt nehmen wir uns die Angst vor verbalen Angriffen, ungerechtfertigter Kritik und sarkastischen Bemerkungen vor. Auch da nehmen Sie Ihren neuen Kompetenzraum ein, stellen sich vor, dass ein Schutzschild drum herum gespannt ist, schweigen und lassen die Pfeile schön zurückschnellen, ohne dass Sie sich die Hände schmutzig machen müssen. Sie schauen einfach nur zu. Wenn Sie schon Profi sind, setzen Sie einen mitfühlenden Blick auf, dann platzt der andere vor Wut. Mitleid ist schließlich das Letzte, was ein Mensch von den anderen haben will.

Geben Sie ebenso die Angst ab, dass andere Sie nicht mehr mögen könnten, wenn Sie sagen, was zu sagen ist. Das machen Sie jetzt bitte schon einmal vorsorglich. Später werden wir dann das Thema behandeln, wie Sie kritische Sachverhalte so formulieren können, dass andere Sie immer noch mögen. Das wird Ihnen helfen.

Verabschieden Sie sich außerdem von Ihren individuellen

Glaubensbekenntnissen, die in Ihrer Erwachsenenwelt keinen Sinn mehr ergeben. Stellen Sie Ihre Werte in die richtige hierarchische Reihenfolge, Sie wissen mittlerweile ja, dass der höchste innere Wert mit Ihrer stärksten Emotion gekoppelt ist.

Lösen Sie sich von Ihrer übersteigerten Harmoniesucht und versuchen Sie nicht gleichzeitig, ein Mitglied von Greenpeace, Amnesty International und Ärzte ohne Grenzen zu sein.

Trennen Sie sich zu guter Letzt noch von zwanzig Gramm Perfektionismus, so dass Ihr Perfektionsdenken in einem ausgeglichenen Modus schwingt. Sollten Sie zu den Menschen gehören, die hundertfünfzigprozentig denken, dann lassen Sie siebzig Gramm davon los. Nur nicht tricksen!

Nachdem wir Ihre Altlasten gemeinsam erfolgreich entsorgt haben, müssen wir den Container vor Ihrem Haus nur noch abholen lassen. Weg damit! Nun möchte ich Sie mit großer Freude und Spannung einladen, den dritten Schlüssel zu entdecken, der Ihnen zeigen wird, wie man sich durchsetzt.

Das persönliche Ziel zu kennen, ist schon die halbe Miete

Sie ahnen es schon: Um es auszuhalten, unbeliebt zu sein und für sich einzustehen, ist das Durchsetzungsvermögen ein weiterer wichtiger Schlüssel. Und diese Fähigkeit ist so eine Sache. Manchmal glauben wir, wir haben uns durchgesetzt, haben jemandem gezeigt, was eine Harke ist, und fühlen uns danach nicht um einen Cent besser, sondern im Gegenteil sogar eher schlechter. Ein anderes Mal wiederum, wenn wir völlig locker ganz nebenbei unsere Position klar und prägnant deutlich gemacht haben, sind alle zusammengezuckt und meinten einstimmig: »Ja, so machen wir's.« In dem Moment wussten Sie womöglich gar nicht, wie Ihnen geschieht, da Sie überhaupt nicht die Absicht hatten, Maßstäbe zu setzen. Dann kommen Sie eventuell zu folgender Erkenntnis: Je mehr Sie davon überzeugt sind, dass es das absolut Richtige ist, was Sie tun, desto einfacher scheint es für Sie zu sein, für sich selbst oder die Sache einzustehen.

Was benötigen Sie nun, um zukünftig immer mehr in der Lage zu sein, sich souverän durchzusetzen und es somit auszuhalten, ab und an unbeliebt zu sein? Einige Punkte, die dafür essenziell notwendig sind, haben wir in den ersten drei Kapiteln schon kennengelernt – unter anderem das Einnehmen des persönlichen Kompetenzraums und die Fähigkeit, sich von Altem zu lösen. Kommen wir jetzt zu dem Punkt, der meines Erachtens mit zu den wichtigsten zählt: Sie benötigen eine Zielklarheit. Sie müssen genau wissen, welches Ziel Sie mit Ihrem Tun erreichen möchten. Und Sie sollten einen Überblick darüber haben, welche finalen Konsequenzen es haben wird, wenn Sie sich durchsetzen. Sie müssen in der Lage sein, andere davon zu überzeugen, dass Ihre Zielklarheit so ausgereift ist, dass die vielen möglichen zukünftigen Eventualitäten in Ihrer Strategie berücksichtigt sind.

Schauen wir uns dazu wieder ein konkretes Beispiel aus meiner Berufspraxis an. Neulich kam eine neue Kundin in meine Geschäftsräume, die sich gerne dabei unterstützen lassen wollte, sich besser durchsetzen zu können. Sie arbeitet als Bilanzbuchhalterin in einer Abteilung, in der eine ihrer Kolleginnen das gesamte Team auf Trab hält. Die betreffende Kollegin maßt sich unter anderem an, die Mitarbeiter herumzukommandieren. Unangenehmerweise ist sie diejenige mit dem größten Fachwissen, und diese Tatsache spielt sie gnadenlos aus. Meine Kundin Manuela mochte es nicht darauf anlegen, mit dieser dominanten Kollegin Streit zu bekommen. Auf der anderen Seite hatte sie aber auch keine Lust mehr, sich von ihr wie ein kleines dummes Kind behandeln zu lassen. Als ich Manuela nach ihren beruflichen und privaten Zielen fragte, antwortete sie, sie hätte keine. Sie hätte schon sehr viel von dem erreicht, was sie sich früher für ihr Leben gewünscht hatte. Jetzt gebe es keine weiteren Ziele.

Das macht nun die Sache mit dem Durchsetzen nicht unbedingt einfach. Wenn man keine Ahnung hat, wofür es sich lohnen könnte zu kämpfen, dann ist es schwer, sich aus seinen alten Verhaltensmustern herauszubewegen. Hingegen setzt der Antrieb, ein Ziel zu erreichen, welches den eigenen Wünschen und Träumen entspricht, die verschiedensten Kräfte und Motivationen frei. Ohne sich großartig anzustrengen, hat man dann direkten Zugriff auf seine Fähigkeiten und Talente. Man bekommt Unterstützung von anderen Menschen, ohne dass man explizit danach gefragt hat – einfach weil man den eigenen Zielmotor gestartet und die positiven Emotionen aktiviert hat.

Für die gewünschte Fähigkeit, sich durchzusetzen und der dominanten Kollegin mal die Stirn zu bieten, haben wir uns im Fall von Manuela also intensiv mit den in Frage kommenden Zielen beschäftigt. Es hat natürlich ein Weilchen gedauert, aber irgendwann war es da, das Glitzern und Funkeln in ihren Augen, wenn sie über ihr neu entdecktes Ziel sprach. Wie von Zauberhand waren ihre Ohnmacht und Lethargie verschwunden.

An diesem Punkt angelangt, war es nicht mehr schwer, Manuela bei der Steigerung ihres Durchsetzungsvermögens zu unterstützen.

Je klarer Sie sind, umso besser können Sie Ihre Vorhaben durchsetzen

Lassen Sie uns noch eine Weile bei diesem Punkt der Zielklarheit bleiben. Wie ich schon etwas weiter oben erwähnt habe, ist es wichtig, sich über die Konsequenzen seines Ziels Gedanken zu machen. Welchen Preis muss man zahlen, um sein Ziel zu erreichen, und welchen Preis zahlt man, wenn man das Ziel erreicht hat?

Eine schöne, dazu passende Geschichte ist die Karriere des Hollywood-Schauspielers Johnny Depp. Bei einigen Fachleuten gilt er als großes Hollywood-Mysterium. Johnny Depp ging bei seiner Schauspielerkarriere meistens nicht sehr zielgerichtet vor. Er lehnte viele Rollen ab, mit denen Kollegen wie etwa Brad Pitt oder Keanu Reeves beachtliche Erfolge (auch in finanzieller Hinsicht) verbuchten. Ihm war es wichtiger, im Ausland mit seiner Familie ein ruhiges Leben zu führen und an Orten zu sein, wo er sich unbehelligt von Journalisten und Paparazzi aufhalten konnte. Erst der mittlerweile mehrteilige Film *Fluch der Karibik* machte ihn zu einem ganz großen internationalen Star. Was allerdings die wenigsten Kinogänger wissen, ist, dass Johnny Depp sich für seine Interpretation der Hauptrolle des Captain Jack Sparrow bei den Bossen seiner Filmgesellschaft erst massiv durchsetzen musste. Nichts, aber auch gar nichts fanden diese Filmbosse an seiner Darstellung des Captain Sparrow gut. Weder die goldenen Zähne noch die Perlenohrringe, von der Frisur mal ganz zu schweigen, weder seine tuntigen Handbewegungen noch seinen torkeligen Gang und auch nicht die näselnde Stimme, die alles stark überbetont. Anders ausgedrückt, die Geschäftsleitung war entsetzt und hatte die Befürchtung, dass Johnny Depp den ganzen Film versauen würde. Doch wie wir alle wissen, hat er sich schließlich durchgesetzt – in vielen langwierigen Gesprächen. Und der Erfolg gab ihm recht. Der erste Teil von *Fluch der Karibik* spielte sechshundert Millionen Euro ein.

Johnny Depp hat damals also alles auf eine Karte gesetzt und ist seiner Eingebung gefolgt, die Rolle, die er ins Leben gerufen hatte, genau so zu spielen, wie sie in seiner Vorstellung entstanden war. Dabei hätte das Festhalten an seiner Rolleninterpretation für ihn genauso gut zur Konsequenz haben können, dass sich die Filmbosse für einen anderen Hauptdarsteller entscheiden. Er hätte in null Komma nichts raus sein können aus seinem Traum und seiner Rolle. Das muss er einkalkuliert und trotzdem alles in den Ring geschmissen haben. Und genau dieses konsequente Sich-für-die-Sache-Einsetzen hat ihm letztendlich den nötigen Antrieb und die erforderliche Durchsetzungskraft gegeben.

Leider geben die meisten Menschen an diesem neuralgischen Punkt auf. Die Angst ist schlicht zu groß, dass sie am Ende so viel verlieren, dass nachher gar nichts mehr für sie übrig ist. Ein Großteil der Menschen ist nicht bereit, dieses Risiko einzugehen. Ehe sie sich versehen, stehen sie wieder in der Reihe der unzufriedenen Menschen, die mit dem Finger auf diejenigen zeigen, die offenbar Erfolg haben mit dem, was sie am meisten lieben. Die schnelle Erklärung, die die Unzufriedenen dann parat haben, ist die, dass diese beneidenswerten anderen Menschen jemanden kennen, der wiederum jemanden kennt, der den Erfolg irgendwie eingetütet hat. Meiner Meinung nach kommt das sicher in einzelnen Fällen vor, ist aber ganz klar nicht die Regel. Die Regel ist vielmehr, dass derjenige, der sich etwas traut, zwar mal auf die Nase fallen kann, aber durch beharrliches Aufrappeln früher oder später dahin kommt, wo er hinmöchte und auch hingehört.

Den Mutigen gehört die Welt

Wir wissen nun, dass Sie sich zum einen darüber klar werden sollten, was eigentlich Ihre Ziele sind, damit Sie ein größeres Durchsetzungsvermögen erlangen. Jetzt kommen wir zu einem zweiten wichtigen Punkt, der auch dazu beiträgt, dass Sie sich souverän durchsetzen können: Sie müssen mutig sein und sich viel trauen.

Kennen Sie das Lied *Irgendwas bleibt* der deutschen Popgruppe Silbermond? Ich kann Ihnen sagen, was es ist, das bleibt: Sie selbst sind das! Alles andere ändert sich, ohne dass Sie wirklich Einfluss darauf hätten. Nur das, was Sie selbst in Bewegung setzen, können Sie beeinflussen.

Nun ist es nicht so, dass ich kein Verständnis dafür habe, dass man davor zurückschreckt, den nächsten Schritt in seinem Leben zu wagen. Ich finde es sogar durchaus nachvollziehbar, wenn man sich beim ersten auftretenden Hindernis am liebsten unter die eigene Bettdecke verkriechen möchte. Schließlich ist man dort sicher. Aber davon wird es eben leider nicht besser. Irgendwann muss man sich wieder ans Tageslicht trauen. Und was die ganze Sache noch unangenehmer macht, ist, dass man sich schon allein für diese Angst schlecht fühlt und sich für einen Versager hält.

Nehmen wir meine Kundin Conny. Jahrelang hat sie es vor sich hergeschoben, für ihre selbstständige kreative Arbeit die angemessene Bezahlung zu fordern, weil sie befürchtete, damit ihre potenziellen Kunden – meist öffentliche Institutionen – zu vergraulen. Was ihr lange Zeit verborgen blieb, waren ihr ständig wachsender Frust und der stetig abnehmende Spaß an einer Arbeit, die sie eigentlich sehr liebte. Als sie dann plötzlich ein Angebot für eine Festanstellung in einem artverwandten Metier bekam, nahm sie es an. Sie war superfleißig, engagierte sich, veränderte Prozesse, setzte neue Maßstäbe – und als sie irgendwann durch einen Zufall herausbekam, dass ihr Vorgänger mehr als das Dreifache ihres Gehalts verdient hatte, kannte ihre Wut auf einmal keine Grenzen mehr. Irgendetwas gab ihr ganz klar zu verstehen, dass die Zeit reif war, endlich für sich einzutreten, sich durchzusetzen und auch das Unbeliebtsein einmal auszuhalten.

Das war der Moment, an dem sich unsere Wege kreuzten. Es dauerte zwar eine Weile, bis der Mut in ihr komplett ausgereift war, eine Menge auf eine Karte zu setzen und mit der Konsequenz zu leben, dass ihr neuer Arbeitgeber auf ihre Gehaltsforderung eventuell brüskiert und ablehnend reagieren könnte. Schlimmer noch, sie befürchtete sogar, dass es nach Ablauf ihrer Vertragszeit zu keiner Vertragsverlängerung kommen würde, da sie es gewagt hatte, unverschämte Forderungen zu stellen. Trotzdem ging sie den Weg, für den sie sich entschieden hatte, und bekam tatsächlich eine bessere Bezahlung. Es war nicht die Summe, die sie angestrebt hatte, doch die wahre Belohnung ihrer mutigen Vorgehensweise war, dass ihr ihre ursprüngliche kreative Arbeit wieder Spaß machte und sie diese nun wunderbar parallel zu ihrem Job machen konnte. Und das Allergrößte dabei war, dass sich plötzlich neue Vertriebswege für diese Arbeit auftaten, von denen sie bisher nichts geahnt hatte. Beides sind Ergebnisse, die sie vorher nie in Betracht gezogen hatte. Denn genauso, wie es eine Zielenergie gibt, gibt es auch eine Durchsetzungsenergie. Wenn Sie in der Lage sind, in diese mit allen Sinnen einzutauchen, bringen Sie die geballte Power eines Kraftwerkes auf die Straße. Alles, was nicht bei drei auf einem Baum ist, rennen Sie über den Haufen, und das, was gut für Sie ist, wird magisch angezogen.

Mag sein, dass sich das ein bisschen mystisch anhört, aber so ist es nun mal. Ich schlage vor, Sie probieren es einfach aus, und wenn Ihre Ergebnisse beim Durchsetzen und Einstehen für sich selbst diese wundervollen Resultate zeitigen, dann ist es doch egal, wie man den ganzen Zauber nennt. Hauptsache, es funktioniert. Über den Rest können sich andere streiten. Wir generieren stattdessen in dieser Zeit Erfolge und Ergebnisse.

Nicht aufgeben! – Bleiben Sie Ihrem Ziel treu und haben Sie einen langen Atem

Sie haben an den eben erzählten Geschichten mitverfolgt, welche Geschenke auf Sie zukommen können, wenn Sie den Mut aufbringen, für sich und Ihre Ziele einzustehen, und die Möglichkeit in Betracht ziehen, auch mal das Unbeliebtsein aushalten zu müssen. Wir setzen jetzt noch einen drauf und schauen uns an, wie wichtig es ist, ohne Abweichungen an seinem Zielbild dranzubleiben. Das bedeutet: Gehen Sie keine Kompromisse bei den essenziellen Bausteinen Ihres Zieles ein.

Lassen Sie mich diesen Punkt an der sensationellen Musikkarriere des Swing-Sängers Michael Bublé festmachen. Auf seinem Konzert in Hamburg letztes Jahr erzählte er, dass es schon als Kind sein größter Wunsch gewesen sei, auf einer großen Bühne zu stehen und die Menschen mit seiner Musik zu erfreuen. Seinem Großvater hatte er es zu verdanken, dass er in sehr jungen Jahren der Musikrichtung Swing verfiel. Diese Passion, genau wie die Freude und Liebe für seine Musik und sein Publikum, strahlte er auf der Bühne mit jeder Faser seines Körpers aus. Dabei war das, was auf der Bühne so locker aussah, das Ergebnis eines langen Weges, denn er hatte viel dafür getan, seinen Traum zu verwirklichen. Er ließ sich niemals entmutigen, auch wenn sich scheinbar unüberwindbare Hürden in seinen Weg stellten. Er trat bei Talentwettbewerben auf, sang für Hochzeitsgesellschaften, und selbst als ein bekannter Musikproduzent ihm sagte, dass er zwar ein toller Typ mit viel Talent, seine Swing-Musik zurzeit aber leider nicht angesagt sei, gab er nicht auf. Völlig »selbstlos« bot ihm der Produzent schließlich an, für fünfhunderttausend Dollar eine Demo-CD mit ihm zu produzieren. Auch davon hat er sich nicht abschrecken lassen. Mit Beharrlichkeit, Ehrgeiz, Konsequenz und ganz viel Mut sammelte er das Geld für diese CD tatsächlich zusammen. Und was ist passiert? Bis heute hat Michael Bublé zweiundzwanzig Millionen Alben verkauft, gibt auf der ganzen Welt Konzerte und macht das, was er am meisten liebt: Er singt.

Oder nehmen wir die amerikanische Sängerin Madonna. Sie gehört zu den Menschen, die schon als junge Erwachsene genau wussten, was sie wollen. Als sie mit achtzehn Jahren gerade in New York angekommen war, verdiente sie ihr Geld mit dem Verkauf von Hamburgern. Doch keine Minute lang ließ sie dabei ihr großes Ziel aus den Augen: Sie wollte die bekannteste Sängerin der Welt werden. Dabei war ihr stets bewusst, dass es schwerer sein würde, oben am Starhorizont zu bleiben, als dorthin zu kommen. Aber sie hat es tatsächlich geschafft, und das schon ganz schön lange. Was hat sie dorthin gebracht, wo sie heute steht? Harte Disziplin, unermüdliches Trainieren und Arbeiten bei wenig Freizeit, gepaart mit der absoluten Sicherheit im Inneren, genau zu wissen, wohin die Reise gehen soll. Und nicht zuletzt die großartige Fähigkeit, immer wieder aufzustehen, wenn sie zu Boden gerissen wurde. Ihr Wunsch war es außerdem, sich als Schauspielerin zu etablieren. Auch das hat sie geschafft – selbst wenn die Kritiken für ihre schauspielerischen Fähigkeiten nicht immer wohlwollend waren, um es mit freundlichen Worten zu sagen. Nun wollen Sie wahrscheinlich nicht unbedingt gleich Popstar werden. Aber Madonnas Methode, die können auch Sie umsetzen: stets das eigene Ziel vor Augen haben und immer wieder aufstehen, wenn Sie niedergerissen wurden.

Ich möchte Sie ermutigen, dranzubleiben an Ihren neuen Ideen und Vorhaben, die durch das Lesen dieses Buches entstanden sind. Nutzen Sie die Energie, die beim Eintauchen in die für Sie noch neue Welt bei Ihnen freigesetzt wurde. Ihr Blick für das Wesentliche hat sich mit Sicherheit bereits verändert. Sollte es mal passieren, dass Sie etwas aus dem Buch anwenden und nicht sofort einen Strauß Blumen geschenkt bekommen, dann nehmen Sie das nicht so tragisch. Sie werden einfach weiter üben und üben und üben. Das haben Sie mir versprochen, nicht wahr? Ich habe es genau gehört.

Stehen Sie zu Ihren Niederlagen und erinnern Sie sich daran, dass jeder Mensch Fehler macht. Lassen Sie sich nicht irritieren von Leuten, die Ihre Sätze aus dem Kontext reißen, um Ihnen zu schaden und selbst in einem besseren Licht zu erscheinen.

Machen Sie weiter, gehen Sie weiter, schauen Sie nicht zurück. Ihr Leben findet jetzt statt. Genau jetzt. In dieser Sekunde kreieren Sie Ihre Zukunft, ob Sie sich dessen bewusst sind oder nicht. Ob Sie das wollen oder nicht. Wenn Sie schon selbst dafür verantwortlich sind, dann lassen Sie sich von keinem Menschen und keinen Umständen aufhalten. Widerstand hat nur so lange eine Bedeutung, solange Sie sich mit ihm beschäftigen. Legen Sie Ihre Aufmerksamkeit auf Lösungen, dann wird nichts anderes in Ihrem Leben passieren, als dass Sie in Ihre Lösungen hineinwachsen.

Wie oft geben die Menschen viel zu früh auf bei der Verwirklichung ihrer Träume? Obwohl genau darin das Geheimnis des wirklich großen Erfolgs liegt. Wenn man nur beharrlich an den eigenen Träumen festhält, kommt man eher früh als spät in Situationen, die von einem fordern, dass man für sich einsteht und sich durchsetzt. Das passiert dann natürlich nicht immer zur Freude derjenigen, die vielleicht gar kein Interesse daran haben, dass Sie den nächsten Schritt machen. Wären diese Menschen nur irgendwelche unwichtigen Personen, die Sie mal zufällig irgendwo kennengelernt haben, dann wäre es ganz einfach, sich durchzusetzen und auch mal unbeliebt zu sein. Meistens ist es aber anders – und das ist heimtückisch. Meistens sind es die vermeintlich engen Freunde oder sympathischen Kollegen, die Ihnen ein schlechtes Gewissen einreden oder Sie sonst wie sabotieren wollen, weil sie ein Riesenproblem damit hätten, wenn Sie ins Scheinwerferlicht kämen. Damit meine ich nicht, dass alle Rockstars werden sollen. Nein, es geht darum, dass Sie die Bühne des Erfolges betreten, indem Sie sich Ihren Interessen widmen und mit dem, was Sie am besten können und am meisten lieben, gutes Geld verdienen.

Sind das nicht herrliche Aussichten? Dann schauen wir uns jetzt diejenigen, die Sie daran hindern wollen, einmal genauer an.

Lassen Sie sich nicht ausbremsen

Sie machen sich keine Vorstellung, wie viele Menschen ihren Traum nicht leben, weil sie Angst davor haben, die Zugehörigkeit zu einer Gruppe zu verlieren. Hätten wir nur die Fähigkeit, in die Zukunft zu sehen! Dann würden wir sicherlich schneller erkennen, dass die vermeintliche Freundin, die stets theatralisch betont, wie toll sie doch die Freundschaft mit uns findet, uns irgendwann links liegen lässt, weil wir unseren nächsten Schritt gehen und sie das nicht aushält. Es kann auch der gute Freund, ein fürsorglicher Kollege oder ein menschenfreundlicher Mentor sein, der an irgendeiner Stelle ein Problem mit unserem Erfolg hat.

Machen Sie sich eins klar: Die gefühlte Zugehörigkeit zu einer Gruppe hält meistens nicht ein Leben lang. Ich erschrecke immer wieder aufs Neue, wenn ich bei meinen Trainingsmaßnahmen in Firmen sehe, wie schnell Menschen verstoßen werden, nur weil sie anders sind, weil sie sehr neugierig sind, weil sie sich weiterentwickeln wollen und das Beste für ihr Unternehmen erreichen möchten. Das Unglaublichste, was ich neulich erlebt habe, war Folgendes: Da hat man doch tatsächlich eine neue Kollegin, die es liebt, viel zu leisten, die schnell Ergebnisse generiert und großen Spaß dabei hat, ihre Aufgaben zu erfüllen, zur Seite genommen, um ihr »freundschaftlich« mitzuteilen, dass in dieser Abteilung ein anderes Arbeitstempo herrscht. Völlig fertig rief mich diese neue Kollegin an, da jetzt natürlich Gefahr in Verzug war. Wenn sie weiter in dem Tempo arbeitete, wie sie es aus ihrer alten Firma gewohnt war, dann würde sie sich sehr schnell unbeliebt machen, keine Frage. Und das wollte sie auf keinen Fall. Jetzt war guter Rat teuer.

Sie entschied sich schließlich dafür, mit ihrem Chef über die Zeitkorridore zu sprechen, in denen ihre Arbeit abgeschlossen sein sollte. Es stellte sich dabei heraus, dass in diesem Unternehmen tatsächlich eine andere Zeittaktung vorgegeben wurde als in ihrem letzten Unternehmen. Da sie jetzt auf einmal sehr viel mehr freie Zeit hatte, nutzte sie diese, um sich tiefer in die

Sachkontexte ihrer neuen Firma einzuarbeiten. Sie machte es sich zum Ziel, die nächsthöhere Position zu erreichen, damit sie irgendwann selbst entscheiden konnte, wie schnell oder langsam sie arbeitete. Keiner konnte ihr in der Zwischenzeit vorwerfen, sie würde ihre Aufgaben zu rasch erledigen. Sie hat es also geschafft, die Gruppe nicht gegen sich aufzubringen und sich trotzdem treu zu bleiben.

Anders ist es meinem Kunden Sascha ergangen. Sascha gehörte zur schnellen Truppe einer Unternehmensberatung. Er war einer der jüngeren Kollegen im Team, wurde aber von den Kunden wegen seiner raschen Auffassungsgabe, seinem Lösungsfokus und seiner pragmatischen Art geachtet. Leider nur von den Kunden. Die anderen Mitarbeiter im Team sahen sein ambitioniertes Arbeiten nicht besonders gern. Sie konnten ihm fachlich zwar nichts anhaben, »einigten« sich dann aber gemeinschaftlich darauf, dass dieser Sascha ein bösartiger, karrieregeiler Mensch sei, den man am besten ausgrenzt. So hörten sie zum Beispiel sofort auf zu sprechen, wenn er den Raum betrat.

Wie hätte sich Sascha nun zukünftig am besten verhalten, wie mit diesen Anfeindungen umgehen sollen? Hätte er versucht, sein Engagement zu drosseln, wären die Kunden nicht mehr zufrieden gewesen. Diese Option ist also von vorneherein ausgeschieden. Hätte er sich anbiedern und versuchen sollen, den anderen zu beweisen, dass er weder bösartig noch karrieregeil ist? Das hätte nicht hingehauen, denn alles, was er getan hätte, um die Sympathien der anderen im Team zu gewinnen, hätte die Sachlage nur noch verschlimmert. Die Aussagen der Gruppe untereinander wären dann in die folgende Richtung gegangen:

- *»Schau mal an, der Sascha, jetzt versucht er es mit der netten Nummer. Dabei haben wir ihn längst durchschaut. Er ist ein mieser Kampfhahn, der nur seine persönlichen Ziele vor Augen hat.«*
- *»Das hätte ihm mal früher einfallen müssen, dass wir auch noch da sind. Jetzt braucht er nicht mehr anzukommen.«*

- *»Ah, Sascha merkt wohl, dass er hier keinen Blumentopf mehr gewinnen kann, hoffentlich haut er bald ab.«*

Sie sehen, das wäre auch keine Lösung gewesen. Letzten Endes entschied sich Sascha dafür, das Unternehmen zu verlassen. Nicht, weil er die Anfeindungen nicht mehr aushielt, sondern weil ihm klar wurde, dass er sich selbst die ganze Zeit etwas vorgemacht hatte. Jahrelang hatte er ganz konkrete Berufsträume gehegt – und wahrscheinlich wird es Sie nicht überraschen, wenn ich Ihnen verrate, dass diese Träume leider so gar nichts mit seiner Position in der Unternehmensberatung zu tun hatten. In seinem Fall war es so, dass seine Teamkollegen ihm sogar einen Gefallen damit getan haben, ihn auszugrenzen. Durch diesen Schmerz fand er letztlich wieder zu seinen verschüttgegangenen Berufsträumen – ein Musikfachgeschäft zu eröffnen und Musikunterricht zu geben.

Angriff ist nicht immer die beste Verteidigung

Bei den letzten beiden Beispielen haben Sie sehr schön sehen können, dass es nicht unbedingt immer die beste Idee ist, sich mit einer Gruppe anzulegen – zum einen, wenn man sowieso schon ausgegrenzt ist, zum anderen, wenn die Gefahr besteht, dass man mit seinem Verhalten sehr bald ausgegrenzt sein wird. Meist ist es gar nicht nötig, in die Angriffshaltung zu gehen, denn manchmal möchte das Leben einem einfach nur einen Hinweis geben. In Saschas Fall war es der Hinweis, sich mit dem, was er am meisten liebt, selbstständig zu machen oder, sollte ihm der Mut dazu noch fehlen, zunächst einem anderen Unternehmen seine begnadeten Fähigkeiten zur Verfügung zu stellen. In dem Beispiel der zu schnell arbeitenden Kollegin war es der Hinweis, das nächste Ziel ins Visier zu nehmen.

Die Verteidigungsmethode »Angriff« ist also nicht automatisch die beste Lösung, nicht zuletzt deshalb, weil man eine große Menge Energie benötigt, um anzugreifen. Und diese Energie steht dann nicht mehr für das Erreichen der eigenen Ziele und Träume zur Verfügung. Denn im Angriffsfall verlässt man seinen persönlichen Zielkorridor, und so passieren einem verstärkt Fehler, es entgehen einem wichtige Informationen und alles ist mit enormer Anstrengung verbunden.

Wenn Sie sich das nächste Mal angestrengt fühlen, stellen Sie sich doch die folgende Frage: Sind Sie gerade dabei, sich mit Themen zu befassen, die Sie von Ihrem Ziel wegbewegen und eventuell nur Ihrem Ego oder Ihrer Ehre dienlich sind? Nach dem Motto: Wenn ich untergehe, gehst du auch unter? Dann ist es Zeit, dass Sie sich eine angemessenere Verhaltensweise suchen. Fällt Ihnen schon etwas ein, das Sie aus Ihrem Werkzeugkasten benutzen können, um sich souverän durchzusetzen? Wenn ja: Herzlichen Glückwunsch! Wenn nein: Nicht schlimm. Ich gebe Ihnen jetzt gleich noch ein neues Werkzeug an die Hand.

Wohlwollen: der geheime Durchsetzungsschlüssel

Sie stimmen mir sicherlich zu, dass man es nicht jedem Menschen recht machen kann. Oder anders ausgedrückt, es gibt immer jemanden, der Ihre Entscheidungen nicht gutheißt, der die Art, wie Sie reden, nicht leiden kann, der Sie als unangenehm empfindet, weil er sich vielleicht durch Sie bedroht fühlt oder seine Ziele nicht mehr ohne Weiteres verfolgen kann, wenn Sie auftauchen. Würden wir alle zusammen in einen kollektiven Kampf gegen diese oben genannten Menschen gehen, bliebe keiner mehr übrig. Warum? Weil es sein kann, dass manchmal wir diejenigen sind, die eine andere Person als unangenehm empfinden. Also wären wir selbst genauso dran und ebenfalls Opfer des Gemetzels. Um Ihnen zu zeigen, dass wir uns auch souverän durchsetzen können, ohne in einen Angriff überzugehen, erzähle ich Ihnen eine Geschichte aus meinem Leben.

Vor ein paar Jahren passierte es mir während einer größeren Trainingsmaßnahme, dass einer der Manager, die mich beauftragt hatten, ein Problem mit mir hatte. Worin dieses Problem genau bestand, kann ich Ihnen leider nicht sagen, er hat es mir gegenüber nicht explizit geäußert. Vielleicht sah ich so aus wie eine seiner Exfrauen? Vielleicht mochte er meine klare Ausdrucksweise in Bezug auf die Dinge, die er noch verbessern konnte, nicht? Vielleicht fand ich Kollegen von ihm nett und fachlich gut, die er nicht leiden konnte, oder vielleicht stand ich ihm einfach nur im Weg?

Mir selbst ist jedenfalls recht schnell klar geworden, dass er ein Problem mit mir hat, und ich habe keineswegs daran gearbeitet, dass er mich netter findet. Das hätte nämlich niemals funktioniert. Ich für meinen Teil kam gut mit ihm klar. Er sah gut aus, war mit Sicherheit clever und hatte bestimmt auch wunderbare Talente, die er noch ausgraben konnte. Zwar gab es Verhaltensweisen an ihm, die ich eher nicht so schön fand und von denen ich glaubte, dass sie dem Unternehmen mehr schaden als nutzen, aber da ich nicht den Auftrag hatte, das zu verändern, war ich sehr entspannt.

Wie verhielt ich mich ihm gegenüber nun? Jedes Mal, wenn ich ihm über den Weg lief, nahm ich eine wohlwollende Haltung ein. Ich lenkte meine Aufmerksamkeit uneingeschränkt auf seine positiven Eigenschaften. Es war noch nicht einmal anstrengend. Somit konnte ich meine gesamte Energie auf meine Trainings und Projektarbeiten in dem Unternehmen konzentrieren und verlor kein Stück von meiner Souveränität und Professionalität.

Probieren Sie es aus! Beim nächsten Zusammentreffen mit einer Person, von der Sie wissen, dass Sie nicht in ihrer Gunst stehen, versuchen Sie einmal, ihr gegenüber eine wohlwollende Haltung einzunehmen. Es wird funktionieren. Wichtig dabei ist, dass Sie das nicht spielen. Die wohlwollende Haltung muss aus dem Herzen kommen. Es geht nicht darum, irgendetwas schönzureden, wenn es nichts schönzureden gibt.

Anhand einer anderen kleinen Geschichte aus meinem Trainingsleben werde ich noch klarer machen, um was es mir geht. Vor einigen Wochen durfte ich einen Workshop für eine Truppe geben, in der ein paar Leute so richtig auf Krawall gebürstet waren. Der Referent, der vor mir an der Reihe war, so berichtete mir ein Gruppenmitglied in der Pause, war sogar frühzeitig beleidigt abgereist. Die Rädelsführer markierten auch gleich zu Anfang schon ihr Revier, indem sie mich mit folgenden Worten empfingen: »Sie werden schon merken, wenn das nichts ist, was Sie machen, weil die Leute dann nämlich den Saal verlassen.« Vortreffliche Voraussetzungen für einen netten gemeinsamen Nachmittag also.

Auch für mich sind das eher unangenehme Situationen, und auch das damit einhergehende leicht flaue Gefühl in meiner Magengegend, das sich schnell breitmachen wollte, gefiel mir nicht. Doch als ich spürte, dass meine verschiedenen inneren Stimmen im Begriff waren, mir sämtliche Situationen meines Lebens vorzuhalten, die so ähnlich begonnen hatten und in denen ich keine gute Figur gemacht hatte, drückte ich todesmutig den inneren »Stopp-Knopf«. Hätte ich diesen Stimmen nämlich weiter Beachtung geschenkt, wäre ich mit großer Sicherheit in meinen Kampfmodus verfallen. Das fällt mir unglücklicherweise sehr leicht, und in null Komma nichts hätte der Nachmittag so geendet, wie man es mir freundlicherweise gleich bei meiner Ankunft prophezeit hatte. Die Teilnehmer wären nach und nach aus dem Raum gegangen, und ich hätte mit einem Schlag dreißig Gegner gehabt. Noch nicht einmal Vitali Klitschko wäre damit klargekommen.

Stattdessen habe ich mich entschieden, Spaß zu haben. Ich legte in meiner Innenwelt den Schalter um von »Angriff ist die beste Verteidigung« auf »Schauen wir mal, was der Nachmittag so bringt«. Natürlich weiß ich, dass dieses Schalterumlegen anfangs alles andere als leicht ist. Bei mir selbst ist es das Ergebnis jahrelangen Trainings. Es wäre schließlich ganz bitter, wenn ich das nicht hinbekäme, was ich tagtäglich trainiere.

Meine Hauptkonzentration während des eben beschriebenen Trainings jedenfalls legte ich von da an auf die Highlights meiner Präsentation. Außerdem machte ich viele Späße der Gruppe mit, ließ die drei Rädelsführer einfach ihr Ding machen, ließ mich daran erinnern, dass ich blond bin – und gab schlicht das Beste, was ich unter diesen Umständen geben konnte. Das Lustige daran: Einige Teilnehmer betonten ausdrücklich, dass es sehr viel Sinn machte, was ich da erzählte. Diejenigen, die sonst nicht viel sagten, meldeten sich auf einmal zu Wort und stellten Fragen, und so konnten wir letztendlich wenigstens Teile des vorbereiteten Stoffes durchnehmen. Das ist die Belohnung, mit der Sie rechnen können, wenn Sie es geschafft haben, eine wohlwollende Haltung einzunehmen, statt in den Kampf zu ziehen!

Was können Sie aber tun, wenn Sie auf Menschen treffen, die sich dazu entschieden haben, griesgrämig durchs Leben zu schleichen und sich im Mangelbewusstsein aufzuhalten? Diese Personen werden alles dafür tun, immer mehr Menschen in ihren destruktiven Bann zu ziehen, denn alleine im Mangel zu sitzen macht auch nicht wirklich Spaß. Auf solche Miesepeter haben Sie keinen Einfluss. Versuchen Sie es erst gar nicht. Wenn sich eine so negativ eingestellte Person in Ihren Lebensradius hineinbewegt, ist es am ratsamsten, aus der Schusslinie zu gehen, die Aufmerksamkeit auf das Positive zu lenken und sich weiterhin mit Ihren eigenen Träumen und Zielen zu beschäftigen.

Widerstehen Sie der Versuchung, dem anderen zu erzählen, was für ein Wadenbeißer er ist. Konzentrieren Sie sich vielmehr auf das Beste in sich und das Beste im Wadenbeißer. Rücken Sie nicht davon ab, im Zustand der Fülle zu sein. Das ist fortan Ihre neue Geheimwaffe, Ihr geheimer Durchsetzungsschlüssel. Und Sie bekommen gleich noch ein paar weitere Werkzeuge von mir an die Hand.

Andere haben auch Schwächen, gehen aber anders damit um

Manchmal werde ich in meinen Trainings gefragt, wie das denn die anderen machen. Es sei doch auffallend, dass bestimmte Kollegen auch dann noch äußerst selbstsicher wirken, wenn sie augenscheinlich in die Enge getrieben werden. Sie bleiben einfach in jeder Lebenslage cool. Was ist bloß ihr Erfolgsrezept?

Ein Trainingsteilnehmer meinte zu mir: »Das kann doch nicht sein, dass ich immer sofort an mir selbst zweifle und mir schon bei dem Gedanken, mich vor einer Gruppe durchsetzen zu müssen, der kalte Schweiß auf der Stirn steht. Außerdem fallen mir, wenn ich angegriffen werde oder mir jemand die Schuld in die Schuhe schieben möchte, keine passenden Antworten ein. Wie sieht nur das Erfolgsgeheimnis dieser anderen, rhetorisch anscheinend besser ausgebildeten Menschen aus?«

Nun, meistens plaudern diese anderen Menschen nicht gerne aus dem Nähkästchen, insofern würde ich Ihnen jetzt gern unabhängig davon ein paar simple Werkzeuge mitgeben, die Sie in Zukunft ohne Zweifel besser dastehen lassen.

Bei dem ersten Werkzeug handelt es sich um die Obwohl-Technik. Um sie anwenden zu können, müssen Sie zunächst einmal sämtliche peinlichen und unangenehmen Situationen Ihres Lebens, an die Sie sich erinnern, aufschreiben. Beschränken Sie sich auf zehn Begebenheiten dieser Art. Wenn Sie damit fertig sind, stellen Sie sich eine gegenwärtige oder zukünftige herausfordernde Situation vor. Und sobald Sie diese präsent haben, beginnen Sie mit der Obwohl-Technik: Sprechen Sie laut darüber, dass Sie in der Lage sind, diese Herausforderung anzunehmen und auch gut zu meistern, *obwohl* Sie dies und das schon angestellt haben. »Dies und das«, das sind genau die Punkte, die Sie vorher auf Ihrer Liste notiert haben.

Lassen Sie mich an einem Beispiel demonstrieren, wie man sich die Übung vorstellen kann. Nehmen wir an, Sie müssen vor Kunden einen Vortrag halten. Erstens sprechen Sie nicht so gerne vor anderen Menschen und zweitens stehen Sie nicht gern im Rampenlicht. Da Ihr Arbeitgeber aber darauf besteht, kommen Sie aus der Nummer nicht mehr raus. Natürlich werden Sie sich gut vorbereiten und eine tolle PowerPoint-Präsentation erstellen, die kurz und prägnant die Highlights des Vortrages hervorhebt. Sie werden in Vorbereitung auf den Vortrag die Inhalte laut rezitieren, und wenn Sie mutig sind, stellen Sie sich zusätzlich beim Sprechen vor den Spiegel, damit Sie gleich Ihre Körperhaltung überprüfen können.

Die Obwohl-Technik unterstützt Sie nun zusätzlich bei Ihrer Vorbereitung. Sie greift durch, wenn Ihr innerer Kritiker auftaucht. Was Sie dann tun, ist Folgendes: Sie nehmen einfach vorweg, was dieser innere Kritiker sagen könnte, und schauen, was der im Fall von Kristin so aus der Versenkung holen würde:

»Kristin, dir ist natürlich klar, dass du in manchen Dingen gar nicht schlecht bist, aber vor anderen Menschen sprechen, das konntest du noch nie. Erinnerst du dich daran, wie du bei der Weihnachtsaufführung in der sechsten Klasse, als du in der Rolle der guten Fee nur drei Sätze zu sprechen hattest, komplett versagt hast? Du standst mitten auf der Bühne, alle Zuschauer starrten dich an, und du brachtest kein einziges Wort hervor. Wenn ich nur daran zurückdenke, steigt mir noch die Schamesröte ins Gesicht. Oder die Situation bei Tante Gertruds siebzigstem Geburtstag. Spontan sagte dein Vater stolz ins Mikrofon: ›Deine Nichte Kristin wollte dir auch noch etwas sagen, liebe Gertrud‹, woraufhin du anfingst, irgendwas mit ›Alles Gute zum Geburtstag, liebe Tante Gertrud‹ zu stammeln. Wirklich originell. Muss ich weiterreden? Soll ich noch die Geschichte von deinem mündlichen Abitur auspacken? Das hast du doch nur hinbekommen, weil Herr Becker, dein Deutschlehrer, dir geholfen hat, sei ehrlich. Und jetzt willst du also einen Vortrag vor Kunden halten. Da bin ich mal gespannt.«

Sie müssen mir recht geben, wenn ich sage, dass das mit dem Vortrag nicht einfacher wird, wenn Ihre inneren Geister in Form der inneren kritischen Stimmen aus dem Unterbewusstsein in das Bewusstsein gelangen. Deswegen lohnt es sich, die Obwohl-Technik anzuwenden. Die würde in dem gerade beschriebenen Fall folgendermaßen funktionieren:

An einem ungestörten Ort fangen Sie während der eingangs vorgeschlagenen Übungssequenz an, laut zu sprechen, und erwähnen die Punkte auf der Liste mit den peinlichen und schambehafteten Situationen aus Ihrem Leben einmal anders. Ich mache es mal vor:

»Obwohl ich, Kristin Klein, in der sechsten Klasse meinen Auftritt in der Weihnachtsaufführung als Fee total vergeigt habe, da ich keinen Satz aus meinem Mund herausbekam, mitten auf der Bühne unseres Gemeindehauses, bin ich heute in der Lage, souverän einen Vortrag von dreißig Minuten zu halten. Allein deshalb, weil ich über mein Lieblingsfachgebiet sprechen werde. Obwohl ich anlässlich des siebzigsten Geburtstags meiner Tante Gertrud keine originellen Worte gefunden habe, als mein Vater mir spontan das Mikrofon reichte, bin ich heute durchaus in der Lage, frei zu sprechen, wenn es um meine Lieblingsthemen geht. Da trifft es sich gut, dass das bei den Inhalten meines bevorstehenden Vortrags der Fall ist. Obwohl ich bei meinem mündlichen Abitur nicht meine beste Seite gezeigt habe und mein Deutschlehrer, Herr Becker, mich gerade noch retten konnte, bin ich heute, dreizehn Jahre später, sehr wohl in der Lage, in Stresssituationen souverän zu antworten. Das habe ich gerade vor zwei Monaten gezeigt, als ich im Aufzug unseren Unternehmensvorstand getroffen habe, der mal eben von mir eine Information zu bestimmten Investmentzertifikaten haben wollte. Zufälligerweise hatte ich am vorherigen Tag eine Abhandlung über genau diese Zertifikate gelesen und konnte souverän punkten. Wenn das nichts ist!«

Mit dieser Technik können Sie also Ihren inneren Kritiker gezielt schachmatt setzen. Obwohl in Ihrer Vergangenheit bestimmte blöde Ereignisse vorgekommen sind, müssen diese noch lange nicht erneut vorkommen. Obwohl Sie früher bestimmte Dinge nicht meistern konnten, sind Sie heute sehr wohl imstande dazu. Und genau hier sind wir bereits klammheimlich in das nächste Werkzeug geschlittert, haben Sie es gemerkt?

Ihre persönliche Erfolgsbilanz

Ich spreche von Ihrer persönlichen Erfolgsbilanz. Wie viel Zeit haben Sie bis jetzt in Ihrem Leben damit verbracht, sich Gedanken darüber zu machen, wie Ihre persönliche Erfolgsbilanz aussieht? Sind Sie überhaupt schon einmal auf die Idee gekommen, die positiven Ereignisse und Erfolge den negativen Begebenheiten aus Ihrem Leben entgegenzusetzen? So wie oben bei Kristin beschrieben? Wenn nicht, dann haben Sie jetzt die Möglichkeit dazu, es nachzuholen.

Vielleicht ist es bei Ihnen anders, aber die meisten Menschen, die ich durch meinen Beruf kennengelernt habe, erinnern sich grundsätzlich immer zuerst an das Negative in ihrem Leben statt an das Positive. Wenn wir in mühseliger Kleinarbeit die positiven Erfahrungen, Eigenschaften, Begebenheiten und Erfolge zusammen herausgearbeitet haben, höre ich unter Garantie Kommentare wie: »Das kann doch jeder; das ist nichts Besonderes; ich kenne jemanden, der kann das viel besser als ich« – um nur ein paar Beispiele zu nennen. Wenn das bei Ihnen auch der Fall ist, dann sollten Sie schleunigst wieder zu Stift und Papier greifen, das Buch kurz zur Seite legen und anfangen zu schreiben:

Auf der linken Seite notieren Sie Ihre Erfolgserlebnisse, auf der rechten Seite listen Sie die Hindernisse und nicht so angenehmen Erfahrungen und Ergebnisse auf. Richtig ausgeführt haben Sie die Übung, wenn die Erfolgsseite länger ist als die Negativseite. Sollte es bei Ihnen umgekehrt sein, dann sorgen Sie schnellstens für Abhilfe. Fragen Sie Ihre gute Freundin, Ihren Partner, Ihre Familie, wenn Sie mit ihr ein gutes Verhältnis haben, oder gute Bekannte und Verwandte, was ihrer Meinung nach in Ihrem Leben prima gelaufen ist. Sie werden sich wundern, was da alles zutage kommt.

Ich selbst liebe diese Übung, da sie uns dabei unterstützt, immer mehr in der Fülle zu leben. Unser gutes Gefühl zu uns selbst wird gestärkt, und wir werden zunehmend selbstbewusster, da wir mit diesen Techniken auf unsere Innenwelt zugreifen und die richtige Ordnung schaffen. Diese positive Ordnung brauchen wir, um das Leben unserer Wahl zu leben, uns souverän durchsetzen zu können und es auch einmal auszuhalten, uns unbeliebt zu machen. Je stärker Sie sich in Ihrer Innenwelt positiv, authentisch und souverän aufstellen, umso leichter gehen Sie durch herausfordernde Situationen.

Sie haben nun also ein weiteres Werkzeug in petto, um sich gut durchsetzen zu können.

Warum es sinnvoll ist, sich im Zustand des Flows aufzuhalten, anstatt für alles und jeden zu kämpfen

Kommen wir kurz zurück zu der spannenden Frage meiner Trainingsteilnehmer, wie manche Menschen es schaffen, immer gut dazustehen, selbst wenn die Luft dünn wird. Vorhin meinte ich, diese Menschen plaudern nicht gerne aus dem Nähkästchen, deshalb ist es so schwer, ihre Erfolgsgeheimnisse zu enttarnen. Jetzt möchte ich Ihnen aber doch zwei Dinge verraten, die meiner Erfahrung nach mit ihrem Erfolg zu tun haben.

Das eine ist: Manche Menschen haben schlicht kein Problem damit, zu ihren Fehlern zu stehen. Sie haben schon sehr stark in ihrer Innenwelt entrümpelt und erkannt, dass die Summe ihrer Erfahrungen – egal, ob gut oder schlecht – sie zu dem gemacht hat, was sie heute sind. Jede Erfahrung ist ein Teil ihrer Lebensreise. Menschen, die dieser Philosophie anhängen, sind authentisch und gehen mit Kritik souverän um. Wer sich innerlich so aufgestellt hat, der hat kein Problem damit, ab und an unbeliebt zu sein. Im Gegenteil: Er verspürt eine große Lust dabei, Aufgaben zu bewältigen und Lösungen anzustreben, die dem Wohle der Gesellschaft dienen. Jemand, der aus diesen Beweggründen handelt, der das Wohl der Gesellschaft über die eigenen Gewinne stellt, handelt grundsätzlich aus einer inneren Stärke heraus. Warum? Weil er unantastbar in seinem Glauben ist und stets sein Bestes geben wird. Übrigens schließt das nicht aus, dass dieser Mensch großen Reichtum erlangen kann.

Das andere, das hinter einem vermeintlichen Erfolg stecken kann, ist Folgendes: reines Bluffen. Manche Menschen sind rhetorische Meister, die es schaffen, den Angreifer derart in Trance zu reden, dass dieser sich am Ende noch für sein »hinterlistiges« Verhalten entschuldigt. Ob es Ihr Ziel ist, die Dinge in Zukunft so zu handhaben, weiß ich natürlich nicht. Ich kann Ihnen aber verraten, dass es extrem anstrengend ist, auf diese Weise zu agieren. Es ist allein deshalb schon so anstrengend, weil man sich immer merken muss, wem man was erzählt hat. Wenn bei den Erzählungen und Erklärungen dann noch Versprechungen im Spiel waren, muss man darauf achten, dass man die auch einhält, sonst fängt man an anderer Stelle wieder an, sich irgendetwas aus den Fingern saugen zu müssen.

Deswegen lautet meine Empfehlung an Sie: Gehen Sie den geradlinigen Weg. Er scheint auf den ersten Blick etwas umständlicher und beschwerlicher, doch ich verspreche Ihnen, es wird sich für Sie lohnen. Denn irgendwann kommen Sie in das Gefühl, das gerne als »Flow« bezeichnet wird. Sie beschäftigen sich dann zu neunzig Prozent nur noch mit Dingen und Inhalten, die Sie gerne mögen und sogar lieben. Dadurch fühlen Sie sich selbst wiederum immer liebenswerter. Und weil Sie sich liebenswert fühlen, sind Sie auch eher in der Lage, sich durchzusetzen. Weil Sie dann wissen, was Sie wollen, was Sie können und warum Sie es tun.

Die Fragen, die sich jetzt aufdrängen, lauten: Wie kommen Sie in den Zustand des Flows? Wie fühlt man sich in diesem Zustand? Und wie können Sie in diesem Zustand bleiben?

Fangen wir mit der zweiten Frage an: Wie fühlt es sich an, im Flow zu sein? Im Zustand des Flows geht Ihnen alles leicht von der Hand. Sie sind stets zur richtigen Zeit am richtigen Ort. Das Leben arbeitet Ihnen fortwährend zu, und es wirkt oftmals so, als ob Sie gar nichts dazu beitragen müssten, damit es in Ihrem Leben so gut läuft. Wie also kommen Sie in diesen Zustand des Flows? Mit Sicherheit dadurch, dass Sie sich auf die Fülle in Ihrem Leben konzentrieren, indem Sie sich Ihrer Talente und Fähigkeiten bewusst sind und diese auch zum größten Teil des Tages leben. Das bedeutet: Sie sollten darauf achten, dass Ihr Berufs- und Privatleben so ausgerichtet ist, dass Sie Ihr volles Potenzial leben können. Wenn das im Moment noch nicht der Fall ist, dann wäre es an der Zeit, sich darüber Gedanken zu machen, wie Sie es schaffen, das zu ändern. Nichtsdestotrotz können Sie jederzeit schon im Kleinen in den Flow kommen. Beschäftigen Sie sich dazu einfach so oft wie möglich mit den Dingen, die Sie lieben. Das ist glücklicherweise auch dann möglich, wenn es bei Ihnen im Moment noch nicht so ist, dass Sie sich beruflich hauptsächlich mit Ihren Vorlieben und Talenten beschäftigen. Nun zur dritten Frage: Im Zustand des Flows bleiben Sie, wenn Sie sich weigern, durch äußere Einflüsse Ihre innere Mitte zu verlassen. Beharren Sie so weit wie möglich darauf, sich mit den Dingen zu beschäftigen, die Ihnen Freude machen, und umgeben Sie sich mit Menschen, die Sie so lieben, wie Sie sind.

Spätestens jetzt ist klar, dass man im Zustand des Flows keinerlei Ambitionen hegt, mit irgendjemandem um irgendetwas zu kämpfen!

Souverän sein, wenn es darauf ankommt

Sie haben jetzt schon einiges gelernt, was Sie tun und lassen können, damit Sie sich immer sicherer in herausfordernden Situationen behaupten. In diesem Abschnitt möchte ich Ihnen nun Erste-Hilfe-Maßnahmen für extreme Szenarien ans Herz legen. Manchmal gerät man im Leben nämlich in Situationen, die alles andere als fair, sportlich und gerecht sind.

Es kann beispielsweise vorkommen, dass sich jemand dazu berufen fühlt, Unwahrheiten über Sie zu erzählen. Da werden dann Aussagen von Ihnen aus dem Zusammenhang gerissen und weitergetragen, ja, da wird ein regelrechtes Schneidewerk veranstaltet, damit eine andere Person in einem besseren Licht erscheint und Ihnen noch ganz nebenbei tüchtig einen einschenkt.

Eine andere fiese Sache, die in Ihrem Leben passieren kann, ist das bewusste Vorenthalten von Informationen, damit Sie sich nicht vorbereiten können oder von einer anderen Ausgangslage ausgehen. Was machen Sie im Falle dieser beiden eben genannten Szenarien? Einen Killer aus einem korrupten Staat anzuheuern, wäre wahrscheinlich etwas aufwendig, und wenn Sie Pech haben, geht der Schuss nach hinten los, im wahrsten Sinne des Wortes. Und so sieht es mit den meisten düsteren Fantasien aus – sie werden Sie nicht weiterbringen. Stattdessen ist auch hier wieder ein hohes Maß an Professionalität gefragt.

Lassen Sie mich konkreter werden. Nehmen wir an, es kommt Ihnen zu Ohren, dass eine andere Person Unwahrheiten über Sie erzählt. Eine gute Methode der Gegenwehr könnte dann sein, es so einzurichten, dass Sie diese Person »zufällig« in Gegenwart Ihres Informanten treffen, der Ihnen die Unwahrheiten zugetragen hat. Würde Ihnen das gelingen, könnten Sie die Person darüber aufklären, dass Sie Kenntnis von ihren Lügengeschichten haben, und sollten Sie noch einmal etwas Derartiges hören, würden Sie eine Unterlassungsklage gegen sie erwirken. Wenn Sie jetzt schmunzeln und das für ein bisschen zu starken Tobak halten, dann haben Sie noch zu wenig Ahnung davon, was in manchen Betrieben, Vereinen und einschlägigen Internetforen so los ist. Leider treffe ich im beruflichen Umfeld öfter auf solche Situationen, als mir lieb ist.

Es ist keine Lösung, den Kopf in den Sand zu stecken und zu versuchen, diese Lügenbarone nicht mehr zu treffen. Gehen Sie davon aus, dass sie sehr genau wissen, was sie tun, sofern sie nicht psychisch völlig außer Balance sind. Das, womit man sie am besten bloßstellen kann, ist die Konfrontation unter Zeugen (idealerweise sind das diejenigen, denen die Unwahrheiten erzählt wurden). Dann kann man in netter, gemütlicher Runde locker über die maßlosen Hirngespinste gewisser Leute sprechen. Was haben Sie zu verlieren? Nichts, denn ist der Ruf erst ruiniert, lebt sich's völlig ungeniert, oder etwa nicht?

Nehmen wir als zweites Szenario an, Ihnen werden wissentlich Informationen vorenthalten. Das ist ein Phänomen, dem ich sehr oft in Firmen begegne. Das Ungerechte dabei ist, Sie können erst dann in Aktion treten, wenn Sie stichhaltige Beweise dafür haben, dass so verfahren wurde, damit Sie einen Nachteil haben. Bis dahin wissen Sie rein theoretisch nichts davon. Auch in diesem Fall ist es eine absolut angemessene Handlungsweise, alle betroffenen Personen an einen Tisch zu holen und das Thema zu eröffnen. Dann weiß jeder, woran er ist. Der zuständige Entscheidungsträger kann sich daraufhin Gedanken darüber machen, ob er dieses Kommunikationsverhalten in seinem Unternehmen für ergebnisorientiert hält und ob er, kraft seiner Hierarchiestufe, Maßnahmen ergreifen möchte, die solch ein Verhalten zukünftig unterbinden.

Immer wieder kommt es vor, dass bestimmte Menschen aus Ihren Aussagen Passagen herausfiltern, die, einmal aus dem Kontext gerissen, einen völlig anderen Sinn ergeben. Werden Sie dann von einer Person, bei der der Extrakt ankam, zur Rede gestellt, bleibt Ihnen zunächst wohl der Mund offen stehen. Kurz danach steigt Ärger aus den Tiefen Ihres Unterbewusstseins an die Oberfläche. Doch auch in diesem Fall gilt es, die Contenance zu bewahren, sich allein auf die Sache zu konzentrieren und die Bruchteile Ihrer Sätze wieder in den Originaltext zu betten. Und schon hört sich alles komplett anders an.

Nun ist Ihnen wahrscheinlich klar, dass meine Lösungsvorschläge zu den oben genannten Situationen leider auch zur Folge haben können, dass Sie sich unbeliebt machen. Zumindest bei der Person, die sich damit beschäftigt, Ihnen zu schaden, ob bewusst oder unbewusst. Manchmal kann es sogar sein, dass Ihr Zeuge ebenfalls peinlich berührt ist und mit der Sache am liebsten nichts zu tun haben will. Wenn dieser Zeuge auch noch in die Kategorie »nicht entscheidungsstarker, dafür aber harmoniesüchtiger Chef« fällt, dann ist es natürlich doppelt schwierig für Sie. Aber verzweifeln Sie nicht, wenn Sie davon betroffen sind. Das Risiko einzugehen, sich auch mal unbeliebt zu machen, ist schließlich genau das, was wir hier trainieren. Bald schon werden Sie keinen Horror mehr davor haben.

»Geht nicht« gibt's nicht!

Kommen wir nun zum Höhepunkt des Durchsetzungs-Kapitels, dem dritten Schlüssel, um das Unbeliebtsein zu wagen und dafür reich belohnt zu werden. Es geht nun um unsere Emotionen.

Weiter vorn haben wir uns bereits Gedanken über die Energie von Zielklarheit gemacht. Das wirklich Erstaunliche daran ist, dass die Zielenergie immer stärker ist als die Hindernisenergie. Die eigentliche Bremse, sobald Stolpersteine oder Hürden auf dem Weg zu unseren Zielen auftauchen, sind wir selbst. Warum? Weil uns sofort die unterschiedlichsten Emotionen überrollen. Leider ist es aber nun mal eine Eigenschaft von Hindernissen, dass sie uns nicht erst eine freundliche Warnmeldung auf Blümchenpapier schicken, auf der geschrieben steht, dass es ihnen unheimlich leidtue, sie sich aber aus gegebenem Anlass jetzt zwischen uns und unsere Ziele, Träume und Vorhaben stellen müssten.

Nein, Hindernisse kommen unerwartet und unangemeldet. Das ist einer der Gründe, warum der Mensch mit diversen Emotionen darauf reagiert. Meistens entstehen zunächst Ärger und Wut über mögliche Verzögerungen. Dann können sich die Gefühle Trauer, Aussichtslosigkeit oder Selbstmitleid einstellen. Am unangenehmsten von allen ist jedoch das Gefühl der Angst, verbunden mit Ohnmacht und Handlungsunfähigkeit.

Allein diese Emotionen sind dafür verantwortlich, dass ein Hindernis auf unserem Weg überhaupt ein Hindernis ist. Wären wir nämlich in der Lage, erst einmal ein Stück zur Seite zu treten und mit völlig neutralem Blick auf die sich vor uns auftürmende Situation zu schauen, dann wären wir immer noch in unserer Zielenergie. Aus dieser Zielenergie könnten wir dann mithilfe unseres analytischen Verstandes neue Lösungen kreieren, wie wir mit den veränderten Umständen am besten und souveränsten umgehen können.

Vielleicht werfen Sie jetzt ein, dass sich das zwar überaus logisch und interessant anhört, dass wir aber nun mal Menschen sind und keine Maschinen und deshalb immer emotional reagieren. Wäre das nicht so, sollten wir uns eher fragen, ob noch alles klar ist im eigenen Kopf. Serientätern beispielsweise sagt man ja nach, dass sie sich emotional komplett verabschiedet hätten. Ja, ja, Sie haben recht, wir alle haben Emotionen, und das ist auch gut so. Die große Kunst besteht lediglich darin, sie wie ein Dompteur im Griff zu haben und in der Zielenergie zu bleiben. Wie Sie das am besten anstellen, das erzähle ich Ihnen jetzt.

Nehmen wir einmal an, unter unseren Leserinnen und Lesern ist jemand, der den Wunsch verspürt, in die höchsten Managerkreise aufzusteigen. Selbst wenn nur ein paar von Ihnen dieses Ziel haben, ist es für die anderen sicher trotzdem interessant zu hören, wie die Vorbereitung für solch ein Vorhaben aussehen könnte. Denn dieses Prinzip können Sie auch anwenden, wenn Sie Elternsprecher in der Schule Ihrer Kinder werden möchten, wenn Sie sich selbstständig machen wollen oder auf einer anderen beruflichen oder privaten Ebene eine Position zu verteidigen haben. Solche Durchsetzungs- und Positionstrainings gebe ich häufig in Unternehmen, deshalb möchte ich Ihnen gerne an einem Beispiel erklären, wie man sich gut vorbereitet und welche Maßnahmen man schon im Vorfeld ergreifen kann. Genau das ist meiner Erfahrung nach der beste Weg, um seine Emotionen in schwierigen Situationen im Griff zu haben.

Der größte Wunsch von Tobias war es, Bereichsleiter in einem IT-Unternehmen zu werden. Und dort, wo er beschäftigt war, bestand tatsächlich auch die Chance für diese Positionsverbesserung. Es gab zwar schon mehrere Bereichsleiter, und die glaubten alle, fest im Sattel zu sitzen. Doch da die Leistung von einem von ihnen ziemlich schlecht war, wollte der Vorstand genau dort eine Veränderung vornehmen und Tobias auf einen im Moment schlecht ausgefüllten Posten setzen.

Die eine Hürde dabei war, dass der Vorstand dem noch amtierenden Bereichsleiter mitteilen musste, dass es in dem Unternehmen für ihn keine Perspektive mehr gab. Die andere, dass dieser gar nicht gut auf seinen potenziellen Nachfolger zu sprechen war. Und das ist wieder mal milde ausgedrückt. Der mittlerweile im Kampfmodus agierende, in seinem Stolz verletzte Bereichsleiter nahm jede Gelegenheit wahr, um Tobias eins auszuwischen. Mit Methoden, die teilweise absolut unter der Gürtellinie waren. Er beleidigte ihn in aller Öffentlichkeit, enthielt ihm Informationen vor und zog hinter seinem Rücken über ihn her.

Zum Glück war Tobias darauf vorbereitet. In all den Trainings, die auf seine neue Wunschposition ausgerichtet waren, haben wir mindestens siebzig Prozent der Zeit damit zugebracht, uns die möglichen Arten des Angriffs und die souveräne Form, darauf zu reagieren, vorzustellen und einzuüben. Für Tobias handelte es sich also nicht um ein plötzliches Auftreten eines Hindernisses kurz vor dem Erreichen des Zieles, da er alle Eventualitäten mit mir schon im Vorhinein durchgespielt hatte. Klar, man ist dann doch immer wieder erstaunt, wie sehr andere Menschen ihre Contenance verlieren können, und wirklich angenehm fühlt es sich natürlich auch nicht an, wenn man nicht genau weiß, wann die nächste Kugel losgefeuert wird. Ist man aber in der Lage, nicht auf das Spielfeld zu gehen, auf dem der Angreifer sich aufhält, und lässt man die Emotionen des Widersachers ins Leere laufen, weil man entsprechend darauf reagiert, dann hat man schon fast gewonnen. Die volle Konzentration auf nichts als die Sache, das standhafte Fokussieren auf die eigenen Ziele sowie das Wissen und das Verständnis dafür, dass der andere ein Problem hat, lässt auch Sie solch eine schwierige Situation unverletzt überstehen. Das ist Tobias gelungen. Ich würde aber maßlos übertreiben, wenn ich behauptete, dass er völlig ruhig und lässig durch diesen Prozess gegangen ist. Wie gesagt: Wir Menschen haben alle Emotionen. Entscheidend ist nur, wie wir damit umgehen.

Sie haben in diesem Kapitel nun viele Möglichkeiten kennengelernt, die Ihnen zukünftig dabei helfen werden, das Durchsetzen zu wagen – und zwar auf eine souveräne Art und Weise. Sie wissen jetzt, was es mit der Zielklarheit auf sich hat, dass Sie Ihren Mut zusammennehmen müssen, dass Sie an Ihren Zielen und Visionen dranbleiben sollten und dass Sie lernen müssen zu unterscheiden, wer Ihr Freund ist und wer nicht. Sie sind ab sofort der Dompteur Ihrer Emotionen und blicken auf die Hindernisse, die sich Ihnen in den Weg stellen, mit einem gewissen

Abstand. Sie bleiben zukünftig in Ihrer persönlichen Zielenergie und räumen der Hindernisenergie keinen Raum ein.

Wenn Sie mir Ihr Wort geben, dass Sie das in Zukunft alles so anwenden werden, wie es sinnvoll für Sie erscheint, dann können wir uns im nächsten Kapitel mit Ihren verschiedenen Rollen im Theater Ihres Lebens beschäftigen. Freuen Sie sich darauf, Ihre Puppen tanzen zu lassen!

VIERTER SCHLÜSSEL

Sie sind mehr, als Sie denken – Die Vielfalt Ihrer Rollen auf der Showbühne des Lebens

Sie sind ein Diamant mit vielen Facetten

Gehören Sie noch zu den Menschen, die glauben, dass wir uns in den verschiedensten Situationen des Lebens immer so verhalten müssen, wie andere es von uns erwarten? Wenn Sie zum Beispiel dafür bekannt sind, selbst in heiklen Situationen stets besonnen und ruhig zu agieren, würde es Ihnen dann schwerfallen, ausnahmsweise tief einzuatmen und einfach mal loszubrüllen? Nur weil Ihnen heute danach ist? Wie, glauben Sie, würden die Menschen dann über Sie sprechen, die Sie sonst über den grünen Klee loben? Nehmen wir einmal an, diese Menschen sagen im Allgemeinen das Folgende über Sie: »Die Kathrin, die mag ich total gerne leiden, sie nimmt nie ein böses Wort in den Mund, ist immer hilfsbereit, hat für jedes Problem eine Lösung anzubieten und reagiert selbst dann noch wohlwollend und souverän, wenn andere ihre Contenance verlieren. Ja, sie bringt sogar Verständnis dafür auf und hat stets eine schlüssige Erklärung parat, warum diese Menschen sich in der jeweiligen Situation genau so verhalten haben.«

Jetzt einmal ehrlich: Diese Ihnen freundlich gesinnten Menschen würden doch mit Sicherheit die Welt nicht mehr verstehen, wenn Sie sich anders verhielten, als sie es von Ihnen gewohnt sind. Sollten Sie dann trotzdem so wagemutig sein und irgendwann mal Ihrem Herzen freien Lauf lassen, dann könnte es hinter Ihrem Rücken durchaus zu Aussagen kommen wie: »Sag mal, Susi, hast du in letzter Zeit mal was mit Kathrin zu tun gehabt? Die hat sich schwer verändert. Stell dir vor, neulich in einer Sitzung hat sie einfach ganz laut gesagt, dass sie die Schnauze voll hat von dem ewigen Gelaber, das niemandem und schon gar nicht dem Unternehmen irgendetwas bringt. Und dann stellte sie sogar noch eine provokante Frage an den Leiter des Meetings, mit welcher sie ihn und seine Kompetenz vor dem versammelten Team anzweifelte. Meinst du, die hat so was wie ein Burnout? Im Grunde ist ihr ja wirklich die Sicherung durchgebrannt! Oder weißt du was, mir fällt gerade ein, dass Kathrin doch in zwei Monaten siebenundvierzig wird. Ob das schon die Vorwehen der Wechseljahre sind? Nie hätte ich gedacht, dass die liebe Kathrin so sein kann. Vielleicht hat sie uns ja in den letzten Jahren nur etwas vorgespielt und ist in Wirklichkeit eine herrschsüchtige und arrogante Kuh!«

Glauben Sie bloß nicht, dass ich bei der oben beschriebenen Darstellung in die Abteilung Fantasy und Science-Fiction gerutscht bin. Schön wär's! In vielen Firmen ist dieses Verhalten leider mittlerweile der normale, tägliche Wahnsinn. Menschen können äußerst grausam zueinander sein, und das Schlimmste dabei ist, sie merken es gar nicht. Wenn einige Personen so reden wie in dem oben genannten Fall über Kathrin, dann befinden sie sich in der Rolle des Jüngsten Gerichts. Unbemerkt sind sie von Beobachtern zu Richtern mutiert. Sie haben ihre Perspektive gewechselt. Damit sie ihr Weltbild, in das Kathrins neues Verhalten nicht passt, nicht verändern müssen, verändern sie eben die Ansicht über Kathrin. Das ist einfacher für sie.

Ich spreche an dieser Stelle nicht von der Gruppe der ewigen Nörgler und Meckerer, die sowieso ihre Lebenszeit damit verbringen, in allem das Schlechte zu sehen. Die beim ersten Sonnenschein nach zehn Tagen Dauerregen sagen: »Ach nee, jetzt muss ich die Gartenmöbel aus der Garage holen, meine Sonnenbrille suchen und Sonnenschutzmittel kaufen, das hat mir jetzt gerade noch gefehlt.« Nein, ich spreche hier von den ganz normalen Menschen, die ihre positiven Seiten wie auch ihre Schwächen haben. Damit diese normalen Menschen uns auch weiterhin lieb haben und nicht so über uns herziehen, wie es Susi und ihre Kollegin in Kathrins Beispiel getan haben, gehen wir lieber kein Risiko ein.

Hätten die Menschen eine Ahnung davon, dass in jedem von

uns ganz viele Persönlichkeitsrollen angelegt sind, und würden sie dies auch akzeptieren, dann hätten wir es alle weitaus leichter im Umgang miteinander. Das könnte man sich in Kathrins Fall ungefähr folgendermaßen vorstellen: »Schau mal an, die Kathrin, ich bewundere sie sehr dafür, dass sie im letzten Meeting ihren ganzen Mut zusammengenommen und das ausgesprochen hat, was im Grunde alle denken. In ihrer Rolle als Jeanne d'Arc habe ich sie vorher noch nie gesehen. Steht ihr richtig gut. Die sollte sie öfter mal einnehmen, dann trauen sich vielleicht auch ein paar andere Mitarbeiter, den Mund aufzumachen.«

Da sich die meisten von uns aber nicht trauen, ihre ganze Vielfalt an Persönlichkeit zu leben, weil sich das scheinbar nicht gehört, leben wir so weiter wie bisher und versuchen, uns so zu verhalten, dass wir niemanden belästigen oder stören. Lieber begrenzen wir uns, wir betrügen uns, wir verweigern uns, wir klammern viel zu viel aus unserem Leben aus, wir lassen es nicht zu, dass die unterschiedlichen Rollen, die wir in uns tragen, auf unsere Lebensbühne kommen.

Vielleicht haben Sie Lust, sich zumindest einmal anzusehen, was alles möglich wäre in Ihrer Welt? Ansehen kostet ja nichts.

Wer steht auf der Showbühne Ihres Lebens?

Sie haben also Lust, sehr gut, dann gehen wir kurz zurück in Ihre Kindheit. Damals haben Sie sicher sehr gerne Kasperlevorführungen gesehen oder das Marionettentheater der Augsburger Puppenkiste im Fernsehen verfolgt, oder? Die Gestalten, die bei diesen Aufführungen auf die Bühne kommen, haben unterschiedliche Charaktere. Da gibt es einerseits die guten, freundlichen, netten, ehrlichen, authentischen und zuverlässigen Puppen wie Kasperle, Gretel, Jim Knopf oder den Kleinen König Kalle Wirsch. Sie korrespondieren mit unseren positiven Teilen. Auf der anderen Seite stehen die Figuren des Räubers, des Krokodils, des bösen Zauberers und der gemeinen Hexe. Dabei handelt es sich um die Rollen, die mit den negativen Facetten unserer Psyche besetzt sind, mit Hinterlistigkeit, Intrige, Verrat, Verleumdung und übler Nachrede. Und natürlich gibt es auf der Puppenbühne auch noch jede Menge neutrale Darsteller, doch an diese kann man sich meist nur schlecht erinnern.

Seien Sie bitte nicht schockiert, wenn ich Ihnen jetzt die folgende Nachricht überbringe: Wir alle beherbergen sämtliche der eben vorgestellten Rollen in uns – einschließlich der negativen. Das ist nicht schlimm, denn unsere Psyche ist sehr komplex, und in gesundem Zustand sind wir durchaus in der Lage, diese verschiedenen Anteile in uns gut auszubalancieren. Dennoch erlauben es sich die wenigsten von uns, die als negativ angesehenen Verhaltensweisen jemals an die Oberfläche kommen zu lassen.

Sie erinnern sich an das erste Kapitel? Auch dort war schon davon die Rede, dass wir dies zu vermeiden versuchen, weil wir auf keinen Fall so wirken wollen wie etwa Herbert, der bei jeder Gelegenheit damit prahlt, was für ein toller Hecht er ist. Und bevor irgendjemand uns mit Herbert in eine Schublade stecken könnte, halten wir uns lieber zurück und sagen nichts. Schade eigentlich. Denn die sogenannten negativen Rollenanteile, die wir in uns tragen, können uns vor vielen unangenehmen Situationen bewahren und beschützen. Lassen Sie mich anhand meiner Erfahrung demonstrieren, wie diese verschiedenen Rollen oder Anteile bewusst gesteuert werden können, wie die Anteile, die nicht auf die Lebensbühne gerufen wurden, ihren Senf trotzdem dazugeben und wie man das gut aushalten kann.

Vor einiger Zeit fragte die Personalabteilung eines Unternehmens bei mir an, ob ich bereit wäre, einer bestimmten Mitarbeitergruppe einige Inhalte zum Thema Kommunikation zu vermitteln. Da ich bereits von anderen Mitarbeitern der Firma gehört hatte, dass es sich dabei um eine sehr schwierige Gruppe handelte, die eine desaströse Außenwirkung hatte und es schaffte, jeden Fettnapf zu erwischen, der sich ihr in den Weg stellte, lenkte ich das Ganze schnell von mir weg und verwies auf die begnadete Kompetenz anderer Trainer. Doch man gab nicht so schnell auf – es sei unglaublich wichtig, diese Gruppe zu unterstützen, da sie einen großen Einfluss auf das Betriebsklima des Unternehmens habe –, und so ließ ich mich breitschlagen, diese Leute wenigstens einmal zu treffen.

Die Vorstellungspräsentation war in meinen Augen durchaus gelungen. Da ich aber dazu neige, meine Rollenvielfalt auszuleben (in diesem Fall ganz bewusst sehr extrem), um herauszufinden, ob innerhalb einer Gruppe überhaupt etwas zu bewegen ist, spielte ich auch eine Rolle, die den Teilnehmern des Treffens überhaupt nicht gefiel: die Rolle der Loyalen gegenüber den anderen Kollegen, die ich in dem Unternehmen schon trainiert hatte. Entgegen den Anweisungen meiner inneren Vertriebschefin setzte ich alles auf eine Karte und zeigte mich von meiner klarsten und dominantesten Seite. Das Ergebnis überraschte mich daher nicht: Die Gruppe wollte sich doch lieber nach einem anderen Trainer umsehen.

Ehrlich gesagt war ich sehr froh darüber. Mein Seelenheil ist mir nun mal um einiges wichtiger als mein Kontostand. Ich würde mir aber in die eigene Tasche lügen, wenn ich behauptete, dass sich meine inneren Stimmen im Nachhinein nicht doch noch zu diesem Thema gemeldet hätten. Sie meldeten sich mit Kommentaren wie: »Na Diana, wohl im Lotto gewonnen? Was, wenn das eine richtig gute Chance gewesen wäre, über deinen Schatten zu springen? Was machst du, wenn sich jetzt nie mehr ein Kunde bei dir meldet? Ich sehe das Grauen schon über uns kommen. Aber bitte, wenn du glaubst, dass du so viel schlauer bist, dann zeig uns mal, wie du das jetzt geregelt kriegst. Komm uns bloß nicht mit der Ausrede, das passt dir gerade gut rein, da du ja sowieso Zeit brauchst, um dein Buch zu schreiben. Dir ist schon klar, dass man auch mal unangenehme Gruppen nehmen muss, Diana, oder? Du weißt, im Leben lernt man das meiste in Situationen, die einen herausfordern. Du möchtest doch weise und erhaben sein, wenn die Zeit gekommen ist, diese Erde zu verlassen, oder etwa nicht?«

Dieser kleine Auszug aus meiner inneren Kommunikation soll genügen, um Ihnen darzustellen, womit man sich auseinandersetzen muss, wenn man sich in einem bestimmten Kontext für ein, sagen wir, unorthodoxes Verhalten entschieden hat. Wenn man einige seiner Puppen auf die Bühne geholt und mit ihnen das geerntet hat, was man gesät hat. Die ängstlichen, bewahrenden und mahnenden Stimmen verschaffen sich dann Gehör. Ohne Aufforderung, komplett im Alleingang. So tickt unser Unterbewusstsein: Wenn Gefahr im Verzug ist, wird gehandelt. Und die »Gefahr« für mich bestand darin, dass ich zukünftig unter einer Brücke schlafen müsste, wenn ich weiterhin Aufträge so leichtfertig aufs Spiel setzte.

Nachdem ich die innere Tirade wohl oder übel über mich hatte ergehen lassen, probierte ich folgende Übung aus: Man agiert als Regisseur seines eigenen Lebens, entscheidet also selbst, wer wann auf die Aktionsbühne gerufen wird und wer nicht. So kann man besser mit den revoltierenden Stimmen im Inneren umgehen. Das ist der Trick dabei.

Ich räumte ihnen also ausdrücklich Redezeit ein und hatte somit die Möglichkeit, auf all die Vorwürfe, Bedenken und Vorhaltungen zu reagieren. Erschrecken Sie jetzt nicht, wenn ich Ihnen sage, wie, denn in solchen Situationen drücke ich mich sehr deutlich aus. Warum auch nicht? Da darf man ruhig auf die Sahne hauen und ein bisschen übertreiben.

Wie lief das also bei mir ab? Nun, meinem inneren Verwaltungschef teilte ich Folgendes mit: »Erstens spiele ich kein Lotto, zweitens liefen die Geschäfte während des dreizehnjährigen Bestehens meiner Firma stets gut, drittens kann ich mir alles leisten, was ich will, und viertens werden die Kunden auch weiterhin zu mir kommen, da ich nicht die Schlechteste unter der Sonne in meinem Metier bin!« Meiner inneren Weisheit sagte ich: »Du kannst dich ja gerne in herausfordernde Situationen stürzen, wenn du unbedingt willst. Aber hab bitte Verständnis dafür, dass ich für meinen Teil schon mit den Herausforderungen ausgelastet bin, die ich mir nicht selbst ausgesucht habe. Mein Bedarf ist diesbezüglich gedeckt! Des Weiteren habe ich nie behauptet, dass ich weise und erhaben sein möchte, wenn ich von der Erde abtrete. Für mich ist die Erde eine Art Trainingsfeld, manchmal kommen Bälle ins Spiel, die kein Mensch braucht und die einen meist schlicht dazu zwingen, über sich selbst hinauszuwachsen. Dann wiederum gibt es Bälle, die man einfach an diejenigen weitergibt, die mehr Spaß an der Erfahrung haben als man selbst. Je älter ich werde, umso mehr genieße ich es, mir bewusst auszusuchen, mit welchen Bällen ich auf dem Trainingsfeld spielen möchte. Eine meiner persönlichen Unternehmensphilosophien, liebe innere Weisheit, lautet, dass ich am meisten für ein Unternehmen oder für eine Person bewirken kann, wenn die Einstellungen, Werte und Ideale aller Beteiligten weitgehend übereinstimmen. Wenn sich in meiner inneren Überzeugung nur ein Hauch von Zweifel rührt, wenn sich irgendetwas komisch anfühlt in meinem Bauch, dann lasse ich besser die Finger davon. Bis jetzt bin ich ganz gut damit gefahren, das sagt zumindest meine Steuerberaterin. Fazit: Ich bin sehr zufrieden, wie sich die Lage bei mir entwickelt hat. Neues Spiel – neues Glück!«

Ich wollte Ihnen dieses »Gespräch« etwas ausführlicher darstellen, da solche Dialoge in jedem von uns innerhalb von Millisekunden ablaufen und wir sie deshalb oftmals nicht in ihrem ganzen Umfang wahrnehmen. Obwohl das so wichtig wäre! Es ist natürlich von Vorteil, wenn man ein wenig geübt darin ist, die verschiedenen Stimmen und Rollen zu identifizieren. Bei vielen von uns stellt sich in bestimmten Situationen an irgendeiner Stelle entweder ein Kloß im Hals ein oder in der Bauchgegend macht sich ein unangenehmes Gefühl breit. Falls Sie stark leistungsbetont sind, versuchen Sie wahrscheinlich, dieses komische Gefühl zu übergehen, wegzudrängen oder zum Teufel zu jagen, was Ihnen mal besser, mal schlechter gelingt. Aber irgendwann in einer ruhigen Minute sind Sie fällig. Dann geht Ihre innere Symphonie los – und die kann Ihnen ganz schön zusetzen. Besser also, Sie beschäftigen sich schon früher mit Ihren inneren Stimmen und Rollen. Genau das tun wir im nächsten Abschnitt.

Wie viele sind Sie?

Schauen wir uns jetzt gemeinsam an, welche Rollen Ihnen überhaupt zur Verfügung stehen. Dazu lassen wir Frau Bettina Mühl den Vortritt. Sie ist so nett und stellt uns die verschiedenen Rollen aus ihrer Innenwelt vor.

»Okay, mein Name ist Bettina Mühl, ich bin dreiunddreißig Jahre alt, Produktmanagerin in einem Start-up-Unternehmen und arbeite eng mit der Geschäftsführung zusammen. Ich würde von mir selbst behaupten, dass ich bei den meisten Mitarbeitern beliebt bin, aber ich kenne natürlich nicht alle. Wenn Sie jetzt von mir wissen wollen, welche Rollen ich täglich ins Spiel bringe, dann fallen mir nur ein paar kleine ein: Mit Sicherheit bin ich die hilfsbereite Kollegin, die leistungsorientierte Angestellte, die zu Überstunden neigende enge Mitarbeiterin der Geschäftsführung – ach, die Überstunden bekomme ich übrigens nicht vergütet. Ich bin die verständnisvolle Freundin, die liebevolle Partnerin, die verlässliche Tochter, die loyale Schwester, die freundliche Schwiegertochter in spe und die wenig übende Golfspielerin. Habe ich noch etwas vergessen? Das ist doch schon eine ganze Menge, oder?«

Ja, das ist schon ganz nett. Wie aber sieht es aus mit den Rollen, die vielleicht nicht ganz so harmoniebetont sind? In irgendeiner dunklen Ecke wird es doch wohl die Figur der berechnenden Mitarbeiterin, des hinterlistigen Biestes, der karriesüchtigen Zicke oder der gerissenen Verführerin geben? Ganz zu schweigen von den Rollen, die für das Fortkommen in der persönlichen Karriere unabdingbar sind: die der professionellen Mitarbeiterin, der zielfokussierten Powerfrau, der angsteinflößenden Raubkatze oder der Klartext sprechenden, souveränen Abteilungsleiterin?

Sie merken schon bei der Aufzählung von ein paar Figuren, die mir spontan eingefallen sind, dass es durchaus Rollen gibt, bei denen es sich lohnen würde, diese schleunigst strategisch und gut sichtbar zu platzieren. Immer unter der Prämisse, dass Sie vorhaben, noch das eine oder andere Karrieretreppchen in

Ihrem Leben zu erklimmen. Übrigens ist das bei den Männern nicht anders. Die verpassen es ebenfalls ganz oft im beruflichen und privaten Kontext, ihre verschiedenen Rollen in Szene zu setzen. Und wundern sich dann, dass es dieser Schleimer, Uwe Bittner, schon wieder geschafft hat, eine weitere Stufe in der Hierarchieleiter zu nehmen.

Ärgern Sie sich nicht, wenn Ihnen das mit dem Positionieren der Rollen noch nicht ganz klar ist. Und verstehen Sie mich nicht falsch, ich will keineswegs, dass Sie jetzt über Nacht zum Vamp oder zum Fußballstar mutieren. Gehen wir gemeinsam zum nächsten Abschnitt, um zu sehen, wie Sie mithilfe eines neuen Umgangs mit Ihren Rollen wahre Wunder bewirken können.

Die falsche Schlange, der gerissene Aufschneider – Vom Mut, nicht immer nett zu sein

Auch in Ihrem Leben gibt es Momente, in denen es mehr als sinnvoll erscheint, aus den angepassten Rollen, mit denen unsere Umwelt so gut leben kann, auszubrechen. Manchmal ist es notwendig – sogar überlebensnotwendig –, dass wir uns so verhalten wie etwa eine karrieresüchtige Zicke oder ein angsteinflößender Gorilla.

Nehmen wir an, Ihre Kollegin Iris will sich den Job unter den Nagel reißen, den man bereits Ihnen versprochen hatte. Wenn Ihnen dann nichts anderes einfällt, als die Rolle der hilfsbereiten Kollegin oder der leistungsorientierten Mitarbeiterin zu spielen, dann ist uns allen klar, wer in kürzester Zeit den neuen Job in Händen hält. Sie sind es mit Sicherheit nicht! Es wird die Kollegin sein, die einen Moment lang das gerissene Biest herausgeholt hat. Die Dame ist bestimmt nicht immer so, nur eben für eine gewisse Zeit, bis sie ihr Ziel erreicht hat. In diesem Fall war es das Ergattern des Jobs, der eigentlich der Ihre hätte werden sollen.

Sicher geben Sie mir recht, dass es in dem eben beschriebenen

Beispiel günstig wäre, wenn auch Sie einmal die falsche Schlange oder das gerissene Biest als Teil Ihres Rollensystems auf die große Showbühne holen würden. Und sagen Sie bloß nicht, Sie wissen nicht, wie das geht, da Sie diese Teile nie gelebt haben. Dann wird es höchste Zeit! Noch einmal: Sie sollen nicht zu einem Ekelpaket oder zur meistgehassten Frau in Ihrer Firma oder Ihrem Freundeskreis werden. Es geht bei dem aktuellen Rollenthema lediglich darum, dass Sie in akuten Situationen, in denen Ihnen jemand nichts Gutes will, zukünftig auf die Möglichkeit zurückgreifen können, die verstaubten Figuren oder Rollen Ihrer Innenwelt auf die Bühne zu befördern und sich damit zu wehren – oder besser noch, prophylaktisch vorzusorgen, damit Sie sich gar nicht erst wehren müssen. Dass dabei die Gefahr besteht, dass Sie sich nicht bei allen Menschen beliebt machen, ist leider eine Tatsache. Aber Hand aufs Herz, wer will denn schon bei einer dämlichen, karrieregeilen Zicke wie Iris beliebt sein? So eine Frau wird niemals Ihre Freundin werden, und wenn Sie ehrlich sind, möchten Sie mit solch einer Person auch nicht viel zu tun haben.

Der Vollständigkeit halber möchte ich hier aber doch noch erwähnen, dass diese Iris vielleicht nur oberflächlich betrachtet so unangenehm ist. Würden wir in ihre Innenwelt eintauchen, würden wir eventuell herausfinden, dass sie ganz viele entzückende, liebenswerte Teile in sich trägt und nur aus ihren bitteren Erfahrungen heraus die »böse« Rolle aktiviert hat. Wie also schaffen Sie es, Ihren versteckten Rollen neues Leben einzuhauchen?

Dazu werde ich Ihnen ein Beispiel aus meinen Gruppentrainings in Firmen erzählen, das Sie dazu benutzen können, die dort ausprobierten Techniken selbst anzuwenden. In diesen Gruppentrainings üben wir nämlich in regelmäßigen Abständen, das gesamte Rollenprogramm aus dem inneren Archiv zu bergen. Das wirklich Frappierende daran ist, dass gerade die netten, freundlichen und zuvorkommenden Kollegen in weniger als zehn Sekunden in der Lage sind, eine machtvolle, bestimmende und kompromisslose Rolle einzunehmen. Jedes Mal sind alle anderen und auch ich wieder aufs Neue erstaunt, wie schnell und vor allen Dingen wie exzellent diese Verwandlung vonstattengeht.

Der Trick ist ganz einfach: Besagte nette und freundliche Personen stellen sich einen Kollegen oder eine Kollegin vor, die diese machttypischen Eigenschaften besitzt, und schlüpfen dann einfach in das Rollenprofil der betreffenden Person hinein. Während sie diese neue Rolle präsentieren, merken sie nicht, was sie gerade tun. Und es fällt ihnen leicht, da sie ja nur eine Rolle spielen. Was den ausführenden Personen zu diesem Zeitpunkt nicht bewusst ist: Sie spielen diese Rolle nur deswegen so gut, weil die dazugehörigen Eigenschaften auch in ihnen selbst existieren. Die Kunst besteht darin, dass der betreffende Mensch sich die Erlaubnis dazu erteilt, diese Rolle auf seiner Bühne des Lebens zu spielen. Wenn Sie ein sehr harmoniesüchtiger und teamorientierter Mensch sind, dann haben Sie Skrupel und innere Widerstände, ein paar Minuten lang zum Beispiel die Puppe der durchsetzungsstarken Managerin aus der Versenkung zu holen, selbst wenn die Situation dafür mehr als angemessen erscheint.

Was können Sie in solch einem Fall tun? Gibt es überhaupt eine Möglichkeit, sich aus seinen eingefahrenen Gewässern herauszubewegen? Ja, die gibt es. Sie müssen sich lediglich trauen, mal alleine in Ihre Innenwelt zu reisen. Das mag sich gruseliger anhören, als es ist. Unbewusst verbringen Sie sowieso eine Menge Zeit in Ihrer Innenwelt. Wenn Sie tagträumen, wenn Sie Situationen, die Sie erlebt haben, mit Ihrem Verstand von allen möglichen Seiten beleuchten und erneut durchgehen, wenn Sie sich überlegen, was Sie am Abend noch einkaufen müssen, um nicht zu verhungern, dann reisen Sie in Ihre Innenwelt. Was Sie vielleicht nicht so gewohnt sind, ist das aktive Eingreifen in das innere Geschehen. Keine Sorge: Sie halten sich nicht irgendwann für Napoleon! Haben Sie Mut! Fangen Sie an, sich in normaler Art und Weise mit Ihrer Innenwelt zu beschäftigen, und übernehmen Sie dann einfach mal das Steuer.

Probieren Sie es mit der folgenden Technik aus: Setzen Sie

mit einer für Sie unangenehmen, aber trotzdem eben manchmal notwendigen Rolle einen Vertrag auf. In diesem Vertrag können Sie definieren, unter welchen Umständen diese Rolle eine essenzielle Aufgabe erfüllen soll, weshalb sie also genau dann auf die Bühne des Lebens darf.

Bleiben wir beim Beispiel der berechnenden Zicke, um das besser zu demonstrieren. Im Vertrag mit der Zicken-Rolle könnte vermerkt sein, dass dieser Teil dann auf die Showbühne des Lebens darf, sobald jemand Ihnen Schaden zufügen möchte. In dem Moment, in dem Sie in Ihrer Innenwelt diese Klausel definiert haben, wird die Rolle automatisch auf den Plan treten, wenn Gefahr in Verzug ist. Sollten Sie zu den Menschen gehören, die schon mehr als einmal übervorteilt worden sind, denen man übel mitgespielt oder vorsätzlich etwas weggenommen hat, dann sind Sie wahrscheinlich schon selbst auf die Idee gekommen, dass sich so etwas in Zukunft nicht mehr wiederholen darf. Günstig ist dann, wenn Sie auf Ihr im Inneren vorhandenes Potenzial zugreifen können und im Bedarfsfall etwas schneller in der Reaktion sind als die anderen.

Es kann nun sein – und das wäre der Preis, den man manchmal dafür zahlen muss –, dass es den einen oder anderen Menschen in Ihrem engeren Umfeld gibt, der über Ihr neues, lebenserhaltendes Verhalten nicht gerade erfreut ist. Wie im Fall von Kathrin und ihren Kolleginnen ein paar Seiten vorher. Oder schlimmer noch, der Ihnen die Freundschaft aufkündigt, weil Sie sich so verhalten, wie Sie es noch nie getan haben. Die Entscheidung, ob es Ihnen das wert ist, können nur Sie selbst treffen.

Genauso gut kann es aber auch sein, dass andere Menschen durch die neue Rollenverteilung mehr Respekt vor Ihnen haben und Sie dadurch weniger subtilen Angriffen ausgesetzt werden. Ich für meinen Teil kann mich da weit aus dem Fenster lehnen, weil es mir schon mehr als einmal passiert ist, dass Menschen aus meinem näheren Umfeld sowohl mit meinen Entscheidungen als auch mit meinen Verhaltens- und Reaktionsweisen nicht einverstanden waren. Es ist jedes Mal wieder ein schmerzhaftes Erleben, dass ich es, so wie ich bin, mit all meinen verschiedenen Facetten, nicht jedem recht machen kann. Doch es nützt mir auch nichts, wenn Menschen nur dann meine Gegenwart genießen, wenn ich ausschließlich meine harmonischen, liebevollen und wohlwollenden Rollen auf die Bühne des Lebens treten lasse.

Wenn ich auf mein Leben und meine Rollenauftritte zurückblicke, kann ich eins mit Sicherheit sagen: Authentisch und ehrlich zu sein hat sich für mich immer wieder gelohnt. Sie kennen bestimmt den Spruch: Wenn eine Tür zugeht, gehen zwei neue Türen auf. Orientieren Sie sich daran. Den Mutigen gehört die Welt!

Das Leben ist ein Wunschkonzert – Wer wollen Sie sein?

An dieser Stelle möchte ich Ihnen gern die Geschichte einer mutigen Frau in Erinnerung rufen. Es geht um Victoria Beckham. Sie hat etwas geschafft, das eigentlich unmöglich ist. Sie hat einen Rollenwechsel um hundertachtzig Grad hingelegt, und sie wird heute von vielen der Menschen bewundert, die sie vor ein paar Jahren noch müde belächelt haben für das, was sie war.

Als Exmitglied einer Girlgroup aus England und Ehefrau eines berühmten Profifußballers war sie häufig ein gefundenes Fressen für die Regenbogenpresse. Nur allzu oft wurde ihr schlechter, schriller Kleidungsstil bemängelt, und die angesagten Modedesigner schwitzten Blut und Wasser, dass sie bloß nicht auf irgendeinem Event ihre neuen Modelle tragen möge.

Mit einer außerordentlichen Beharrlichkeit änderte sie über die Jahre ihren Stil und ihren Beruf. Es wurde kein Foto mehr von ihr veröffentlicht, auf dem sie nicht mit klassisch-eleganten, femininen Kleidern abgelichtet war. Ihre Röcke bedeckten immer die Knie, ihre Schuhe waren meistens mehr als zehn Zentimeter hoch, und sie trug ausschließlich Taschen der topaktuellen und gleichzeitig traditionellen Pariser Königin der Taschenmanufaktur. Nebenbei fing sie an, Jeans zu designen, und im Jahr 2009 vollzog sich schließlich ihr Durchbruch als Modedesignerin. Zwei Jahre später wurde ihr Label Victoria Beckham mit dem British Fashion Award ausgezeichnet.

Diese kleine Geschichte zeigt uns, dass wir durch die Entscheidungen, die wir in unserer Innenwelt treffen, und die Rollen, die wir auf die Showbühne des Lebens holen, genau das erreichen können, was wir uns vorgenommen haben. Natürlich immer unter der Voraussetzung, dass die eigenen Talente zu den individuell gesteckten Zielen passen.

Aber zurück zu Ihnen. Welche Rollen möchten Sie in Zukunft auf Ihrer persönlichen Showbühne spielen? Machen Sie sich darüber doch mal ein paar Gedanken. Es wäre zu schade, wenn viele der in Ihnen angelegten Rollen niemals das Tageslicht erblicken würden. Fangen Sie an zu träumen, wie Sie zukünftig in den verschiedensten Lebenssituationen wirken möchten, und holen Sie die entsprechenden Figuren aus der Versenkung.

Von innen nach außen – Wie möchten Sie wirken?

Wir sind zusammen nun durch einige Kapitel gereist, und Sie haben mich und meine Art schon ein bisschen kennengelernt. Bestimmt haben Sie beim Lesen mittlerweile herausgefunden, dass ich ein hohes Maß an Wohlwollen an den Tag lege und es mir eine diebische Freude bereitet, wenn Menschen das tun, was sie lieben – und damit Erfolg haben. Sie haben an der einen oder anderen Stelle dieses Buches aber sicher auch bemerkt, dass ich eher schnell als langsam meine Meinung sage, selbst auf die Gefahr hin, dass dann die Hütte brennt, und ich es nicht vermeiden kann, wenn mal eine Person beleidigt ist oder sich hinter meinem Rücken über mich beklagt. Schön finde ich das nicht, aber je eher man versteht, dass es genau darauf im Leben ankommt, dass man das Beste aus sich und seinen Talenten macht, desto eher begreift man, dass einem nichts anderes übrig bleibt, als in den manchmal sauren Apfel des Unbeliebtseins zu beißen.

Wir werfen nun einen genauen Blick auf unsere Außenwirkung, denn auch sie hat eine Menge damit zu tun, ob und wie wir es aushalten, einmal unbeliebt zu sein. Und unsere Außenwirkung wiederum ist eng verknüpft mit den verschiedenen Rollen im Inneren eines jeden Menschen. Zu wenigen von uns ist bewusst, dass wir in jeder Minute unseres Lebens dafür sorgen, dass andere sich eine Meinung über uns bilden. Alles, was wir tun – die Art, wie wir sprechen, das Verhalten, welches wir in den unterschiedlichsten Situationen an den Tag legen –, hat eine Wirkung auf unsere Außenwelt. Nur das, was wir im Äußeren sichtbar machen, hat einen Einfluss darauf, wie die Menschen uns sehen. Andersherum ist es natürlich genauso. Alles das, was andere uns zeigen, wie sie sprechen und wie sie sich verhalten, ergibt in unserem Inneren ein Bild. Danach urteilen und bewerten wir genauso, wie es alle anderen tun. Diese Meinungsbildung passiert auf der unbewussten Ebene und in Lichtgeschwindigkeit.

Damit Sie zukünftig den Spagat zwischen Ihrer bewussten, situativen Rollendarstellung und Ihrer souveränen, professionellen Außenwirkung schaffen, möchte ich mit Ihnen gerne einige Highlights zum Thema Außenwirkung teilen.

Fakt ist: Den einen gefällt Ihr Verhalten, andere bemerken es gar nicht, und wieder andere finden es unmöglich – obwohl Sie noch gar nichts gemacht haben, außer so zu sein, wie Sie immer sind. Wenn es also sowieso Menschen gibt, die Sie und Ihr Verhalten nicht mögen, dann kann es Ihnen doch eigentlich völlig egal sein, was diese Menschen von Ihnen denken, wenn Sie mal eine neue, ungewohnte Rolle aus Ihrer Innenwelt auf die Lebensbühne lassen. Diese Gruppe hätten wir also schon mal abgehakt. Halt, nicht ganz. Denn es ist nicht auszuschließen, dass diejenigen, die um Ihren persönlichen Fanclub und Sie selbst einen großen Bogen machen, es sogar cool finden, wenn Sie mal »die Sau rauslassen«. Und wie steht es um die neutralen Beobachter? Denen ist es sowieso egal, wie Sie sind, da Sie nicht auf ihrer Frequenz schwingen und regelrecht unsichtbar für sie sind.

Die eigentlich schwierigen Kandidaten sind die Menschen, die Sie toll finden, so wie Sie sich normalerweise zeigen. Mit denen wollen Sie es sich nicht verscherzen. Sie glauben, dass sie immer zu Ihnen halten und Sie sich auf sie verlassen können. Doch Vorsicht: Das können Sie in Wirklichkeit nur so lange, wie Sie sich so verhalten, dass es dem Modus der Gruppe angepasst ist. Wehe Ihnen, wenn nicht!

Die Geschichte meiner Kundin Nina aus München ist ein gutes Beispiel dafür, was einem passieren kann, wenn man keinen Blick auf seine Außenwirkung hat oder, schlimmer noch, eine ganz andere Wahrnehmung davon, wie man im Außen wirkt. Im Gegensatz zu einigen vorherigen Geschichten geht es bei dieser hier nicht darum, die etwas unangenehmeren Rollen aus der Versenkung zu holen, sondern ganz im Gegenteil: Ninas Aufgabe war es, ihre zauberhaften, teamorientierten Teile in den Vordergrund zu bugsieren, um eine bewusste Transformation in der Außenwirkung zu erlangen. Es wäre ja langweilig, wenn es eine allumfassende Generallösung gäbe!

Nina kam letztes Jahr in meine Geschäftsräume. Sie war außer sich vor Wut, Angst und Schmerz, da sich in ihrem Inneren immer mehr der Verdacht ausbreitete, dass fast jeder ihrer Kollegen gegen sie war. Sie wusste weder, was sie falsch machte, noch wie ihr Verhalten nach außen wirkte. Seitdem eine neue Kollegin in ihre Abteilung gewechselt hatte, verhielt sich auch ihr Chef ihr gegenüber nicht mehr so, wie er es früher getan hatte. Ihr kam es komisch vor, dass er und die neue Kollegin abends die Firma meist gemeinsam verließen und dass sie schon nach kurzer Zeit sehr vertraut wirkten. Der Fall schien klar. Das änderte aber nichts daran, dass die anderen Kollegen ebenfalls verstärkt das Weite suchten, wenn sie um die Ecke kam.

Nachdem Nina einige Zeit bei mir gesessen hatte und sich die Wutanfälle und die Tränenausbrüche die Klinke in die Hand gegeben hatten, kam irgendwann der Moment, in dem wir über ihre Außenwirkung sprechen konnten. Ihnen wird es wahrscheinlich klar sein, aber Nina hatte nicht die leiseste Ahnung davon, dass sie ziemlich spießig, rechthaberisch, zickig, streberhaft und spitz wirkte. Sie selbst hatte ein ganz anderes Bild von sich. Sie hielt sich für eine schöne Rose in der Sonne, für hilfsbereit und verständnisvoll und wie jeder andere Kollege in der Abteilung mit dem Willen ausgestattet, dass Ergebnisse produziert werden. Weiter konnten die Wahrnehmungen also nicht auseinanderliegen.

Das sind die Momente in meinem Beruf, bei denen ich gerne ein Double rufen würde, damit es den nächsten Part von mir übernimmt. Nicht, dass ich Angst davor hätte, jemandem zu sagen, wie schrecklich verbissen und verbohrt er wirkt. Aber die vielen Schleifen, die ich rhetorisch drehe, damit der Mensch, der vor mir sitzt, noch eine Chance sieht, sein Bild zu korrigieren, selbst wenn er jahrelang die blöde Kuh oder den doofen Ochsen abgegeben hat, die sind manchmal sehr anstrengend. Den Blick auf die tatsächliche Wirkung zu lenken, ist nämlich das eine. Aufzuzeigen, welche Möglichkeiten es gibt, um aus dem selbstgebauten Gefängnis wieder herauszukommen, das andere. Dennoch führt kein Weg an einem ehrlichen Blick, der nichts beschönigt, vorbei. Danach wird in der Innenwelt ein bisschen umgeräumt.

Bei Nina durften die biestigen, besserwisserischen und streberhaften Rollen in den Innenwelt-Keller umziehen, um sich dort eine Zeit lang auszuruhen. Die freundlichen, kompetenten, souveränen und teamorientierten Rollen hingegen durften auf ihre große Lebens-Showbühne. Natürlich war es notwendig, ihnen dort wieder Leben einzuhauchen, denn dadurch, dass sie so lange nicht genutzt worden waren, mussten sie sich erst einmal an das Licht und die ganzen Geräusche im Außen gewöhnen. Anders ausgedrückt: Wenn Sie am Knie operiert wurden, müssen Sie auch wieder neu laufen lernen.

Nur zur Erklärung: Im Fall von Nina war Gefahr im Verzug, deswegen mussten wir relativ schnell handeln. Normalerweise ist es nicht so, dass man gleich mehrere neue Figuren auf die Lebensbühne holt. Das wirkt in der Außenwelt eher befremdlich. Doch Nina wollte sowieso aus München wegziehen, deshalb war dieser Effekt nicht so sehr tragisch. Und ihr Leben arbeitete ihr wunderbar zu. Innerhalb von nur zwei Wochen flatterte ihr ein Jobangebot über einen Headhunter ins Haus. Dieser potenzielle neue Job passte genau in ihr Leistungsprofil, und die Stadt, in der sie ihn ausüben sollte, passte ebenfalls in ihre Vorstellungen. Sie bekam die Anstellung und konnte nun mit einer komplett ausgetauschten Rollenformation bei ihrem neuen Arbeitgeber anfangen.

Klingt fast wie ein Märchen für Sie? Glauben Sie mir, solche kleinen oder großen Zufälle passieren im Leben, wenn man sich aufmacht, sich selbst zu begegnen. Kann man dann überhaupt noch von Zufällen sprechen?

When on stage: Do as the rock stars do

Bleiben wir bei den Rollen und ihrer oftmals verblüffenden Wirkung nach innen und außen, und schauen wir uns dazu noch eine passende Geschichte an.

Vor einigen Jahren hatte ich die Gelegenheit, mit einer Kundin einen ganzen Tag inklusive des Abends mit einer angesagten internationalen Rockband zu verbringen. Zwar saß ich meist als unsichtbarer Zaungast bei den Gesprächen und Auftritten im Fernsehen mit dabei, dennoch war es für mich unglaublich spannend, das ganze Prozedere und vor allem das Rockstarverhalten zu beobachten. Es war ungefähr so, als ob man durch ein Schlüsselloch schaut und Einblick in eine Welt hat, in der man sonst nie landen würde.

Mir fiel auf, dass sich die Bandmitglieder völlig normal verhielten, wenn sie unbeobachtet unter sich waren, von ihrer Entourage zuzüglich der unsichtbaren Statistin Diana abgesehen. Sie sprachen normal, machten Scherze und waren nett und zuvorkommend, sogar eher ein bisschen schüchtern. Dabei unterhielten sie sich über ethische und spirituelle Dinge, und es war sehr, sehr angenehm. Sobald aber an irgendwelchen Ecken Fans oder Personen aus dem Musik- und Fernsehbusiness auftauchten, fand eine wahre Metamorphose statt. Die Jungs veränderten innerhalb von Sekunden ihren Gang, ihre Mimik und ihre Sprache, sie lächelten auf eine bestimmte Art und Weise und wirkten gleichzeitig supersympathisch und megacool. Die Fans waren natürlich aus dem Häuschen, und life mitzuerleben, wie man durch dunkle Hotelgänge und Küchen geschleust wird, um an den kreischenden Leuten vorbeizukommen, das ist unfassbar. Selbst im Restaurant, zu dem wir mit verdunkelten Limousinen gefahren waren, standen die Besucher Schlange, um schnell noch ein Bild von der Band und dem wunderschönen Bandleader zu erhaschen.

Was man hier sehr schön sehen kann: Diese im privaten Umfeld völlig normal agierenden Männer bedienten sich ihrer Rockstarrolle immer genau dann, wenn Publikum in der Nähe war. Sie achteten alle sehr präzise auf ihre Außenwirkung, und keine einzige Handlung und Verhaltensweise des Bandleaders blieb dem Zufall überlassen. Alles war perfekt durchgeplant, die komplette Maschinerie von Fans, Konzertmanagement, Plattenfirma, persönlichen Assistenten und Fernsehmoderatoren funktionierte wie ein Schweizer Uhrwerk.

Wie Sie sehen, ist es absolut sinnvoll, sich Gedanken darüber zu machen, wie man wirken möchte. Selbst wenn Sie sowieso schon so nahbar und sympathisch wirken wie die Bandmitglieder in der eben erzählten Geschichte, ist es besser, vieles nicht dem Zufall zu überlassen und die Kontrolle über die eigene Außenwirkung zu behalten. Bei der Band macht es einen großen Teil ihres Erfolgs aus.

Der Adler im Hühnerstall – Was ist Ihre Lebensaufgabe?

Wir haben nun schon eine Weile über die verschiedenen Rollen in Ihrer Innenwelt gesprochen und über Ihre Entscheidung, welche davon auf die Showbühne Ihres Lebens dürfen und welche nicht. Bestimmt ist es nun ganz interessant, darüber zu plaudern, was es mit der Rolle Ihrer Lebensaufgabe auf sich hat. Wir werden an dieser Stelle etwas philosophisch.

Diejenigen, die das große Glück hatten, schon von Kindesbeinen an zu wissen, was ihre Aufgabe im Leben ist, haben meist auch den Erfolg und die Karriere, die dieser Lebensaufgabe angemessen sind. Sie hatten ihr Ziel klar vor Augen. Daneben gibt es Menschen, die ebenfalls schon ganz früh wussten, was sie später einmal tun wollten, und die auch Erfolge mit ihren Talenten generieren konnten, bis jetzt aber nur etwa fünfundzwanzig Prozent dessen, was möglich ist, für sich geschafft haben.

Gestern konnte ich bei einer kulturellen Veranstaltung wieder solch eine Situation beobachten. Der Hauptdarsteller hatte eine exorbitant gute Stimme, wie ich sie selten gehört habe. Nebenbei war er dermaßen attraktiv, dass man hätte glauben können, er käme direkt aus dem Himmel – und dem Prozentsatz der weiblichen Konzertbesucherinnen nach zu urteilen (er muss bei achtundneunzig gelegen haben), empfindet das offensichtlich die ganze Damenwelt so. Da dieser junge Kerl zu allem Überfluss auch noch sympathisch, klug und witzig moderierte, war es ein reines Wunder, dass nicht die Hälfte der Fans in Ohnmacht fiel. Nein, ich selbst bin auch nicht in Ohnmacht gefallen, wahrscheinlich deshalb, weil ich zwanzig Jahre zu alt für den singenden Adonis bin und sich kein Mensch um mich gekümmert hätte, wenn ich bewusstlos zwischen den Rängen gelegen wäre.

Jetzt aber kommt der spannende Teil der Geschichte. Ich glaube, dass der wunderbare Sänger nicht die geringste Ahnung hat, dass er das Zeug zu einer Weltkarriere hätte. Keinen blassen Schimmer davon, was karrieremäßig noch alles für ihn möglich ist! Da ist noch richtig viel Luft zu den nächsten Erfolgsräumen! Brad Pitt, Patrick Dempsey und George Clooney würden nicht einen Stich gegen ihn machen, wenn er neben ihnen stünde.

Die altbekannte Tier-Parabel, die ich Ihnen jetzt erzählen möchte, verdeutlicht das Prinzip, das dahinterstecken könnte. Sie geht so: Ein kleines Adlerküken wächst in einem Hühnerstall auf. Als es größer wird, sieht es am Himmel die großen Adler fliegen und wünscht sich, das auch so zu können. Die Hühnermutter weist den heranwachsenden Adler jedoch immer wieder darauf hin, dass er ein Huhn ist und sich deswegen diesen Wunsch aus dem Kopf schlagen sollte. Seine Aufgabe im Leben sei es, Körner zu picken und Eier zu legen. Ende. Das ist die Geschichte.

Wie viele Adler kennen Sie persönlich, die noch immer im Hühnerstall hocken, weil man ihnen eingeredet hat, dass sie ein Huhn sind? Ich persönlich kenne ganz, ganz viele. Und was sind Sie? Adler oder Huhn?

Gehen Sie den Weg Ihrer verlorenen Träume

Wenn es Ihnen nun wie Schuppen von den Augen gefallen ist, dass Sie als Adler in einen Hühnerstall zwangsversetzt wurden, dann ist das schon die halbe Miete. Jetzt dürfen Sie sich bereit dafür machen, Ihre Flügel auszubreiten. Und hierzu zeige ich Ihnen erst einmal die Hintergründe Ihrer »Zwangseinweisung« auf.

Vielleicht haben Ihnen Ihre Eltern immer eingeredet, dass in Ihrer Familie kein akademisches Know-how zu holen ist, weshalb Sie nach dem Abitur gar nicht erst versucht haben, ein Studium zu beginnen, sondern gleich als Verwaltungsangestellte in den Behördenhühnerstall gegangen sind? Oder war es vielleicht so, dass Ihr Vater einen Handwerksbetrieb schon in der zweiten Generation am Laufen hat und die Frage, ob Sie etwas anderes als Handwerksmeister werden wollen, niemals gestellt wurde? Solche Spinnereien, wie zum Beispiel als Broker an die Börse zu gehen, hätte es bei Ihnen zu Hause definitiv nicht gegeben. Oder haben Ihre Freunde damals sehr klassische Studiengänge wie Jura, Germanistik, Lehramt oder BWL gewählt und Sie damit indirekt dazu gebracht, Ihre Idee schnell zu verwerfen, irgendwann ein großer Autor zu werden, weil Sie nichts mehr lieben, als zu schreiben? Wer will schon aus der Reihe tanzen? Jetzt begnügen Sie sich damit, anderen Menschen ehrenamtlich das Schreiben beizubringen, und schaffen den Absprung aus dem

Hühnerstall nicht. Mag sein, dass sich das nach dem Lesen dieses Buches ändert.

Ein vierter möglicher Grund für Ihre Zwangseinweisung in den Hühnerstall könnte gewesen sein, dass Sie keine besonders ideale Kindheit hatten, es deshalb besser machen wollten und relativ früh eine eigene kleine Familie gründeten. Ihre Kinder wurden größer, ihr Mann unangenehmer, bis es irgendwann nicht mehr für Sie zu ertragen war und Sie die Reißleine zogen. Wenn man nun aber viele Jahre »nur« Hausfrau war, so die Regel Ihres Hühnerstalls, dann kann man froh sein, wenn man noch einen Vierhundert-Euro-Job als Schmuckverkäuferin in einem Kaufhaus ergattert. Da kann Ihr IQ noch so hoch sein.

Oder lief es vielleicht folgendermaßen bei Ihnen ab: Sie haben eine Bilderbuchkarriere hingelegt, sind sozusagen mit Siebenmeilenstiefeln zum Erfolg gerannt. Sie haben Geld, Frau oder Mann, Kinder, Haus, Hund, Katze und Maus, doch das Gefühl der Zufriedenheit will sich einfach nicht einstellen. Wie soll es auch, wenn Sie das alles nur gemacht haben, weil Ihr Vater nichts anderes akzeptiert hätte (wer möchte schon gerne enterbt werden)? Dann ist Ihr Hühnerstall zwar golden, aber Stall ist Stall. Ein letzter Hintergrund für Ihr Stall-Dilemma könnte sein, dass Sie von klein auf der bescheidene Typ Mensch waren, der sich stets zurückgenommen hat – warum auch immer.

Selbst wenn Sie heute in einem Alter sind, wo Sie beginnen zu ahnen, was Sie in Ihrem beruflichen und privaten Leben noch alles erreichen könnten, verändern Sie nichts. Ihnen fehlt der Mut, noch einmal von vorne anzufangen. Sie denken sich: »Wer weiß, ob das dann alles so hinhaut, wie ich es mir vorstelle, und wenn nicht, habe ich das, was ich bis jetzt erreicht habe, auch verloren.« Ihnen fallen sofort einige Beispiele von Menschen ein, die sich zu weit aus dem Fenster gelehnt haben und danach wieder kleine Brötchen backen mussten. Nun ja. Aus vielen kleinen Brötchen kann irgendwann auch ein großes Brot werden!

Nehmen wir Bobby Dekeyser, er ist so ein Typ. Der gebürtige Belgier war in jungen Jahren Fußballprofi bei einem süddeutschen Bundesligaverein. Mit Mitte zwanzig beschloss er, den Verein zu wechseln. Nicht freiwillig. Eine schlimme Sportverletzung, die er sich auf dem Rasen im Bodycheck mit einem anderen Spieler zugezogen hatte, zwang ihn dazu, mit dem Fußball aufzuhören. Sein neuer Verein hatte nichts mehr mit dem Ballsport zu tun. Mit seinem Schwager gründete er noch aus dem Krankenhaus heraus die Firma Dedon, die heute zu den international führenden Herstellern von Luxusgartenmöbeln zählt. Einer seiner Onkel hatte in den 1980er Jahren ein spezielles Kunstharz erfunden, das wetter- und lichtbeständig ist. Bobby Dekeyser und sein Team entwickelten dieses Kunstharz weiter und fertigten künstliche Weidenruten daraus. Diese ließen sie auf den Philippinen zu Korbmöbeln flechten. Schritt für Schritt brachten sie ihren Betrieb voran, mit regelmäßig auftauchenden kleinen und großen Katastrophen. Wie zum Beispiel im Jahr 1997, als viele der verkauften Sessel zusammenbrachen und sämtliche Kosten zu Lasten der Firma gingen. Bobby Dekeyser stand vor dem Ruin und musste erneut von vorne beginnen. Und wieder ließen sich weder er noch seine Familie und sein Team beirren. Sie glaubten weiterhin an die Vision der Luxusmarke und taten alles dafür, dieses Ziel zu erreichen. Unzählige exklusive Hotels weltweit, Prominente wie Madonna, Brad Pitt und Will Smith und natürlich die ganze Schar der Kunden, die sich dieses hohe Preisniveau leisten können, haben dazu beigetragen, dass ihr Traum in Erfüllung ging. Manchmal wird man eben mit Gewalt aus dem Hühnerstall geworfen, um dann endlich fliegen zu lernen.

Was können Sie jetzt also selbst tun? Machen Sie es wie die Fußballspieler: Wechseln Sie einfach den Verein. Spielen Sie von nun an für Ihren eigenen Verein. Gehen Sie den Schritt ins Licht. Polieren und formen Sie die Rolle, die Sie in Ihrem Leben und in der Gesellschaft spielen wollen, nach Ihren ganz persönlichen Wünschen. Entscheiden Sie sich, was Sie wollen. Entscheiden Sie sich für sich! Ziehen Sie los auf Ihrem Weg der verlorenen Träume. Im Verlieren unserer Wünsche und Träume sind wir Menschen wahrlich meisterhaft. Die gute Nachricht ist aber, dass sie – sofern sie jemals existiert haben – nie wirklich verlorengehen. Sie wurden nur irgendwo abgelegt, wo sie so schnell keiner findet, auch Sie nicht.

Nutzen Sie Ihre ganze Vielfalt!

Ihnen ist während des Lesens dieses Kapitels vermutlich klar geworden, dass es Zeit ist, sich Ihren Träumen und Ihrer Lebensaufgabe zu widmen. Sie wissen, dass es wichtig ist zu erkennen, wo im Leben und in der Gesellschaft Sie stehen möchten, und dass Sie die jeweils dafür passenden Rollen klug auswählen müssen. Denn Sie wissen nun auch, dass es für unterschiedliche Lebenskontexte unterschiedliche Rollen in Ihrem persönlichen Theaterfundus gibt. Sie dienen dazu, es besser aushalten zu können, ab und an unbeliebt zu sein – eine notwendige Voraussetzung dafür, das Leben der eigenen Wahl zu leben.

Nehmen wir einmal an, Sie stehen vor einer größeren beruflichen oder privaten Entscheidung. Ihr inneres Gefühl sagt Ihnen ganz klar: »Du musst den Weg einschlagen, der zwar eine große Veränderung bedeutet, aber zu deinem Wohl sein wird.« Ihr Verstand sieht die vielen Vorteile, die diese Veränderung mit sich bringen würde. Da diese jedoch mit einem Ortswechsel verbunden wäre, kommen jetzt natürlich Ihre Emotionen aus dem Unterbewusstsein in das Bewusstsein. Dummerweise handelt es sich dabei nicht um die Emotionen, die sich auf die neue Aufgabe und den neuen Ort freuen, sondern um die harmoniesüchtigen Beziehungsemotionen. Wenn Sie nur daran denken, dass Sie Ihre Kinder aus dem gewohnten Umfeld herausreißen müssen, überfällt Sie ein Gefühl der Ohnmacht. Die Freunde müssen zurückbleiben, die vertrauten Lehrer, der Sportverein, die Ballettgruppe, und Sie wissen jetzt schon nicht, wie Sie das Jammern und Betteln der Kinder ertragen sollen. Am meisten aber hat Sie geschockt, dass ein paar Ihrer Freundinnen in Tränen ausbrachen, als Sie beim letzten gemütlichen Beisammensein in einem Weinlokal von Ihrem Plan erzählten, sich beruflich zu verändern und dafür in eine andere Region zu ziehen. Das alles führt dazu, dass Sie in Ihrem Inneren ständig hin und her schwanken, und je länger Sie das zulassen, umso schwerer fällt es Ihnen, den Sack zuzumachen.

In genau solchen Situationen ist es sinnvoll und wichtig, auf das gesamte Potenzial Ihrer inneren Theatermannschaft zurückzugreifen: Für Ihre Kinder holen Sie die verständnisvolle, tröstende und zukunftsweisende Mutter aus Ihrem Fundus, die – wie schon so oft im Leben – instinktiv weiß, wo die Reise hingeht. Für Ihre Freundinnen aktivieren Sie die zuverlässige, vertrauensvolle Freundin, die plausibel erklären kann, dass man sich genauso oft treffen kann wie früher, nur eben auch mal an anderen Orten. Der Segen der allgegenwärtigen Kommunikationsmöglichkeiten per E-Mail, Facebook, Skype und Telefon wird dazu beitragen, dass Sie weiterhin mit ihnen in Kontakt sind. Für das Erreichen Ihres neuen beruflichen Zieles beleben Sie die souveräne und zielfokussierte Rolle, die in professioneller Weise den Umzug, die Suche nach dem neuen Zuhause, die Vorbereitung auf den neuen Arbeitsplatz und die Auswahl einer neuen Schule für die Kinder regelt. Und für sich selbst schicken Sie die motivierende und lebensbejahende Figur ins Rennen, die dafür sorgt, dass Sie psychisch und physisch in Balance bleiben und sich regelmäßige Auszeiten gönnen, in denen Sie nur das machen, wozu Sie Lust haben. Um die Bedenkenträger in Ihrem Umfeld in Schach zu halten, nehmen Sie die Rolle der selbstbewussten, modernen Frau von heute aus der Requisite und halten sich mit ihrer Hilfe die Nörgler und Besserwisser vom Leib. Allein dadurch, dass Sie sich um so viele Rollen auf dem Spielfeld kümmern müssen, finden Sie keine Zeit mehr, sich Gedanken darüber zu machen, ob Sie sich eventuell unbeliebt machen könnten.

Sie sehen, es ist eigentlich gar nicht so schwer, sich aus diesem Dilemma zu befreien. Probieren Sie die in diesem Kapitel genannten Vorschläge aus, und Sie werden erkennen, wie einfach es sein kann, sich durchzusetzen und das Unbeliebtsein ab und an auszuhalten. Und freuen Sie sich auf das nächste Kapitel, in dem Sie herausfinden, wie Sie sich noch besser wappnen. Es wird darum gehen, wie Sie sich auf alle Situationen des Lebens gut vorbereiten können und damit den anderen immer einen Schritt voraus sind.

FÜNFTER SCHLÜSSEL

Mit guter Vorbereitung zu strategisch durchdachtem Handeln in schwierigen Situationen

Wer gut vorbereitet ist, ist den anderen eine Nasenlänge voraus

Egal, um welche Situation, Schwierigkeit und Herausforderung es sich in Ihrem Leben handelt, bei der die Gefahr besteht, sich bei anderen Menschen unbeliebt zu machen – die gute Vorbereitung ist ein Schlüssel, der meistens sehr gut funktioniert. Gepaart mit dem Blick auf Ihre Ziele, kann eine gute Vorbereitung Wunder wirken, sogar in Situationen, die ausweglos erscheinen.

In meinen Durchsetzungstrainings bin ich jedes Mal aufs Neue erstaunt, wie oft ich auf die Frage, wie sich die Teilnehmer auf unangenehme und schwierige Situationen im Berufsalltag vorbereiten, die Antwort erhalte: »Fast gar nicht.« Das ist wenig. Das höchste der Gefühle ist, dass der eine oder andere Workshop-Teilnehmer leise vor sich hinmurmelt: »Ich schreibe mir vielleicht mal ein paar Stichworte zusammen, und dann fällt mir schon was ein.« Das kann man natürlich so machen, anders wäre es aber besser. Sie können nämlich davon ausgehen, dass sich Ihre Widersacher stets sehr gut auf Gespräche und Sitzungen vorbereiten, vor allen Dingen dann, wenn sie selbst nicht durch Leistung, sondern durch die Kunst der Intrige und Verleumdung glänzen.

Das heutige Telefonat mit meinem Kunden David passt wie die Faust aufs Auge, um Ihnen anhand eines realen Beispiels den Sinn der guten Vorbereitung nahezubringen. David ist ein Arbeits- und Leistungstyp wie aus dem Bilderbuch. Einer von denen, die wegschaffen, was wegzuschaffen ist. Bei Präsentationen lässt er gern anderen den Vortritt und sagt nur dann etwas, wenn noch etwas ergänzt werden muss. Dabei ist er immer höflich und verliert nie die Contenance.

Das genaue Gegenteil ist sein Widersacher Kai, der auf der gleichen Hierarchieebene steht. Mit Sicherheit hat Kai gewisse Kompetenzen im Sachkontext vorzuweisen, aber das, was er besonders gut beherrscht, ist die Fähigkeit, sich wie ein Fähnchen im Wind zu drehen. Er ist wirklich derart brillant in dieser Taktik, dass ich ihm empfehlen würde, hauptberuflich Trainings für Politiker zu geben.

Doch zurück zu unserem Thema. Kai schafft es zu hundert Prozent, die Teilnehmer eines Meetings, auf das er sich immer extrem gut vorbereitet, schon im Vorfeld so zu beeinflussen, dass sie gar nicht anders können, als ihm vor versammelter Runde recht zu geben. David steht dann meist auf verlorenem Posten – trotz ansonsten hervorragender Leistungen. Was müsste er in seinem Berufsleben verändern? Richtig, er müsste sich, unter anderem, auf Sitzungen besser vorbereiten. Und zwar mehrgleisig. Eine Vorbereitung auf argumentativer, zielorientierter Ebene ist das eine. Das andere ist die Vorbereitung darauf, wie Kai womöglich agieren wird. Warum? Damit er einen Plan B in der Tasche hat, der idealerweise bestimmte Verhaltens- und Vorgehensweisen des mit ihm konkurrierenden Intriganten sichtbar macht.

Nehmen wir gleich das heutige Meeting von David als exemplarisches Modell. Kai wetzte wie so oft in der Sitzung die Messer und hatte sich dazu mit Kollegen verbündet, die er bis vor Kurzem selbst gern ans Messer geliefert hätte (wovon diese Kollegen natürlich keine Ahnung hatten). Danach ging man dazu über, in trauter Gemeinschaft auf David herumzuhacken. Der Sachkontext trat völlig in den Hintergrund, denn es herrschte Krieg. Das wäre die Gelegenheit für David gewesen, Plan B aus der Tasche zu holen. Er hätte zum Beispiel locker in die Runde werfen können, dass ihn das schon wundere, dass Peter in das gleiche Horn blase wie Kai. Im letzten Meeting hätte er doch genau die gegenteilige Meinung vertreten. Und dafür, dass Kai in der Vergangenheit keine Gelegenheit ausgelassen habe, um Peter abzusägen, verstünden die beiden sich ja erstaunlich prächtig. Aber na ja, Pack schlägt sich, Pack verträgt sich nun mal. Außerdem sei das schon sehr auffällig, wie hier im Meeting versucht werde, den neuen zuständigen Bereichsleiter von den eigentlichen Problemen abzulenken, indem man die Aufmerksamkeit auf andere lenke. Das täusche jedoch nicht darüber hinweg, dass Kai die geforderten Ergebnisse nicht liefern kann. Warum auch immer, das sei mal dahingestellt. Offensichtlich sei anscheinend eh niemand mehr daran interessiert, gemeinschaftlich nach Lösungen zu suchen, wie Schwachstellen in gewissen Prozessen eliminiert werden könnten. Schade, denn man müsste sich dringend wieder auf die Unternehmensziele konzentrieren.

Glauben Sie mir, nach so einer Ansage ist erst einmal Ruhe im Karton. Schon allein deswegen, weil David sich noch nie so verhalten hat. Außerdem ist die größte Waffe, die man in einem Gefecht ziehen kann, das Sichtbarmachen von Dingen, die unsichtbar bleiben sollen. Nicht auszuschließen, dass David sich mit einem Schlag Respekt verschafft. Vielleicht denken Sie aber auch, es wäre nach solch einem Auftritt wohl am besten, er würde gleich seine Kündigung einreichen. Wie auch immer: Für uns als außenstehende Betrachter ist klar, dass David in diesem vergifteten Milieu mit moderatem Verhalten sowieso auf keinen grünen Zweig mehr kommen wird. Deshalb: Augen zu und durch. Zu der mehrgleisigen Vorbereitung gehört nämlich auch, dass er sich überlegt, wie seine persönlichen Optionen aussehen, wenn die Strategie des Plans B nicht aufgeht. Wenn er also kündigt oder gekündigt wird – was macht er dann? Nimmt er dann doch die Stelle an, die ihm neulich angeboten wurde, die aber leider hundertfünfzig Kilometer von seinem Heimatort entfernt ist, weshalb er sie eigentlich ablehnen wollte? Oder macht er sich lieber selbstständig, worüber er auch schon oft nachgedacht hat? Vielleicht ist nun tatsächlich die Zeit gekommen, dass er sich selbst noch einmal neu erfindet?

Übung macht den Meister

Vielleicht ist Ihnen nach dem vorherigen Beispiel etwas mulmig zumute, und Sie denken sich: »Das ist ja schön und gut und sinnvoll, aber wenn ich persönlich in so einer Situation wäre, würde ich kein einziges Wort herausbringen. Da könnte ich mir vorher zweiundzwanzig Pläne machen.« Mit dieser Aussage liegen Sie wahrscheinlich gar nicht so falsch. Allerdings nur deshalb, weil in Ihrem Gehirn nicht gespeichert ist, dass Sie so etwas können. Es ist deshalb nicht gespeichert, weil Sie es noch nie gemacht haben. Und das wiederum können wir ändern.

Alles, was wir Menschen häufig tun, ist von unserem Unterbewusstsein abrufbar. Sie haben bestimmt auch schon mal gesagt: »Du kannst mich nachts um drei Uhr aus dem Schlaf wecken, und ich interpretiere dir ohne Umschweife jede Bilanz.« Das können Sie deshalb, weil Sie es so oft getan haben. Dinge, die Sie noch nie getan haben, können Sie logischerweise erst recht nicht, wenn Ihr Körper und Ihr Verstand unter Strom stehen. Wenn Sie sich in einer Alarmsituation befinden. Ein Meeting beispielsweise, in dem Sie bloßgestellt werden oder alle mit dem Finger auf Sie zeigen, ist eine solche Alarmsituation. Was machen Sie folglich ab heute? Richtig, Sie üben.

Sie üben für sich im stillen Kämmerlein oder beim Autofahren, idealerweise, wenn Sie alleine sind. Reden Sie laut. Sprechen Sie das aus, was Sie schon immer einmal sagen wollten und *wem* Sie das schon immer einmal sagen wollten. Ich werde dazu keine Beispiele nennen, Sie finden unter Garantie selbst welche. Hauen Sie alles raus, was in Ihnen steckt. Ihre Gehirnzellen werden es Ihnen danken. Sie werden Sie brav beliefern, wenn es zu Auseinandersetzungen in der realen Welt kommt. Meist besteht dann die Gefahr, dass Sie sich unbeliebt machen. Doch bei Leuten wie Kai und Konsorten wollen Sie schließlich gar nicht beliebt sein, oder?

Menschen, die mich in meinen Trainings und Coachings erleben, können sich mit Sicherheit nicht vorstellen, dass ich Auseinandersetzungen früher gerne aus dem Weg gegangen bin.

Das lag meistens daran, dass ich dachte, Auseinandersetzungen müssten mit persönlichen Angriffen einhergehen, damit man selbst überlebt. Über diese Schwelle wollte ich nie gehen, und ich war auch gar nicht in der Lage dazu. Stattdessen habe ich die Dinge entweder ausgesessen oder bin geflüchtet, verschwunden oder unbekannt verzogen.

Heute weiß ich, dass es nicht so sein muss. Je mehr man übt, je mehr man sich unangenehmen Situationen stellt, umso mehr ist man in der Lage, auch dann angemessen zu reagieren, wenn sie plötzlich auftreten. Sollte es dann doch einmal vorkommen, dass man seine Contenance verliert, dann ist es eben so. Deswegen ist man kein schlechter Mensch. Man darf nur nicht den Fehler machen, sich selbst dafür innerlich zu bestrafen oder schlecht zu fühlen.

Ersparen Sie sich Gedanken wie: »Oh Gott, ich bin doch für meine Souveränität bekannt. Wie sieht das denn jetzt aus? Was sollen jetzt die anderen von mir denken, wenn die blöde Kuh, der ich gerade einen mitgegeben habe, überall rumerzählt, dass sie mich auf dem falschen Fuß erwischt hat und ich längst nicht so eloquent bin, wie ich immer tue?« Hey, wir sind alle Menschen, und keiner ist perfekt! Je eher wir uns das eingestehen und uns selbst mit Wohlwollen begegnen, desto eher sind wir in der Lage, uns ab und zu etwas zu trauen und im Zweifel völlig danebenzuliegen.

Ich freue mich schon darauf, Sie an einer roten Ampel dabei zu erwischen, wie Sie laut sprechen und üben, mit schwierigen Situationen umzugehen. Dann bin ich glücklich, weil ich weiß, dass die Welt besser wird. Das mag sich etwas theatralisch anhören, aber ich meine das völlig ernst. Das kommt daher, weil ich Woche für Woche vor gut ausgebildeten und wertvollen Menschen stehe, die einen riesigen Kloß im Hals haben, wenn sie laut darüber sprechen sollen, was sie alles gut können und warum sie es verdient haben, auf dieser Welt und in dieser Position zu sein. Oder wenn ich sie dazu auffordere, jetzt einmal maßlos zu übertreiben mit der Berichterstattung über sich selbst. Meistens benötigen sie dann erst zehn Minuten Vorbereitungszeit, um sich zu sammeln, und erzählen mir danach todesmutig, was in meinen Augen absolut der Realität entspricht und rein gar nicht übertrieben ist.

Um das mal an einem Beispiel zu erläutern, stelle ich Ihnen kurz noch meinen Kunden Bernd vor. Bernd stand vor mir und sagte: »Ich habe es verdient, Abteilungsleiter in dem Unternehmen XY zu sein, da ich sehr fleißig und lernfähig bin, die Mitarbeiter ein großes Vertrauen zu mir haben, ich sie sehr gut zu Bestleistungen motivieren kann, mein Fachstudium mit Eins und Auszeichnung abgeschlossen habe und in kürzester Zeit auf elegante Art und Weise vom Gruppenleiter zum Abteilungsleiter aufgestiegen bin.« Wirklich, an diesen Aussagen stimmte alles, und Bernd glaubte trotzdem, er hätte maßlos übertrieben.

Meinen Sie, Ihnen würde es ganz ähnlich gehen? Dann haben Sie ein gutes Stück Arbeit vor sich. Fangen Sie zügig mit dem Üben an und schieben Sie es nicht auf die lange Bank. Haben Sie immer Ihre Belohnung in Sicht! Diese Belohnung wird bei jedem von Ihnen anders aussehen. Bei dem einen ist es die neue Position in der Firma, beim anderen das gute Gefühl, sich positioniert und durchgesetzt zu haben, und beim Nächsten ist es die Fähigkeit, nie mehr klein beizugeben.

Die hohe Kunst der Vorbereitung: wissen, wie Ihr Wunschergebnis aussieht

Wir hatten es vorhin im Kapitel zum Thema Durchsetzen schon kurz besprochen: Es ist von Vorteil, wenn Sie immer genau wissen, welches Ergebnis Sie erzielen wollen. Selbst wenn Sie in ganz unerwartete und unvorhergesehene Situationen geraten, machen Sie es sich leichter, wenn Sie sich blitzschnell überlegen, wie Ihr Wunschergebnis aussehen könnte. Das ist die wirklich hohe Kunst der Vorbereitung. Leider wird sie von den wenigsten Menschen beherrscht. Auch von mir nicht immer. Wichtig ist nur, das Beste aus solchen Lektionen herauszuholen.

Eine Technik, die Ihnen dabei helfen kann, sich schneller Ihrer Wunschergebnisse bewusst zu werden, wenn Sie unvorbereitet in eine knifflige Situation geraten, ist die folgende: Halten Sie sich die eigenen Lebenszielbilder vor Augen. Dafür ist es notwendig, dass Sie sich regelmäßig Zeit für eine Überprüfung Ihrer Lebensträume nehmen. Ich erkläre Ihnen dieses Prinzip anhand eines Beispiels. Mein Kunde Christian ist Leiter einer Inkassoabteilung. Es passierte ihm in der Vergangenheit relativ oft, dass er in ein Streitgespräch mit seinem chaotischen und cholerischen Bereichsleiter geriet – bis zu dem Tag, an dem er gelernt hatte, sein Wunschergebnis für die jeweilige Situation, gepaart mit seinem Lebenstraum in seiner Innenwelt, präsent zu haben. Danach hörten diese für ihn unangenehmen Zusammenstöße auf.

Was genau hat er verändert? Zuerst versuchte er, sich in aller Ruhe darüber klar zu werden, was er in seinem Leben erreichen möchte. Er stellte sich essenzielle Fragen wie etwa: »Will ich auch in fünf Jahren noch Abteilungsleiter der Inkassoabteilung sein oder möchte ich lieber den nächsten Schritt wagen und mich für die Bereichsleiter-Rolle aufstellen? Möchte ich in meinem jetzigen Unternehmen bleiben oder wechsele ich einfach mal die Firma?« Einige Anfragen bezüglich des letzten Punkts hatten ihn schon erreicht, bislang aber hatte er stets abgelehnt, weil er mit seinen Mitarbeitern so gut klarkam. Und was war mit der Idee aus seinen Zwanzigern: einen kultigen Comicladen mit Café zu eröffnen? Schließlich entschied sich Christian für die Karriere als Bereichsleiter als Lebensziel – entweder in einem der Unternehmen, die ihm ein Headhunter regelmäßig anbietet, oder in dem Unternehmen, für das er bereits tätig ist. Zwar ist der Bereichsleiterposten dort momentan noch besetzt, aber da sich diese Person so gründlich disqualifiziert, wird sie eines Tages zwangsläufig ihren Meister finden, der sie zur Tür hinausbegleitet. Seit Christian also sehr genau weiß, was sein persönliches Lebenszielbild ist, fällt es ihm weitaus leichter, in jeder Gesprächssituation sein Wunschergebnis festzulegen. Und mit jedem Erreichen eines solchen Wunschergebnisses aus den täglichen Geschäftssituationen erhöht sich gleichzeitig seine Chance, den nächsthöheren Posten zu gewinnen. So einfach ist das. Man muss nur wissen wie.

Beispiele für Gesprächs-Wunschergebnisse sind: die Freigabe für die Umsetzung eines Projektes, für das man ein halbes Jahr gearbeitet hat; die Einstellung einer neuen Mitarbeiterin, die dafür bekannt ist, sehr schnell und effizient zu arbeiten; das Delegieren von zeitraubenden Tätigkeiten an andere Abteilungen. Egal, um welchen Inhalt es sich handelt: Je exakter Sie Ihre Ziele benennen können und das Bild davon in Ihrer Innenwelt positioniert haben, desto schneller erreichen Sie sie für sich, für das Unternehmen oder für Ihre Familie.

Nun wissen Sie, warum es von unschätzbarem Wert ist, sich Gedanken über die eigenen Wunschergebnisse zu machen. Kommen wir zum nächsten wichtigen Punkt in schwierigen Situationen: Warum Sie jederzeit eine Alternative für die eigenen Pläne und Vorhaben bereithalten sollten.

Haben Sie immer einen Plan B in der Tasche

Wir alle sind schon unverhofft auf Lebensspielfelder geraten, die wir nicht herbeigesehnt haben. Von einigen Beispielen haben Sie in den vorherigen Kapiteln gelesen. Wir alle kennen sicher außerdem Menschen, die kaum Zeit hatten, sich zu überlegen, wo ihre berufliche Reise hingehen soll, da der Arbeitgeber sich vergaloppiert hatte und die unschöne Konsequenz war, dass Personal entlassen werden musste.

Ich hatte letztes Jahr einige von solch einem Schicksal bedrohte Menschen in einer Trainingseinheit. Interessant war, dass kaum einer der Mitarbeiter von selbst auf die Idee gekommen war, sich Gedanken über die Zukunft zu machen. Wenn Unternehmen in die Schieflage geraten, sickern normalerweise schon früh sehr viele Informationen an die Belegschaft durch, die eigentlich niemand wissen sollte. Man könnte in so einem Fall von Heimvorteil sprechen. Das Unternehmen meiner Trainingsgruppe war da keine Ausnahme. Und trotzdem kam nur ganz wenigen dieser Mitarbeiter in den Sinn, sich mal Zeit für den Entwurf neuer Zukunftsvisionen zu nehmen.

Das liegt meistens daran, dass wir einerseits nicht daran glauben, selbst von der Entlassungswelle betroffen zu sein. Andererseits verfallen wir in eine innere Panik, dass wir eben doch dabei sein könnten. Dann fallen uns gefühlte zwanzig Situationen allein in der vergangenen Woche ein, die einen Hinweis darauf geben könnten, dass wir schon auf der schwarzen Liste stehen. Hat uns neulich im Aufzug der Personalchef nicht äußerst grimmig und gleichzeitig mitleidig angeschaut? (Allerdings: Wie würden Sie denn schauen, wenn Sie Personalchef wären und wüssten, dass Sie sich vielleicht von hundert Mitarbeitern trennen müssen?) Kann es nicht auch sein, dass in letzter Zeit sogar der eigene Vorgesetzte, der bisher durch absoluten Tatendrang geglänzt hat, in seiner Leistung abgefallen ist und nur noch Dienst nach Vorschrift macht? Egal, welche hellseherischen Fähigkeiten Sie in solch undankbaren Situationen an den Tag legen, das Günstigste wäre, Sie würden sich Alternativpläne basteln. Noch eine Spur besser wäre es, wenn Sie diese schneller basteln würden als der Rest der Welt. Sie wissen ja, den Letzten beißen die Hunde.

Kommen wir jetzt zu dem wahren Grund, warum so wenige Leute in der Lage sind, mit ihrem Heimvorteilwissen etwas anzufangen. Sie haben Angst, sich unbeliebt zu machen. Da gibt es Marcel und Philipp, die beide Teamleiter in einem Energieversorgungsunternehmen sind. Beide haben durch den Flurfunk erfahren, dass große Umstrukturierungen in ihrem Unternehmen anstehen. Beide ahnen allerdings noch nicht, dass zukünftig nur noch ein Teamleiter in ihrem Bereich vorgesehen ist. Keiner unternimmt etwas und bereitet einen Plan B vor. Marcels Plan B könnte zum Beispiel beinhalten, dass er prüft, ob es noch in einem anderen Bereich des Unternehmens eine attraktive Teamleiterstelle gibt. Er könnte die aktuelle Situation auch dazu nutzen, gleich eine weitere Stufe auf der Karriereleiter zu erklimmen und in die nächsthöhere Position zu wechseln. Eine andere Option für ihn wäre, den Stellenmarkt im Umkreis von hundert Kilometern abzugrasen, dafür zu sorgen, dass er sichtbar wird, seinen Lebenslauf auf den neuesten Stand zu bringen und im Bekannten- und Freundeskreis dezent eine mögliche berufliche Veränderung in die Runde zu werfen. Eine exotischere Variante wäre, sich mit der kleinen Kfz-Werkstatt, die er so nebenher für Oldtimer betreibt, ganz selbstständig zu machen und die zu erwartende Abfindung dafür zu nutzen, in der eigenen Firma Vollgas zu geben. Aber auf all das kommt Marcel nicht. Warum? Weil er niemals möchte, dass sich sein Kollege Philipp, mit dem er sich sehr gut versteht, von ihm hintergangen fühlt. Lieber will er gemeinsam mit ihm untergehen.

Wir wissen natürlich nicht, ob Philipp auch so denkt. Wir hoffen es mal für Marcel. Sollte sich nämlich herausstellen, dass Philipp im Gegensatz zu ihm längst Vorkehrungen dafür getroffen hat, dass er in der künftigen Ein-Mann-Teamleiterstelle bleiben kann, wenn es hart auf hart kommt, dann hätte Marcel einen hohen Preis gezahlt. Dabei wäre Philipps Verhalten nicht einmal verwerflich. Jeder hat das Recht, sich in seinem Leben so aufzustellen, wie er möchte, und Pläne zu machen, die gut für ihn selbst sind.

Ausdauer hat einen Preis, aber meistens auch einen Gewinn

In unserem Kapitel über die gute Vorbereitung kommen wir natürlich wieder nicht an der Ausdauer und dem beharrlichen Bemühen vorbei. Auch hier ist es leicht zu sagen: »Wenn ich mir Sebastian Schneider oder Franziska Fischer anschaue, wie die ihre Karriere aufgebaut haben und wie die mit schwierigen Situationen umgehen, dann ist ja wohl klar, dass denen unzählige Menschen eine Tür geöffnet haben, durch die sie nur noch hindurchgehen mussten.«

Selbst wenn es stimmt, dass den beiden an einigen Stellen geholfen wurde, dann ist leider der holprigste und herausforderndste Part der, dranzubleiben an den eigenen Träumen und Zielen, fleißig zu sein und über Grenzen und Blockaden hinwegzugehen. Einer der Stolpersteine auf dem Weg zu den eigenen Zielen ist das Aushalten des Unbeliebtseins in den verschiedensten Situationen. Allein das heimliche Gerede, dass die beiden es einfach hatten, weil sie nicht auf sich allein gestellt waren, finden Sebastian und Franziska bestimmt nicht nett. Kein Mensch scheint zu sehen, dass sie über viele Jahre hinweg auf sehr viel Freizeit verzichtet haben, nächtelang mit dem Erstellen von Konzepten und Präsentationen beschäftigt waren und heute froh sein können, wenn ihnen die Freunde nicht abhandengekommen sind. Bestimmt haben einige von Ihnen im Fernsehen mal *The Voice of Germany* gesehen. Diese Sendung gibt angehenden Künstlern die Chance, sich einem breiteren Publikum zu präsentieren. Die Künstler müssen wöchentlich neue Songs einstudieren, an ihren Stimmen und an ihrer Fitness arbeiten und außerdem in Konkurrenz zu anderen Künstlern antreten, die sie in den Wochen zuvor oftmals als Freunde gewonnen haben. Nach jedem Auftritt gibt es Feedback von prominenten Coaches, welches in diesem Sendeformat immer sehr freundlich, wertschätzend und moderat formuliert wird. Trotzdem gehört es zum Konzept, dass man sich in jeder Sendung von einigen der Teilnehmer verabschiedet.

Worauf ich hinauswill: Bei vielen der Künstler kann man feststellen, wie lange sie sich schon abmühen, um mit ihrer außergewöhnlich guten Stimme und Performance endlich auch Erfolg zu haben. Einen Erfolg, der es ihnen erspart, Klinken zu putzen und auf das Wohlwollen eines Produzenten oder Konzertveranstalters angewiesen zu sein. Einen Erfolg, der Produzenten und Konzertveranstalter vielmehr darum betteln lässt, dass sie in den heiligen Hallen der Musikkünste auftreten.

Mit Sicherheit wird der eine oder andere Künstler diesen Zustand irgendwann erreichen. Das haben wir in der Vergangenheit bereits bei manchen Teilnehmern einer Castingshow beobachtet. Je größer Ausdauer, Fleiß, Glaube an sich selbst und die Fähigkeit, das Unbeliebtsein auszuhalten, sind, umso größer ist die Chance, dass sich das im Leben einstellt, was man sich wirklich wünscht. Die gute Vorbereitung ist ein wichtiger Schlüssel dafür.

Gestern habe ich zufällig in der Zeitung gelesen, dass die Erfolgsautorin Joanne K. Rowling, die Erfinderin der Harry-Potter-Abenteuer, für das Manuskript ihres neuesten Erwachsenenbuchs eine Pokerrunde unter den Verlagen eingeläutet hat. Diejenigen Verlage, die mindestens eine Million Euro Vorschuss für ihr Manuskript bieten, dürfen bei den Veröffentlichungsrechten mitbieten. Und das, obwohl sie weder etwas von der Geschichte noch von dem Inhalt noch von der endgültigen Seitenzahl wissen. Ganz zu schweigen von ein paar Textseiten. Wer sich ein bisschen mit Rowlings Lebenslauf beschäftigt hat, der weiß, dass diese gerissene Pokerspielerin noch bis 1997 von der Sozialhilfe lebte und täglich in einem Café saß, um das erste Buch über Harry Potter zu schreiben. Schon als Kind hatte sie den Wunsch gehegt, Schriftstellerin zu werden, doch es sollten viele Jahre vergehen, bis sie dieses Ziel endlich erreicht hatte. Wenn man heute die Verkaufszahlen ihrer Bücher und die dazugehörigen Blockbuster-Filme betrachtet, muss sie mittlerweile sehr gut davon leben.

Was wir nur erahnen können, sind die vielen Hindernisse, unvollendeten Romane, Seitenhiebe und Manuskriptablehnungen vonseiten der renommierten Verlage, denen sie auf ihrem Weg zum Ziel begegnet ist. Auch mitleidigen, fürsorglichen Ratschlägen ihres engeren Umfeldes wird sie ausgesetzt gewesen sein. Zum Glück hat sie durchgehalten und sich den Angriffen und neidischen Anfeindungen widersetzt. Sie hatte stets ihr Wunschergebnis vor Augen, hat sich mit einem Plan B irgendwie über Wasser gehalten und dabei den Plan A nie aus den Augen verloren. Sie hat geübt, Ausdauer bewiesen, alles auf eine Karte gesetzt – und schließlich gewonnen. Sieben Jahre hat sie von der Idee, welche auf einer Zugfahrt von Manchester nach London entstanden ist, bis zum ersten gedruckten Exemplar der Harry-Potter-Bände gebraucht. Das nennt man Beharrlichkeit und Fleiß.

Welchen Preis sind Sie bereit zu zahlen, um Ihre gewünschte Ernte einzufahren?

Steigen Sie in den Boxring – Was ist das Schlimmste, das passieren kann?

Ich denke, jetzt ist genau der richtige Zeitpunkt, um kurz in den Boxring zu steigen. Lassen Sie uns doch zusammen durchspielen, was Ihnen eigentlich Schlimmes passieren kann, wenn Sie es wagen, für sich und Ihre Ideale einzustehen, Ihr Recht einzufordern und einfach das zu tun, was Sie wirklich wollen, ohne Rücksicht auf Verluste.

Tun wir so, als ob wir schon genau wüssten, dass wir mit unserem Vorhaben nicht nur auf positives Feedback stoßen. Nehmen wir dazu ein Beispiel für die weiblichen Leser. Sie haben mit Ihrem Ehemann, Lebensgefährten oder wem auch immer eine Einladung zu einer Gartenparty bekommen und wollen endlich einmal Ihre tollen Klamotten anziehen, die schon seit einem halben Jahr in Ihrem Schrank hängen. Die Sachen stehen Ihnen ausgezeichnet. Nur hatten Sie leider bis jetzt Skrupel, sie tatsächlich anzuziehen, weil Sie darin unglaublich scharf aussehen. Zu oft sind in Ihnen beim Anprobieren der besagten Kleidung Zweifel hochgekommen, ob Sie nicht zu aufgedonnert wirken könnten beziehungsweise einfach overdressed wären. Da Sie nun mal nicht Heidi Klum sind, bei der man ein so fesches Outfit völlig normal findet, haben Sie sich bislang jedes Mal dagegen entschieden und sind wie üblich in Ihre Jeans und irgendein nettes Sakko geschlüpft.

Heute ist es so weit. Heute werden Sie sich richtig schön machen! Die erste Hürde, die Sie vielleicht nehmen müssen, ist Überzeugungsarbeit leisten bei Ihrem Begleiter, damit er so mit Ihnen loszieht. Der ist nämlich zu Ihrem Entsetzen besonders leger gekleidet, und das kurzärmlige Hawaiihemd in knalligen Pink- und Gelbtönen – da sind Sie sich sicher – haben Sie bestimmt schon vor zwei Jahren in die Altkleidersammlung gegeben. Ihr Begleiter für den Abend schaut Sie also mit großen Augen aus seinem grellen Haufen Textil heraus an und meint: »Sag mal, Melanie, so willst du heute mit mir losgehen? Ist das nicht ein bisschen übertrieben? Es ist doch nur die Gartenparty von den Schäfers, zu der wir eingeladen sind.«

Unabhängig davon, dass Sie ihn gerade fragen wollten, ob er ein Dutzend Sonnenbrillen eingepackt hat, um diese an die Gäste zu verteilen, damit sie bei seinem Anblick nicht blind werden, wird es Ihnen diesmal nicht die Sprache verschlagen. Sie befinden sich nicht umsonst im Boxring. Ohne mit der Wimper zu zucken, stolzieren Sie in Ihrem schönsten Gang an Ihrem Begleiter vorbei und setzen sich auf den Beifahrersitz seines Wagens. Das Einzige, was Sie noch von sich geben werden, ist die Frage, ob er das Geschenk eingepackt hat. Sonst nichts.

Bei den Schäfers angekommen, begrüßen Sie alle schon anwesenden Gäste und natürlich die Gastgeber und genießen es, wie einige der Damen nach Luft schnappen und Mühe haben, dabei freundlich zu schauen. Während Sie sich einen Drink an der Gartenbar besorgen, können Sie schon fühlen, wie hinter Ihrem Rücken das Getuschel losgeht. Ariane Steinmüller, die ungekrönte Kaiserin des Orts, wird als Erste das Wort ergreifen: »Ich fasse es nicht, wie kommt die Melanie dazu, sich derart aufzubrezeln? Bloß weil sie vor ein paar Wochen befördert worden ist, muss sie nicht gleich wie die Gewinnerin von *Germany's next Topmodel* hier auflaufen! Das ist ja wohl der Hammer, wem will sie hier was beweisen?« Kristin Debus wird schüchtern einwerfen, dass Melanie doch echt klasse aussieht und ihre schöne Figur jetzt erst richtig zur Geltung kommt. Gaby Burmester, die für ihre spitze Zunge berüchtigt ist, sagt mit Sicherheit: »Seid doch mal ehrlich, Mädels, Melanie hat doch schon immer gedacht, sie wäre etwas Besseres. Ich frage mich schon seit Jahren, warum die überhaupt zu unseren Partys kommt. Wir sind doch unter ihrer Würde. Dass sie das dann aber so perfide zum Ausdruck bringt, das hätte ich nicht gedacht. Da habe ich sie glatt unterschätzt.«

Während Sie also an der Gartenbar stehen, spüren Sie das

heimliche Geläster. Und da Sie momentan im Boxring stehen, werden Sie nun folgendermaßen agieren: Sie gehen ganz langsam auf die kleine Frauengruppe zu, lächeln nett und fragen souverän, ob es irgendetwas zu besprechen gäbe, bevor die Party losgeht? Mit großer Sicherheit wird keine der Damen auch nur ein Wort verlieren. Ach, höchstens Kristin Debus wird Ihnen vielleicht mitteilen, dass sie Ihr neues Outfit superhübsch und kleidsam findet. Das wird alles sein. Sie jedenfalls werden den kompletten restlichen Abend genießen, da Sie erstens wunderschön aussehen und Ihnen viele bewundernde Blicke einiger Männer zufliegen und Sie zweitens ein herrliches Gefühl der Zufriedenheit verspüren, weil Sie endlich einmal zu dem gestanden sind, was Sie sind: eine tolle, souveräne, intelligente und schöne Frau. Und bevor die Gäste an diesem Abend einen Alkoholpegel erreicht haben, der sie so enthemmt, dass sie doch noch laut aussprechen, was ansonsten hinter Ihrem Rücken getuschelt wird, verlassen Sie mit Ihrem Papagei die Party. Sie sehen, so eine Boxringübung ist ganz einfach und macht großen Spaß.

Jetzt üben Sie das Ganze »im Trockenen«: Stellen Sie sich vor, was das Schlimmste wäre, das passieren könnte, wenn Sie dieses oder jenes machen. Was wäre die schlimmste Reaktion, und welche Person käme dafür in Frage? Spielen Sie alle möglichen Situationen durch und lernen Sie es, über fiesen Kommentaren zu stehen. Mittlerweile wissen Sie, dass Menschen manchmal einfach so sind. Die merken das gar nicht. Würden diese Lästerer einen Film über ihr eigenes Verhalten sehen, würden sie behaupten, sie wären gedoubelt worden. In ihrer eigenen Wahrnehmung tun sie nur Gutes. Sie gehören nun mal dem Obersten Gerichtshof an, da kann es schon passieren, dass auch ein Urteil fällt. Wer sonst besitzt die dazu nötige Weisheit und den großen Überblick?

Wie dem auch sei, für Sie gilt hier und jetzt etwas ganz anderes: Sie werden die Vorbereitungsstrategien dieses Kapitels in Ihr tägliches Übungsfeld mit einbauen und Schritt für Schritt mutiger darin werden, für sich einzustehen und es auszuhalten, einmal unbeliebt zu sein. Manche Menschen mögen Sie und manche eben nicht. Das geht uns allen so. Gleich setzen wir aber noch einen drauf!

Das Land der unbegrenzten Möglichkeiten – Träumen Sie sich in den Himmel

Wir haben uns im letzten Kapitel schon vorgestellt, wie es sein könnte, wenn man sein Rollenprofil ein bisschen poliert. Im Boxring haben wir geübt, wie wir mit ausgesprochener und unausgesprochener Kritik umgehen. Nun gehen wir noch eine Stufe weiter. Wir greifen nach den Sternen. Wir bereiten uns auf das vor, was in unserem Leben noch alles für uns drin ist. Anders ausgedrückt: Wir beschäftigen uns jetzt mit Ihren positiven Eigenschaften und versuchen, diese noch mehr zum Strahlen zu bringen.

Der erste Schritt in diese Richtung ist, dass Sie sich bedingungslos so annehmen, wie Sie sind – mit Ihren Stärken und Ihren Schattenseiten. Der Schatten gehört zum Leben dazu, sonst würde man die Sonne nicht erkennen können. Unglücklicherweise beschäftigen sich jedoch viele Menschen bevorzugt mit ihren Schattenseiten, oder sagen wir, mit den Seiten, die sie an sich selbst nicht besonders mögen und die dem einen oder anderen im persönlichen Umfeld auch nicht so gut gefallen. Denn manche Verhaltensweisen, die nicht unbedingt stimmungsaufhellend wirken, haben sich in unserer Psyche derart eingebrannt, dass es nicht so leicht ist, sie loszuwerden.

Nehmen wir zum Beispiel einmal an, Sie sind als Kind nie zu Wort gekommen, weil Ihre Eltern entweder extrem streng waren oder durch Abwesenheit glänzten. Dann könnte eine Ihrer Verhaltensvarianten sein, dass Sie heute zu schnell und meistens auch zu viel reden. Für Sie ist das einfach eine lange antrainierte Ausgleichsreaktion. Es wird nicht funktionieren, wenn Sie diese nun als Schwäche ansehen und sich immer wieder selbst beschwören: »Jetzt rede endlich mal langsamer und halte nach drei Sätzen zur Abwechslung doch einfach mal die Klappe.« Im Gegenteil. Je öfter Sie diesen mahnenden Dialog im Inneren mit sich selbst führen, umso übler wird Ihnen Ihr eigenes Verhalten aufstoßen. Wenn dann noch von außen der Verstärker angeworfen wird, indem Sie ein Ihnen nahestehender Mensch tadelt: »Laura, kannst du bitte mal den Mund halten? Und rede doch nicht immer so schnell!«, dann ist das Chaos perfekt. Dann wird es immer schwerer, Sie davon zu überzeugen, sich auf Ihre Talente und Fähigkeiten zu konzentrieren.

Gehen Sie mit sich selbst achtsamer um. Haben Sie Verständnis für sich und Ihre kleinen Macken und nehmen Sie eine wohlwollende Haltung gegenüber sich selbst ein. Akzeptieren Sie sich so, wie Sie sind. Seien Sie dankbar für alles, was Sie im Leben schon erreicht haben. Zählen Sie Ihre Segnungen, denn die werden Sie in Ihren persönlichen Himmel tragen. Es ist immer sehr viel schöner, auf Glücksgefühlen in den Himmel zu fliegen, als mit destruktiven Gedanken in den Keller zu rutschen. Die Wahl haben Sie. Machen Sie es sich zu eigen, regelmäßig dankbar zu sein für das, was Sie im Leben haben, dann haben Sie automatisch eine positive Grundeinstellung. Genau die brauchen wir, um die nächsten Schritte im Leben anzugehen – und zwar unabhängig davon, ob das allen anderen passt oder nicht. In dem Moment, in dem Sie im positiven Flow sind, wächst auch ihr Selbstvertrauen.

Neulich habe ich wieder jemanden getroffen, der sehr misstrauisch gegenüber Menschen ist, weil er schon zahlreiche unschöne Erfahrungen gemacht hat. Sein Misstrauen gegenüber allem und jedem macht es aber leider nicht besser. Ganz im Gegenteil. Die Gefahr, immer wieder auf andere Menschen hereinzufallen, ist dann nur noch größer. Warum? Weil er es mit seiner inneren negativen Haltung geradezu magisch anzieht, dass Menschen ihn enttäuschen. Das Prinzip funktioniert wie bei einem Magneten, den man gegen ein Stück Eisen hält: Er wird angezogen, ob man will oder nicht. Wer kein Vertrauen zu sich hat, kann es auch nicht für andere Menschen aufbringen. Das ist die Krux. Um in den Himmel zu reiten, in das Land der unendlichen

Möglichkeiten, ist eine vertrauensvolle Haltung sich selbst und anderen gegenüber unabdingbar.

Bei Ihnen ist das sicher anders. Sie haben Vertrauen zu sich selbst und Ihren Fähigkeiten, und auf dieser Welle reiten wir jetzt munter weiter. Üben Sie nun, sich dorthin zu träumen, wo Sie landen möchten. Der Vorteil beim Träumen ist nämlich, dass niemand außer Ihnen weiß, was Sie träumen. Daraus folgt, dass Sie sich auch nirgends unbeliebt machen können. Der zweite Vorteil besteht darin – Sie erinnern sich –, dass unser Unterbewusstsein nicht unterscheiden kann, was real ist und was nicht. Sämtliche Informationen, die von Ihrem Bewusstsein in Ihr Unterbewusstsein gelangen, werden dort verarbeitet und verwaltet. Ihr Unterbewusstsein denkt, dass Ihre Träume Wirklichkeit sind, und wird alles dafür tun, dass diese Umstände in Ihr Leben treten.

Vor Kurzem erzählte mir eine sehr erfolgreiche Unternehmerin auf einer Veranstaltung, dass sie als Kind häufig gespielt hätte, dass sie sich alles kaufen konnte, was sie wollte. Sie ging an den Schaufenstern vorbei und kaufte in ihrer Vorstellung das, was ihr gefiel. Heute hat sie so viel Geld, dass sie das locker auch in Wirklichkeit tun könnte. Ihr Unterbewusstsein hat perfekte Arbeit abgeliefert.

Die Kunst, mit Kritik umzugehen

Den Menschen, die es schaffen, sich mehr auf ihre Stärken als auf ihre Schwächen zu konzentrieren, bereitet es auch kein Problem, souverän mit Kritik umzugehen. Diese Menschen begreifen kritische Anmerkungen als Lernfelder in ihrem Leben. Die Kunst besteht darin, ein gesundes Unterscheidungsvermögen zu haben. Das bedeutet: nicht alles, was an Kritik auf einen einprasselt, wie ein Schwamm ungefiltert aufzusaugen, sondern zu sondieren, an welchem Punkt man sich tatsächlich verbessern könnte und an welchem nicht. Es existieren immer unendlich viele verschiedene Blickwinkel, und jeder Mensch hat das

Recht auf seinen ganz eigenen. Die Frage ist nur, wie tolerant und wohlwollend man sich selbst und anderen gegenüber ist, sprich: ob man den eigenen und den Blickwinkel der anderen so sein lassen kann, wie er ist. Wie kann man also lernen, kritikfähiger zu sein, Beschuldigungen und Anklagen auf ihre Plausibilität hin zu prüfen und Chancen zu erkennen, über sich selbst hinauszuwachsen?

Sie können sich sicher vorstellen, dass es in meinem Job leider manchmal vorkommt, dass nicht alle Teilnehmer einer Trainingsmaßnahme in Ekstase geraten, wenn ich über Themen spreche, die sich genau mit ihren persönlichen Schwachpunkten beschäftigen – ganz besonders, wenn sie bis zu diesem Tag geglaubt haben, dass davon niemand im Außen etwas merkt. Die einzige ihnen möglich erscheinende Reaktionsweise ist dann, das, was ich sage, in Frage zu stellen und mir ständig von der Seite einen mitzugeben. Obwohl ich in diesen Fällen durchaus sehe, dass da gerade eine Person an ihren verdrängten Schmerz kommt und den Ball gerne mir zuspielen möchte, um von sich abzulenken, nutze ich die Situation, um bei mir selbst anzusetzen. Wenn in meinem Inneren nämlich ein Gefühl von Wut, Ärger, Überheblichkeit oder Trotz entsteht, ist es ein sicheres Zeichen dafür, dass es etwas für mich zu verbessern und zu lernen gibt. Natürlich könnte ich es mir auch einfach machen und sagen: »Ich habe keinen Kuchen bestellt, damit dieser Krümel hier ankommt. Und glaubt die Zicke eigentlich, sie kann mir erzählen, wie ich meinen Job zu machen habe?«

Aber das wäre zu kurz gedacht. Denn jedes Mal, wenn sich solche Gefühle in unserem Inneren und leider manchmal auch im Äußeren formieren, ist klar, dass hier Handlungsbedarf besteht. Und sei es nur, dass wir unseren inneren Verständnisanteil etwas liebevoller gestalten oder in unserer Innenwelt nachschauen, warum wir eine Abwehrhaltung gegen die Person aufgebaut haben. Vielleicht finden wir ja nur ihre Art und Weise zu sprechen nervig. Sollte das der Fall sein, dann ist es ratsam, an der eigenen Professionalität noch etwas zu arbeiten. Im Folgenden stelle ich Ihnen hierzu eine wunderbare Übung vor.

Spieglein, Spieglein an der Wand, wer ist die Schönste im ganzen Land? – Die Spiegeltechnik

Falls Sie nun motiviert sind, ein bisschen an Ihrer Kritikfähigkeit zu arbeiten, dann probieren Sie doch einmal die Spiegeltechnik. Bei dieser Übung stellen Sie sich eine Person vor, die Sie – sehr vorsichtig ausgedrückt – nicht besonders nett finden. Anders formuliert, wenn diese Person den Raum betritt, würden Sie am liebsten zum nächstbesten Gegenstand greifen und diesen zufällig in eine ganz bestimmte Richtung werfen. Wenn Sie es geschafft haben, sie vor Ihrem inneren Auge zu sehen, ohne einen Wutausbruch zu bekommen, dann überlegen Sie sich, was genau Sie an ihr schlimm finden.

Notieren Sie alles und prüfen Sie dann, ob sich darunter ein Verhalten, ein Muster oder eine Reaktion befindet, die Sie eventuell – extrem abgeschwächt natürlich – auch haben könnten. Das muss nicht unbedingt genau das Verhalten sein, das Sie an der Person so furchtbar nervt, vielleicht ist es das Gefühl, welches sich darunter verbirgt. Es lohnt sich, diesen gemeinsamen Nenner näher zu betrachten.

Ein Beispiel macht diesen Punkt vielleicht ein bisschen klarer. Jessica, eine patente Gruppenleiterin, hat es immer wieder mal mit Sonja zu tun, einer sprachlich hochtalentierten und ziemlich frechen Managerin. Sonja ist eine wahre Meisterin der Sprache. Ihre Worte sind druckreif. Was Jessica an Sonja so ärgerniserregend findet, sind ihre Kommentare in den Meetings. Die lassen keinen Zweifel daran, dass sie die Weisheit mit Löffeln gegessen hat. Es passierte also mehr als einmal, dass Sonja Jessicas Beiträge spitzfindig und mit einem süffisanten Lächeln auseinandernahm, ihr aber gleichzeitig mit mütterlicher, verständnisvoller Stimme Schützenhilfe anbot. Jessica ist nicht auf den Mund gefallen, aber bei so viel Unverfrorenheit ist ihr in besagten Momenten bislang nicht viel eingefallen. Zu sehr war sie damit beschäftigt, den Wunsch in Schach zu halten, in der nächsten Minute jemanden umzubringen. Das einzig Tröstliche ist, dass Sonja diesen Wunsch auch in anderen Teammitgliedern hervorruft. Sie alle bekommen, wenn sie nur ihren Namen hören, kleinere oder größere Allergieschübe. Jessica hat in der Vergangenheit schon mehrmals mit ihrem Vorgesetzten über das leidige Thema gesprochen. Doch er sieht sich nicht imstande, etwas zu unternehmen, da er selbst auf der Verwundeten-Liste von Sonja steht.

In den meisten Unternehmen gibt es kleine Biester wie Sonja, nur heißen sie dort eben Michaela oder Karsten. Mein Ratschlag für Sie ist folgender: Nutzen Sie diese Epidemien dazu, um Antikörper zu bilden. Bei Jessica sah das so aus: Sie fand heraus, dass Sonja eine ähnliche Herkunftsgeschichte hat wie sie selbst. Sie beide sind Scheidungskinder und mussten schon früh erwachsen werden, um den Part des »verlorengegangenen« Elternteils zu ersetzen. Beide schlugen sich irgendwie durch, kamen nicht mit ihren neuen Stiefmüttern aus und fühlten sich viele Jahre ihres Lebens wie das fünfte Rad am Wagen. Und jede der beiden Frauen hat eine eigene Überlebensstrategie entwickelt. Jessica hat sich einen riesigen Freundes-, Bekannten- und Kollegenkreis aufgebaut. Sonja hingegen ist in die Macht der Sprache und des Wissens eingetaucht. Sie hatte sich als junges Mädchen geschworen, dass sie nie wieder irgendwo abgestellt oder ausgebootet werden wird, deswegen achtet sie darauf, dass sie stets das letzte Wort hat. Jessica wiederum hat sich als junges Mädchen geschworen, dass sie so viele Freunde und Bekannte um sich scharen wird, dass es nicht auffällt, wenn einer von ihnen einmal abtrünnig wird. Beide sorgen also auf ihre Weise dafür, dass das kleine verletzte Mädchen in ihrem Inneren geschützt wird.

Was hat das nun mit der Spiegeltechnik zu tun? Indem Jessica über ihren Schmerz gegangen ist und sich die Mühe gemacht hat herauszufinden, was Sonja in ihrem Leben erlebt hat, konnte sie eine verständnisvolle Haltung ihr gegenüber entwickeln. Sie weiß jetzt, dass sich Sonja im Grunde in die Enge getrieben fühlt, wenn sie in den Sitzungen so ätzend reagiert. Sie hat eine Sucht nach Anerkennung, und diese Sucht hat Jessica auch. Jessica möchte ständig hören, dass sie ein gutes Mädchen ist. Dafür ist sie bereit, sich für andere aufzuopfern, und sie solidarisiert sich mit ihnen. Sonst wüsste sie logischerweise nicht, dass viele Kollegen und Kolleginnen von Sonja genervt sind.

Für Jessica war der Effekt der Spiegeltechnik der, dass sie gleich mehrere Themen auf einmal erledigen konnte. Erstens hat sie sich eingestanden, dass es nicht besonders nett ist, sich mit anderen zusammenzutun und heimlich über Sonja zu lästern. Zweitens ist sie dankbar dafür, dass sie innerlich nicht so verhärtet ist und in allem und jedem Gefahr wittert. Aufgrund ihrer ähnlichen Lebenssituation hätte dieses Verhalten genauso gut auch bei ihr entstehen können. Drittens fühlt sie sich wie durch ein Wunder nicht mehr angegriffen, wenn Sonja zum Schlag ausholt.

Jessica hat in den Spiegel geschaut. Sie ist sich selbst begegnet und hat ein paar ihrer »blinden Flecken« aufgespürt. Dadurch war sie nicht nur in der Lage, Verständnis für Sonja aufzubauen, sondern auch Verständnis für sich selbst. Sie ist nun in einer viel besseren Position, um für sich selbst einzustehen und das Unbeliebtsein auszuhalten.

Ich hoffe, ich konnte es Ihnen in diesem Kapitel etwas schmackhaft machen, sich in Ihrem eigenen Trainingscenter anzumelden. Halten Sie sich vor Augen, was auf Sie bei regelmäßigem Üben wartet: In Zukunft werden Sie aus Ihrer souveränen Mitte heraus agieren. Sie werden die Position im Leben einnehmen, die für Sie angemessen ist, und sich Ihr Leben so gestalten, wie Sie es möchten. Machen Sie sich die Welt, wie sie Ihnen gefällt. Steigen Sie in Ihren persönlichen Boxring, verlieren Sie die Angst vor Ihrem eigenen Schatten und haben Sie auch keine Angst mehr vor Angriffen und Anfeindungen.

Begleiten Sie mich nun in das nächste Kapitel, welches Ihre strategischen Positionsfähigkeiten stärken wird.

SECHSTER SCHLÜSSEL

Wo stehe ich, wer bin ich, was will ich? – Die richtige Positionierung in Ihrem Leben

An sich glauben und zu sich halten

Damit Sie es aushalten, ab und an unbeliebt zu sein, ist die Fähigkeit, sich zu positionieren, einfach essenziell. Und auch wenn es darum geht, Ihre Ziele zu erreichen oder sich durchzusetzen, ist diese Fähigkeit ein unglaublich wertvoller Schlüssel. Sie werden gleich erkennen, warum.

Es ist immer wieder interessant für mich zu sehen, dass selbst in der Schaltzentrale der Macht Unsicherheit darüber besteht, ob man diese oder jene Entscheidung richtig getroffen hat. Ob man in der Ansprache an die Mitarbeiter gestern die richtigen Worte gefunden hat oder ob man unter den momentan erschwerten Bedingungen überhaupt in der Lage ist, sie zu Höchstleistungen zu motivieren. Auch Top-Führungskräfte glauben nicht immer zu hundert Prozent an sich und ihre Fähigkeiten sowie an ihre Visionen und Ziele. Das liegt unter anderem daran, dass viele Führungskräfte zusätzlich Angriffen ausgesetzt sind, die sich oftmals nicht nur auf die Sache beschränken, sondern sich ganz bewusst gegen die betreffende Person richten.

Zu viele Hindernisse aus allen Richtungen stellen sich permanent in den Weg, und Anerkennung für ihre Leistung bekommen sie auch nicht. Es ist also nicht verwunderlich, dass sich Selbstzweifel in den Top-Etagen ganz leicht breitmachen können. Sie sehen: Wir sind in bester Gesellschaft.

Bereits im ersten Kapitel haben wir uns ausführlich damit beschäftigt, wie wichtig es ist, dass wir über uns selbst gut sprechen und gut denken. Trotzdem möchte ich an dieser Stelle den Ball noch einmal aufnehmen – nicht um Sie zu langweilen, sondern um sicherzustellen, dass Sie mir jetzt nicht von der Angel springen und denken, das wird schon irgendwie.

Es wäre wahrscheinlich zu einfach, wenn wir uns mit den verschiedenen Mantren fernöstlicher Religionen in diesen Zustand befördern könnten. Sie mögen eine Weile wirken. Doch irgendwann kommt der Zeitpunkt, an dem sich Ihre Emotionen wieder melden und im Inneren zu Ihnen sagen: »Kannst du mir kurz noch mal erklären, wie du auf die abstruse Idee gekommen bist, dich auf den Posten des Abteilungsleiters für den Bereich Non-Food zu bewerben? Und wenn wir schon einmal dabei sind: Wie, glaubst du, kannst du in der Sitzung, die in fünf Minuten anfängt, die anderen Abteilungen davon überzeugen, dass sich die Marketingkampagne des Unternehmens dringend um hundertachtzig Grad wenden muss, wenn man nicht drei Millionen Euro in den Sand setzen will – falls es nicht schon zu spät ist? Du musst wahnsinnig sein, das überhaupt zu versuchen!« Bestimmt kennen Sie diese oder ähnliche inneren Dialoge, kurz bevor Sie wichtige Entscheidungen treffen müssen oder dabei sind, eine Position – wozu auch immer – zu beziehen.

Gestern saß ich auf einem Fest neben einer Kinder- und Jugendtherapeutin. Sie erzählte mir, dass sie ihre Hauptaufgabe darin sieht, den Kindern und Jugendlichen mit psychischen Schwierigkeiten beizubringen, wie sie sich selbst innerlich halten können. Denn die große Sehnsucht, gehalten zu werden, ist für sie Ausdruck eines tief empfundenen Defizits.

Genauso verhält es sich meiner Meinung nach mit der Fähigkeit, an sich selbst zu glauben. Viele von uns haben Jahre ihres Lebens mit der Erwartung verbracht, dass andere Menschen – ganz gleich ob Eltern, Verwandte, Freunde, Geschwister oder Lehrer – uns demonstrieren, dass sie an uns glauben, so wie wir sind. Vielleicht gehören Sie zu denjenigen, bei denen diese Erwartung erfüllt wurde. Und temporär wird das jeder von uns schon einmal erlebt haben. Permanent und ausnahmslos geliebt und anerkannt zu werden, mit allen individuellen Ecken und Kanten, die man eventuell besitzt – dieses Privileg haben jedoch nicht viele Menschen. Unabhängig davon, wie Sie es persönlich erlebt haben und wie Ihr momentaner Stand zu diesem Thema ist, wir tun hier alles dafür, dass jeder Leser möglichst zeitnah in den Genuss kommt, seine innere Stärke und seinen Glauben an sich selbst zu etablieren.

Schauen wir uns ein konkretes Beispiel an: Florian Henckel von Donnersmarck, der 2007 mit seinem Film *Das Leben der Anderen* einen Oscar gewann, musste sich den Glauben an sich selbst und seine Fähigkeiten stets aufs Neue beweisen. Er hat sechs Jahre gebraucht, um diesen prämierten Film fertigzustellen. Auf dem Weg zum Erfolg hatte er allerdings zahlreiche Herausforderungen zu meistern. Unter anderem musste er einen Produzentenwechsel vornehmen und Entscheidungen darüber treffen, ob der Film um dreißig Minuten gekürzt werden sollte oder nicht. Er musste dafür kämpfen, dass die neuen Produzenten, für die er sich entschieden hatte, von der Filmförderung genehmigt werden, obwohl sie einige Auflagen der Statuten nicht erfüllten.

Die filmischen Herausforderungen waren aber nur das eine. Das andere waren die familiären Herausforderungen. Seine Familie glaubte nämlich, dass Florian ein Spinner sei. Immer wenn bei Verwandtentreffen die Sprache auf ihn kam, entstand ein unangenehmes Schweigen. So konnte man das zumindest damals in den vielen Artikeln, die anlässlich der Oscar-Verleihung 2007 über ihn geschrieben wurden, nachlesen. Zum Glück hat dieser Mann es trotzdem geschafft, den Glauben an sich selbst zu bewahren, sonst wäre dieser wunderbare Film niemals fertig geworden.

Diese Geschichte habe ich Ihnen erzählt, um Sie zu ermutigen, an sich und Ihre Fähigkeiten zu glauben. Dass wir Menschen manchmal bereits getroffene Entscheidungen in Frage stellen oder schlimmer noch, uns selbst in Frage stellen, ist ein völlig normaler Vorgang. Wichtig ist nur, dass Sie dieses Sich-in-Frage-Stellen dazu nutzen, sich regelmäßig selbst zu reflektieren, um zwischendurch eine Bestandsaufnahme zu machen, um zu sehen, dass Sie sich noch auf der Zielgeraden befinden, die Sie für sich irgendwann bestimmt haben, oder um festzustellen, dass sich Ihre Wünsche verändert haben und Sie ihr Zielbild nachjustieren müssen. Je eher Sie damit aufhören, darum zu kämpfen, dass andere Ihnen ihren Glauben an Sie zur Verfügung stellen, desto eher sind Sie in der Lage, Ihren Glauben an sich selbst zu aktivieren.

Dazu würde ich Ihnen gern wieder eine Erfahrung aus meinem Leben weitergeben. Ich erinnere mich genau daran, wie ich vor zwölf Jahren die Idee hatte, aus meinem alten Bankberuf auszusteigen, um in einem völlig neuen Beruf Fuß zu fassen. Sie machen sich kein Bild davon, was die mir nahestehenden Menschen mir alles an den Kopf geworfen haben, um mich von diesem in ihren Augen völlig wahnsinnigen und exotischen Vorhaben abzubringen. Folgende Aussagen durfte ich mir damals anhören: »In diesen Zeiten macht sich doch kein Mensch mehr selbstständig! Da kannst du froh sein, dass du einen ordentlichen Job in einer Bank hast. Da bist du sicher!«

Die exakte Zahl habe ich im Moment nicht griffbereit, aber ich meine, in den letzten zwölf Jahren mussten Zigtausende Arbeitnehmer von Banken und Versicherungen den Gang zum Arbeitsamt antreten, da sie Opfer von gestrichenen Stellen und Umstrukturierungen geworden waren. Das nur nebenbei. Ich habe mich damals zum Glück nicht von den Unkenrufen meiner mir nahestehenden, selbsternannten Berater in die Enge treiben lassen. Die Angst, in der vergifteten Atmosphäre des alten Arbeitsplatzes zu bleiben und ernsthaft krank zu werden, war schlicht größer als die Angst, mit meinen neuen Ideen für mein Leben zu scheitern.

Wenn also keiner an Sie glaubt, tun Sie es doch! Vielleicht fragen Sie sich, woher ich damals den Mut genommen habe, mich gegen alle Widerstände von außen durchzusetzen und das Unbeliebtsein auszuhalten – denn das war ich damals mit Sicherheit: unbeliebt und unbequem, da ich schließlich aus den Zielen ausgebrochen war, die andere mit mir in ihrem Leben hatten. Ich werde versuchen, Ihnen das im nächsten Abschnitt zu erklären.

Geben Sie sich die Erlaubnis, alles zu tun, was Sie möchten

Ich denke, ich habe diese Entscheidung deshalb durchgezogen, weil ich im Inneren fühlte, dass meine Gesundheit schnell die Grätsche machen würde, wenn ich an meinem Lebensstil nichts ändere. Mit den Tätigkeiten, die ich zuletzt an meinem alten Arbeitsplatz als Angestellte ausführen musste, war ich extrem unzufrieden. Zudem hatten sich die Menschen, mit denen ich eng zusammenarbeitete, in firmeninterne Intrigen hineinziehen lassen, und jeder, der nicht mitmachte oder nicht die gleiche Meinung vertrat wie sie, wurde ausgeschlossen. Also war ich ausgeschlossen. Und genau das bedeutete im Nachhinein den größten Segen. Ich machte mich auf die Suche nach anderen beruflichen Möglichkeiten, besuchte diverse Berufsfindungsworkshops, und bei all diesen Maßnahmen war das Ergebnis stets das gleiche: »Sie, Frau Dreeßen, müssen Trainer, Coach, Seminarleiter, Moderator oder so etwas Ähnliches werden.«

Pragmatisch wie ich manchmal bin, habe ich einfach gleich nach hervorragenden Ausbildungen recherchiert, habe sie auch gefunden und sofort losgelegt. Diese berufliche Entscheidung traf ich ganz für mich allein, und auch die Erlaubnis, eine berufliche Wendung in meinem Leben durchzuführen, erteilte ich mir selbst.

Dieser letzte Aspekt, sich selbst die Erlaubnis zu geben, irgendetwas zu tun, ist unglaublich wichtig. Das lässt sich ganz leicht erklären. Wenn ich etwas umsetzen möchte, von dem ich weiß, dass andere, mir nahestehende Menschen es nicht gutheißen, und habe ich mir die Erlaubnis zu dieser Veränderung nicht selbst gegeben, dann kämpfe ich innerlich permanent gegen ein schlechtes Gewissen und Schuldgefühle gegenüber anderen Menschen an. Dies wiederum hat zur Folge – jetzt lehne ich mich weit aus dem Fenster –, dass mindestens sechzig Prozent meiner Zielerreichungsenergie an das schlechte Gewissen und die Schuldgefühle gebunden sind. Bleiben also nur noch vierzig Prozent meiner Zielenergie, um meine Fähigkeiten und Talente auf das neue Spielfeld zu bringen. Das allerdings ist für einen Neustart – was auch immer er beinhaltet – nicht ausreichend.

Möchten Sie einwerfen, dass sich das ja sehr leicht anhört, dass Sie aber beim Verkünden Ihrer Meinung oder Ihres Vorhabens das Gefühl hätten, Sie würden dafür auf irgendeinem Mittelalter-Marktplatz öffentlich gelyncht? Nun, es ist schwer, darauf zu antworten, ohne an dieser Stelle eine philosophische und spirituelle Abhandlung über die eigene Bestimmung im Leben einzuflechten. Ich beschränke mich deshalb auf eine simple Aussage, die Ihnen hoffentlich schon ein kleines Stück weiterhilft: Im Leben wird man an manchen Punkten vor die Wahl gestellt: entweder er/sie oder ich.

Wie sieht es mit Ihnen aus? Sie haben jetzt Zeit, sich vorzubereiten. Sie haben die Möglichkeit, im Inneren zu sagen: »Ich, und dann kommt erst mal lange nichts. Und das ist auch gut so.« Sie dürfen sagen: »Ich gebe mir die Erlaubnis, dies oder jenes zu tun. Ich bin mir bewusst, dass diese Entscheidung, die ich getroffen habe, nicht jedem gefallen wird. Aber so ist nun mal das Leben. Wenn ich mich richtig erinnere, handelt es sich um mein Leben. Damit es auch mein Leben bleibt, habe ich ab heute die Erlaubnis, das zu tun, was mir gefällt!«

Wenn Sie zu den Menschen gehören, die ihr Leben bereits aus der Hand gegeben haben, dann holen Sie es sich wieder zurück. Es ist nie zu spät.

Wahre Freunde bleiben für immer

Bei Ihnen könnte sich nun der Verdacht einschleichen, dass Sie mit dem Wissen um die richtige Positionierung Gefahr laufen, tatsächlich einmal unbeliebt zu sein. Vielleicht war es bis jetzt nur ein Spiel für Sie. Sie haben sich gedacht: »Ich lese mal ein bisschen in dem Buch und schaue, wie es anderen Menschen so geht.« Langsam, aber sicher merken Sie, dass es eventuell sehr viel Sinn haben könnte, wahrhaftig in das eigene Leben einzutauchen. Genau das könnte im Außen nicht jedem gefallen.

Gestern sagte eine Freundin zu mir, dass sie nun endlich den Anspruch an sich selbst losgelassen habe, immer nett und freundlich, hilfsbereit und motivierend zu sein, selbst wenn ihr in Wirklichkeit gar nicht danach ist. Warum haben so viele von uns diesen Anspruch? Warum glauben wir, dass wir uns immer im gleichen Verhaltenskorridor bewegen müssen? Wer verlangt das von uns? Wovor haben wir Angst? Vielleicht befürchten wir auch hier, dass sich für uns wichtige Menschen von uns zurückziehen könnten. Diesen Preis wollen wir nicht zahlen.

Bitte bedenken Sie jedoch eines: Wahre Freunde werden in Ihrem Leben bleiben, egal, was passiert. Wahre Freunde gehören zu der Sorte Menschen, die genau wie Sie die Fähigkeit besitzen, sich ihre eigenen persönlichen Schattenseiten anzusehen und sich diesen auch zu stellen. Das sind Freunde, die Sie trösten, wenn Sie weinen müssen. Die Sie aufbauen, wenn Sie mal einen nicht so guten Tag haben, und die sich neidlos mit Ihnen freuen, wenn Sie etwas in Ihrem Leben erreicht haben, was Sie sich schon lange vorgenommen hatten.

Diese Menschen gibt es in meinem und ganz bestimmt auch in Ihrem Leben. Sollte das nicht der Fall sein, dann haben Sie die richtigen Freunde noch nicht gefunden. Dann wäre Ihr erster Schritt, sich selbst der beste Freund zu sein, der Ihnen das gibt, was ich oben beschrieben habe. Sobald Sie dazu in der Lage sind, werden im Außen die Menschen in Ihr Leben treten, die Ihnen das widerspiegeln, was Sie in Ihrem Inneren erreicht haben. Wahre Freunde halten es aus, wenn die Freundschaft temporär ausgesetzt werden muss. Gut möglich, dass Sie diese Aussage verwirrend finden, deshalb möchte ich dieses Prinzip kurz an einem Beispiel erläutern.

Der junge vierfache Formel-1-Weltmeister Sebastian Vettel hatte in seiner Jugend ein ganz großes Vorbild: Michael Schumacher. Vettel hatte Originalautogramme von ihm gesammelt und natürlich auch ein Poster von ihm in seinem Zimmer hängen. Bis Ende 2012 waren die beiden Männer Konkurrenten auf den Rennstrecken der Welt. Ich gehe davon aus, dass sie sich persönlich sehr gut verstehen. Zumindest wird dieses Bild in der Öffentlichkeit vermittelt. Trotzdem mussten sie auf der Rennstrecke ihre Freundschaft temporär ausschalten, denn nur einer von beiden konnte den ersten Platz belegen. Hier haben wir sie wieder, die Frage: er/sie oder ich?

Genauso geht es nicht nur vielen anderen Sportlern, sondern auch ganz normalen Menschen wie Ihnen und mir. Ist Ihnen aufgefallen, dass Sie in Ihrem Leben aus Solidarität mit einer Freundin oder einem Freund schon mehr als einmal auf ein von Ihnen gewünschtes Ergebnis verzichtet haben, damit sie sich nicht schlecht fühlen, wenn sie das Ziel nicht erreichen? Dann sollten Sie sich dringend überlegen und es auch zu erspüren versuchen, wie es Ihnen dabei geht. Wenn Sie sagen, Sie haben kein Problem damit, weil Sie bescheiden sind und Sie jeder leiden mag, dann ist das in Ordnung. Wenn Sie aber eher der Typ sind, der sich im Nachhinein darüber ärgert, aus Rücksicht auf andere eine oder mehrere Chancen nicht ergriffen zu haben, dann wird es Zeit, dass Sie sich für sich selbst entscheiden! Und das in aller Freundlichkeit. Das bedeutet: Sie gönnen jedem alles, und aus dieser wohlwollenden Haltung heraus kann es sein, dass Sie Ihren Träumen schneller entgegenfliegen, als es Ihnen lieb ist!

Die Kunst des Prioritätensetzens

Damit Sie den Schlüssel der professionellen Positionierung zu Ihrer neuen Unabhängigkeit gut nutzen können, ist es also unabdingbar, dass Sie an sich selbst glauben, sich die Erlaubnis für Ihren Erfolg und die Tatsache, dass Sie so sind, wie Sie sind, erteilen sowie wissen, dass Ihre wirklichen Freunde Sie niemals verlassen werden. Kommen wir nun zu einer Kunst, die ebenso unabdingbar ist: der Kunst des Prioritätensetzens.

Fast alle sehr erfolgreichen Unternehmenschefs sind diesbezüglich wahre Meister. Haben Sie schon die autorisierte Biografie von Steve Jobs gelesen? Wenn nicht, sollten Sie das schleunigst nachholen. Eine der genialen Eigenschaften von Steve Jobs war die Fähigkeit, sich in Konzentration zu begeben und die drei wichtigsten Prioritäten im Erreichen von Ergebnissen zu setzen. Nichts und niemand konnte ihn danach daran hindern, von diesen Prioritäten abzuweichen. Da er es niemals zuließ, sich von seinen Visionen und Zielen abbringen zu lassen, gelang ihm in seiner herausragenden beruflichen Karriere alles das, was Außenstehende für unmöglich hielten.

Ein Beispiel aus seiner Erfolgsgeschichte bei der Firma Apple ist das Etablieren seines iTunes-Stores im Internet. Für diesen Verkaufs-Store benötigte er die Zustimmung sämtlicher Plattenbosse dieser Erde. Das zu erreichen war so gut wie unmöglich. Denn warum sollten sie mit Steve Jobs kooperieren? Seine Strategie sah daher vor, erst einmal die wichtigsten Musiker weltweit auf seine Seite zu bekommen. Und tatsächlich: Nach langen, zähen und nachhaltigen Konferenzen mit diesen Jungs aus der Musikbranche schaffte er es, das Unmögliche möglich zu machen.

Daran, dass er sich das getraut und seinen Traum vom iTunes-Store verwirklicht hat, schlucken viele seiner Konkurrenten noch heute, denn durch solche und zahlreiche andere Dinge, die Steve Jobs als Vorstandsvorsitzender für die Firma Apple umgesetzt hat, hebt sich das Unternehmen mehr als deutlich von seinen Wettbewerbern ab. Die Fähigkeit, Prioritäten zu setzen, war und ist einer der vielen Puzzlesteine für den bahnbrechenden Erfolg von Apple.

Nun frage ich Sie: Welche sind Ihre drei wichtigsten beruflichen und privaten Prioritäten? Bevor Sie antworten, schauen wir uns jedoch erst einmal kurz an, was unser imaginärer Leser Jan zu dieser Frage sagen würde: Meine erste Priorität ist, dass ich mit meinem Unternehmen den Umsatz erreiche, den ich mir für dieses Jahr vorgenommen habe. Die zweite Priorität, dass ich einen neuen Ingenieur einstelle, der mich dabei unterstützt, meine Produkte so zu verbessern und innovativ zu gestalten, dass ich die Konkurrenz um Lichtjahre abhänge. Meine dritte Priorität ist, dass ich mithilfe dieses Ingenieurs meine Produktpalette verkleinere und exklusiver gestalte.

Das hört sich doch alles recht passabel an, oder etwa nicht? Jetzt stellen wir uns einmal vor, Jan muss das eine oder andere unangenehme Gespräch mit mehreren Mitarbeitern führen. Da gibt es Frau Sommer, die fachlich sehr gut an den Produktionsmaschinen des Betriebs arbeitet, seit einiger Zeit jedoch immer häufiger durch Abwesenheit glänzt. Und das wäre noch nicht mal der Punkt, der ihm am meisten bei Frau Sommer aufstößt. Schlimmer ist der Zicken-Alarm, der ausbricht, wenn die Dame dann doch mal anwesend sein sollte. Ihre freche Klappe ist ihm schon seit Jahren ein Dorn im Auge. Kein Wunder, dass Jan am liebsten so wenig wie möglich mit Frau Sommer zu tun haben will.

Dann wäre da noch Herr Winter, sein eigentlicher Innovationsproduktionsleiter, der alles Mögliche im Unternehmen treibt, nur nicht das, wofür er monatlich sein Geld bekommt. Er redet den Einkäufern in ihre Arbeit rein, erklärt dem Vertrieb, wie man die Ware an den Mann bringt, und er mischt sich in Kundenabwicklungsaufträge ein, was nicht immer mit Sinn und Verstand passiert. Außerdem, so wurde es Jan von einem Mitarbeiter berichtet, arbeitet Herr Winter daran, sich nebenbei selbstständig zu machen. Jan ist wütend, sieht sich aber nicht in der Lage, irgendetwas dagegen zu unternehmen.

Vorhin haben wir von ihm erfahren, welche Prioritäten er für das Unternehmen festgelegt hat. Würde er diese Prioritäten mit seinem ganzen Herzen und seiner ganzen Schaffenskraft leben, dann würde er Frau Sommer und Herrn Winter so auf den Topf setzen, dass die beiden nicht mehr wissen, wie sie heißen. Das nämlich wäre die angemessene Vorgehensweise. Im Normalfall lege ich Wert auf einen guten Ton, aber manchmal muss man einfach mit dem Dschungelmesser durch die Steppe reiten und wild um sich schlagen. Wenn Sie wüssten, wie oft ich bei den Trainings, die ich in Unternehmen gebe, mit ansehen muss, wie sich gut ausgebildete Manager von faulen, eigensüchtigen und intriganten Mitarbeitern oder Kollegen auf der Nase herumtanzen lassen, würde Ihnen übel werden!

Möchten Sie jetzt einwenden, dass die Arbeitsgerichte nun mal leider sehr arbeitnehmerfreundlich eingestellt sind, so dass es passieren kann, dass selbst Mitarbeiter, die trotz Krankschreibung einem Zweitjob nachgegangen sind, nicht gekündigt werden können? Dass man häufig sehr viel Geld in die Hand nehmen muss, um unangenehme Mitarbeiter loszuwerden? Ja, manchmal ist das in der Tat der letzte Ausweg. Doch in den allermeisten Fällen ist das Geld gut angelegt. Denn all der Ärger, der mit solchen Problemfällen verbunden ist, kostet eine Menge Energie, die dann an anderer, wichtigerer Stelle fehlt. Das ist eine simple Rechnung.

Jetzt aber Sie: Machen Sie sich nun in Ruhe Gedanken darüber, welche Ihre drei beruflichen und privaten Prioritäten sind. Im nächsten Schritt wird es dann darum gehen, diese mit aller Konsequenz zu verfolgen.

Konsequent sein heißt erfolgreich sein

Ein Jahr vor seinem Tod gab der 2013 verstorbene deutsche Schauspieler Dieter Pfaff im Norddeutschen Rundfunk ein Interview. Dort berichtete er davon, wie er seine Schauspielkarriere aufgebaut hat. Ursprünglich war er Professor an der Universität für Musik und darstellende Kunst in Graz und spielte nebenbei kleinere Rollen im Fernsehen, unter anderem in der Vorabend-Erfolgsserie *Der Fahnder*. Mit Anfang vierzig entschied er sich dann, den Professorenjob an den Nagel zu hängen und sich ganz der Schauspielerei zu widmen. Das Dumme war nur, dass irgendein Regisseur in der Filmbranche verbreitet hatte, dass Dieter Pfaff nur das Zeug zum Nebendarsteller hätte und für eine Hauptrolle nicht geeignet sei. Dieter Pfaff stand deshalb vor der Entscheidung, diesen Ruf einfach hinzunehmen und für den Rest seines Lebens auf Nebenrollen reduziert zu werden oder seine Karriere als Charakterhauptdarsteller selbst in die Hand zu nehmen. Er entschied sich für die letztere Variante.

Er warf sich in die Entwicklung von zwei Hauptfiguren – unter anderem die des Kriminalkommissars Sperling –, suchte sich einen Autor und einen Regisseur und legte los. Der Erfolg gab ihm recht. Er hatte die richtige Entscheidung getroffen. Er hatte sich positioniert und alles getan, was in seiner Macht stand, um sein Ziel zu erreichen. Im Nachhinein lässt sich leicht sagen, dass doch klar war, dass er mit diesen genialen Charakterrollen Erfolg haben würde. Aber niemand hätte ihm damals von sich aus eine Chance gegeben.

Konsequent sein heißt also erfolgreich sein. Je genauer Sie wissen, was Sie im Leben wollen und was nicht, umso günstiger stehen die Chancen, dass sich Ihr Leben in die gewünschte Richtung entwickelt. In dem Moment, in dem Sie sich trauen, sich selbst zu inszenieren und in die Richtung zu bewegen, die Sie für sich als die wahre ansehen, in dem Moment beziehen Sie eine klare Position. Aus dieser klaren Position heraus sind Sie so gut wie unantastbar. Und das wiederum hat zur Folge, dass Sie es immer besser aushalten, ab und an unbeliebt zu sein – schließlich wissen Sie, dass Sie das Leben Ihrer Wahl leben.

Die anderen wissen es auch nicht besser

Meine Kundin Jacqueline hatte eine lange, gute Zeit als Vorstandsassistentin gehabt, doch die Zeichen für den weiteren Erfolg dieses Unternehmens standen nicht auf halbmast, sondern auf Versenkung. Das hatte zur Folge, dass seine jungen, dynamischen Vorstände auf einmal leicht überfordert waren. Eines ihrer »Lösungs«-Werkzeuge war das Demotivieren ihrer Mitarbeiter, indem sie vielen Schlüsselpersonen im Unternehmen erklärten, dass sie ihre Zielvorgaben nicht erreicht hätten und somit der zugesagte Bonus natürlich nur minimal ausfallen könne.

Jacqueline selbst ist der Typ fleißiges Bienchen. Seit Jahren machte sie jeden Tag Überstunden. Sie war jung, hatte die nötige Kraft, und sie liebte die Menschen und das Miteinander in ihrem Unternehmen. Natürlich empfand sie es da als Niederlage, dass sie ihre Ziele für das Unternehmen nicht erreicht haben sollte, denn sie selbst sah das ganz anders. Ihre Motivation sank auf den Nullpunkt. Also machte sie sich auf die Suche nach einer neuen beruflichen Herausforderung, auch wenn sie zunächst keinerlei Ahnung hatte, was sie ab sofort tun könnte und auf welche Stelle sie sich bewerben sollte. Sie fragte ihre Familie, ihre Freunde und einige Bekannte, ob sie einen Tipp hätten. Das kann man natürlich so machen, aber die Chance, dabei einen Volltreffer zu landen, ist nicht besonders groß. Man braucht selbst ein Gefühl dafür, was man am liebsten machen möchte.

Meiner Meinung nach war Jacqueline sowieso noch nicht in ihrem optimalen Job-Feld angekommen, und so war es äußerst nett von ihrem Leben, dass es ihr ein paar neue Karten zuspielte. Diese Karten sahen für sie gefühlsmäßig zunächst schlecht aus. Doch nachdem sie sich zunehmend mit dem Gedanken angefreundet hatte, das Unternehmen zeitnah zu verlassen, bekam sie eine Ahnung davon, was noch alles in ihr steckte. Einmal von dieser Welle ergriffen, entschied sie sich dafür, darauf weiterzureiten. Was ihr während des ganzen Prozederes klar wurde: Viel zu oft hatte sie bei wichtigen Entscheidungen in ihrem Leben die Zügel aus der Hand gegeben, weil sie dachte, dass es andere besser wüssten als sie. Seitdem sie nun aber aus ihrer inneren Stärke heraus agierte, fiel es ihr weitaus leichter, unangenehme Situationen auszuhalten. Mittlerweile kann sie es verkraften, nicht immer die nette, zuvorkommende und zuverlässige Jacqueline zu sein.

An diesem Beispiel konnten Sie wieder einmal sehen, wie wichtig es ist, selbst zu wissen, was man kann, was man liebt und was man gerne tun möchte. Um dieses Wissen zu erlangen, lohnt es sich, die vorangegangenen Schlüssel in diesem Buch auszuprobieren und anzuwenden.

Niederlagen sind Lernfelder

Der nächste Schritt zu Ihrer richtigen Positionierung ist der Umgang mit Niederlagen. Ich weiß auch nicht, wieso wir Menschen alle ein so großes Problem damit haben. Die Fragen, die wir uns hier vielleicht stellen können, sind: Was ist denn überhaupt eine Niederlage? Wer bestimmt, was eine Niederlage ist und was keine?

Schaut man im Duden nach, wird der Begriff wie folgt erklärt: »Das Unterliegen bei einer Auseinandersetzung im militärischen, persönlichen oder sportlichen Sinne.« Wenn der FC Bayern gegen Borussia Dortmund im DFB-Endspiel verliert, wie es im Sommer 2012 der Fall war, dann ist das logischerweise für Bayern eine heftige Niederlage. Das Lustige bei sportlichen Wettkämpfen ist, dass dort gefühlte tausend Ausreden gefunden werden, warum man nicht besser war als der Gegner, oder man rettet sich einfach mit der Aussage, dass der Gegner schlichtweg Dusel hatte – anstatt anzuerkennen, dass die andere Mannschaft besser gespielt hat.

Das machen wir in unserem persönlichen Leben meist nicht so, hier suchen wir nicht unbedingt die Schuld bei den anderen. Natürlich gibt es immer wieder Zeitgenossen, die sich bis zum Abwinken rausreden, wenn das Kind in den Brunnen gefallen ist, aber um die geht es hier nicht, denn sie nehmen sowieso kein Buch in die Hand, in dem es um Eigeninitiative und Selbstreflexion geht.

Nein, wir reden hier von den Menschen, die so sind wie wir, die sich eher voreilig dafür verantwortlich machen, wenn etwas schiefgelaufen ist. Nehmen wir den Fall von Maren, einer hochdotierten Projektmanagerin in der Chemiebranche. Sie machte vor einem Jahr den Fehler, ihre gescheiterte Ehe mit Michael als eine ihrer größten Niederlagen zu erleben. In sehr ehrlichen Momenten gestand sie sich ein, dass ihre Ehe sowieso schon seit zwei Jahren vor sich hingeplätschert war, sie noch nie nennenswerte Gemeinsamkeiten mit Michael hatte und jeder Kauf eines Möbelstückes für ihr neues Haus einen Marathon der negativen Gefühle auslöste. Trotzdem war sie am Boden zerstört, als sie dahinterkam, dass Michael schon längere Zeit eine Affäre mit seiner Kollegin Angela hatte. Sie fühlte sich wie eine aussortierte Frau. Jedem Außenstehenden wurde ihrer Meinung nach mit Michaels Verhalten demonstriert, dass sie die schlechtere Wahl sei. Sie glaubte, jeder müsse nun wissen, dass Angela besser sei als sie. Da muss man erst einmal draufkommen. Absurd, so zu denken, aber leider eine sehr gängige Vorgehensweise in der Innenwelt von verlassenen Frauen.

Schön wäre es, wenn jeder von uns erkennen könnte, dass alles, was auf uns im Leben zukommt, ein Lernfeld ist. Ob wir die schwierige Situation selbst mit verursacht haben oder nicht, spielt dabei keine Rolle. Ebenso wenig spielt es eine Rolle, ob es eine unangenehme Erfahrung war, weil wir uns dabei klein und verletzt gefühlt haben. Alle Begebenheiten in unserem Leben sind Lektionen, die nur eins im Sinn haben: uns besser, glücklicher und zufriedener zu machen. Sei es die gescheiterte Ehe, der verlorene Job, die Intrige, die gerade gegen uns angezettelt wird, sei es eine ernste Krankheit oder der Verlust einer größeren Geldsumme – all das kommt in unser Leben, damit wir daran wachsen.

Wenn Sie sich viel mit dem öffentlichen Leben beschäftigen, dann haben Sie sicher schon bemerkt, dass hinter jedem großen Erfolg im Vorfeld meist kleine und manchmal auch große Niederlagen standen. Das Entscheidende dabei ist die Art und Weise, wie wir mit unseren gefühlten Niederlagen umgehen. Wir selbst erschaffen unser eigenes Universum. Wir sind der kreative Part.

Was halten Sie davon, wenn Sie Ihre innere Wahrnehmung in Zukunft so steuern, dass Sie wissen, dass alles ein Lernfeld ist? Egal, was auf Sie zukommt, und unabhängig davon, wie Sie die Situation handhaben? Das wäre ideal. Es wird Ihnen unglaublich helfen, sich im Leben und an den Ihnen wichtigen Plätzen besser zu positionieren.

Die Königsdisziplin: Entscheidungen treffen

Jetzt kommen wir zur Königsdisziplin in unserem Positionierungs-Kapitel. Es geht um die Kunst, willentlich Entscheidungen zu treffen. Wir hatten weiter vorn das Thema bereits angerissen: In vielen Unternehmen gibt es Führungskräfte, die genau damit ein Problem haben. Sie lassen andere entscheiden oder sitzen Dinge aus. Manchmal begründen sie ihr nicht zielförderndes Verhalten sogar damit, dass sie angeblich noch nicht alle Informationen zusammenhaben. Erst wenn sie wirklich sämtliche Fakten geprüft hätten, könnte es sein, dass sie in diesem Leben noch zu einer finalen Entscheidung kommen – wenn sie Glück haben, haben sie dann noch den Job, in dessen Kompetenzfeld sie sie vor gefühlten dreiundzwanzig Jahren hätten treffen sollen. Wie man sich unschwer vorstellen kann, bleibt ein solch zögerliches Verhalten natürlich nicht auf den Beruf beschränkt. Im Privatleben läuft es dann meist ganz genauso.

Wieso fällt es manchen Menschen so schwer, sich zu entscheiden? Warum ist es anscheinend lebensbedrohlich, Position zu bestimmten Themen zu beziehen? Einer der Hauptgründe auf der unbewussten Ebene ist die Angst, man könnte eine falsche Entscheidung treffen. Aber es kommt auch vor, dass man genau weiß, wie man sich entscheiden müsste, und es dennoch nicht macht.

Ich erzähle Ihnen hierzu ein Beispiel. Der neue, junge Geschäftsführer einer alteingesessenen Firma, vollgepackt mit frischen Ideen für die Produktpalette und natürlich auch mit Arbeit, stand vor einem großen Problem: Unter seiner Führung arbeiteten einige Mitarbeiterinnen, die beschlossen hatten, sich gegenseitig zu bekämpfen. Dieser junge Mann verstand die Welt nicht mehr. Kaum war eine der Damen aus seinem Büro entschwunden, nachdem sie eine Hasstirade auf die anderen losgelassen hatte, da kam schon die nächste Diva zu ihm und machte nahtlos weiter, jede war natürlich die Unschuldige. Nachdem sich der Geschäftsführer das ein paar Wochen lang angetan hatte, fragte er mich, ob ich nicht wüsste, wie er diese Meute unter Kontrolle bekommen könne.

Natürlich gab es hierfür die verschiedensten Reaktionsmöglichkeiten. Er entschied sich dafür, die streitlustigen Damen an einen Tisch zu bitten und ihnen mitzuteilen, dass jetzt die Gelegenheit sei, alles, was sie sonst im Einzelnen bei ihm im Büro vortrügen, hier zu präsentieren. Seine einzige Bedingung war, dass die Damen bei der Sache blieben und nicht persönlich wurden. Es dauerte nicht mal drei Minuten, da platzte die Bombe. Die eine warf der anderen an den Kopf, dass sie sie nicht ausstehen könne und von heute an kein Wort mehr mit ihr reden würde. Die davon Betroffene war zufällig die dem Unternehmen gegenüber loyalste Mitarbeiterin. Natürlich war sie sehr verletzt und kämpfte mit den Tränen. Das ganze Gespräch eskalierte derart, dass der junge Geschäftsführer die Besprechung beendete und alle Damen aus seinem Büro verwies. In der nächsten Woche, so sagte er, würde er die Konsequenzen für dieses Verhalten kommunizieren.

Am liebsten hätte er der unausstehlichen Querulantin sofort gekündigt. Das war das, was ihm sein Bauchgefühl sagte. Doch sein Verstand hielt ihn zurück, da in dem Unternehmen so viel Arbeit anfiel, dass er sowieso kaum ein noch aus wusste. Wenn jetzt noch jemand ausgefallen wäre, wäre das Chaos perfekt gewesen. Außerdem kannte er sich arbeitsrechtlich noch nicht wirklich gut aus und wollte nicht das Risiko eingehen, eventuell teuer dafür bezahlen zu müssen.

Bestimmt ist Ihnen klar, dass das eigentliche Problem in dieser Geschichte verschleppt worden ist. Manchmal ist es einfach die weisere Entscheidung, Nägel mit Köpfen zu machen und alles auf eine Karte zu setzen. Kleine Verluste gibt es immer. Dabei hätte der Geschäftsführer gleich mehrere Fliegen mit einer Klappe schlagen können, wenn er seinem Instinkt gefolgt wäre. Im Nu hätte in dem Hühnerstall Ruhe geherrscht. Erstens hätte sich keine weitere Mitarbeiterin den Luxus geleistet, lästernd in sein Büro zu stürmen. Zweitens hätten sich alle wieder mehr um die Arbeit kümmern können anstatt um die nächste Intrige.

Last not least wäre der Weg frei gewesen, um eine noch bessere Arbeitskraft einzustellen. Zur Abwechslung vielleicht mal einen Bürokauf*mann*?

Sich entscheiden zu können macht nicht nur sexy, sondern auch stark. Zu wissen, was man will und was man nicht will, trägt sehr viel zur eigenen Positionierung bei. Egal, in welcher Lebenslage. Dass nicht zwangsläufig jede Ihrer Entscheidungen auf Gefallen bei anderen stößt, ist auch klar. Da Sie aber mittlerweile wahrscheinlich sogar Spaß daran haben, das Unbeliebtsein ab und an mal auszuhalten, sind Ihrem Entscheidungsdrive keine Grenzen mehr gesetzt. Sie wissen ja, wenn *Sie* nicht entscheiden, entscheidet ein anderer. Keine Entscheidung zu treffen bedeutet, die Entscheidung zu treffen, keine Entscheidung zu treffen. Sie können es drehen und wenden, wie Sie wollen, Entscheidungen treffen Sie immer.

Wenn Sie das nächste Mal in eine Situation geraten, wo Sie fast verrückt werden, weil sich Ihr Gegenüber hin und her windet und vor einer dringend notwenigen Entscheidung drückt, dann beziehen Sie Position. Sagen Sie vor versammelter Mannschaft: »Habe ich das gerade richtig verstanden? Sie wollen nicht die Entscheidung treffen, dass die Maschine XY gekauft wird, obwohl Sie wissen, dass wir in akutem Lieferverzug sind und die Gefahr besteht, dass unsere Kunden zur Konkurrenz abwandern? Darf ich Sie darauf aufmerksam machen, dass Sie damit die Entscheidung getroffen haben, dass unser Unternehmen nicht lieferfähig ist?« Die Verantwortung liegt bei Ihnen!

Geben Sie sich nicht mit einem Nein zufrieden

Da Sie es inzwischen immer besser aushalten, auch mal unbeliebt zu sein, können wir jetzt noch einen draufsetzen: Wie oft geben Sie sich in Ihrem Leben mit einem Nein zufrieden? Wie oft haben Sie bei den letzten Neins noch einmal Anlauf genommen und versucht, Ihre Wunschlösung doch noch durchzubekommen? Seien Sie ehrlich: ein Mal, zwei Mal oder keinmal?

Woran liegt es, dass wir uns so schnell mit einem Nein zufriedengeben?

Die wahren Wirtschaftsgenies akzeptieren kein Nein. Die wollen Lösungen hören und nicht den Grund dafür, warum bestimmte Dinge nicht gehen. Dass etwas nicht geht, sehen sie selbst. Diese Genie-Menschen haben ihren Fokus zu hundert Prozent auf die Lösungsenergie eingestellt. Sie weigern sich, anders zu denken als in Lösungen. Das erfordert sehr viel Mut und Kraft. Sie kennen bestimmt die obligatorischen Antworten von Mitarbeitern, wenn Prozesse neu geregelt werden sollen. Entweder hört man dann: »Das haben wir noch nie so gemacht« oder »Das haben wir schon immer so gemacht«. Damit ist der Fall für diese Leute erledigt.

Möglicherweise ist ein Grund dafür, dass man davor zurückschreckt, bei einem Nein noch einmal aktiv zu werden, der Glaube, man müsse einen riesigen Kraftakt leisten. Dazu haben die meisten Menschen keine Lust. Zudem wäre die Gefahr zu groß, dass man sich unbeliebt macht, da man augenscheinlich das Nein seines Gegenübers nicht für voll nimmt. Und dann könnte der andere sehr böse werden. Dabei sind die Chancen gar nicht so schlecht, dass man ein Nein umschmeißen kann. Viele sagen nämlich einfach deshalb Nein, weil sie ihre Ruhe haben wollen oder es ihnen zu lästig ist, für eine Sache, von der sie selbst nichts haben, aktiv zu werden. In den wenigsten Fällen ist das erste Nein einzementiert.

Was einige von Ihnen sicher schon probiert haben, ist das argumentative Aushebeln solcher Neins. Oder Sie haben es mit penetrantem Nerven geschafft, jemanden umzustimmen. Aber seien Sie ehrlich, so wirklich glücklich macht das nicht. Glücklich macht es, wenn derjenige, der Ihnen gegenübersteht, zu der Einsicht gelangt, dass sich das Suchen anderer Lösungsmöglichkeiten lohnt und er oder sie sich dabei noch wohlfühlt. Das können die banalsten Situationen sein.

Vor Kurzem hatte ich selbst so einen Fall. Ich wollte auf einer Insel ein Ferienhaus buchen, das mir im Internet besonders gut gefiel. Leider gab mir die Vermietungsagentur die Auskunft, dass es in der von mir gewünschten Zeitspanne zwar frei sei, der Vermieter aber unbedingt vermeiden wolle, dass Lücken von halben Wochen entstehen. Das wäre bei mir der Fall gewesen. Meine Buchung hätte zwischen dem letzten Mieter und mir eine Zeitlücke von zehn Tagen zur Folge gehabt, so dass entweder das Haus unnötig leer gestanden hätte oder ein potenzieller Langzeitmieter für zwei Wochen auf eine andere Immobilie hätte ausweichen müssen. Die Vermietungsagentur nannte mir nun fünf Alternativen, aber leider sagte mir keines dieser Häuser zu hundert Prozent zu. Das teilte ich ihr mit, sagte aber auch, dass ich zähneknirschend die zweite Wahl akzeptieren würde, da ich die Agentur in mein Herz geschlossen hätte – unter anderem, weil mich der Geschäftsführer sehr lösungsorientiert beraten hatte.

Der ausschlaggebende Punkt war allerdings gewesen, dass diese Immobilienagentur einen All-inclusive-Preis anbot, was auf dieser Insel so rar ist wie Seesterne in den Alpen. Anders ausgedrückt, mein Tischrechner qualmte seit drei Tagen, da ich nur noch irgendwelche zusätzlichen Kosten zur eigentlichen Hausmiete addierte. Angefangen beim Wäschepaket in den verschiedensten Varianten von kratzig bis kuschelig, bis hin zu den diversen Endreinigungspauschalen, die je nach Personenzahl, Anzahl der Tage sowie der mitgebrachten Haustiere feinste Nuancen aufwiesen. Als ich das Gefühl hatte, endlich halbwegs durch den Preisdschungel gestiegen zu sein, tauchten noch Zuschläge dafür auf, dass in einem für vier Personen geeigneten Mietobjekt auch wirklich vier Personen einzogen. Das Schlimmste an alldem war, dass es keine einheitlichen Regelungen gab, sondern jeder Vermieter seine eigene Weisheit gefunden hatte.

Ich sagte also dem Vermittlungsagenten meiner Wahl, dass ich bereit zu Kompromissen sei, da ich unbedingt ihn als Vertragspartner wollte. Dies schien den Agenten, der mir bis zu diesem Zeitpunkt völlig fremd war, derart motiviert zu haben, dass er es tatsächlich schaffte, den Vermieter davon zu überzeugen, mir mein Wunschhaus in dem von mir gewünschten Zeitraum zu überlassen. Es hatte sich also gelohnt, dass ich ehrlich und mit weit geöffnetem Herzen das gesagt hatte, was ich fühlte.

Fazit: Bei einem Nein müssen Sie nicht zwangsweise kämpfen, um Ihr Wunschziel zu erreichen, Sie können es durchaus auch mit Ihrer offenen Herzensenergie versuchen. Das wird nicht immer klappen, da es Menschen gibt, die so wenig Liebe in sich tragen, dass sie dadurch nicht positiv berührt werden (vielleicht werden sie sogar aggressiv). Bei einem Großteil wird es jedoch klappen. Allein deswegen, weil wir alle süchtig nach Anerkennung und Würdigung sind. Wären wir gemeinschaftlich in der Lage, uns diese einfachen Bedürfnisse gegenseitig zu erfüllen, hätte die Schokoladen- und Süßigkeitenindustrie ein echtes Problem.

Dranbleiben und gut sein, wenn es darauf ankommt

Neulich hatte ich eine Kundin im Training, die sich auf eine große Präsentation in der darauffolgenden Woche vorbereiten wollte. Sie konnte zu diesem Zeitpunkt schon kaum mehr schlafen vor Aufregung und ging jeden Tag mit Magenschmerzen ins Büro. Ganz nebenbei fragte sie mich, ob ich ein Mittel zum Einnehmen kenne, um die Aufgabe ganz souverän zu stemmen. Unter uns: Wenn ich so ein Mittel hätte, müsste ich wahrscheinlich nicht mehr arbeiten. Aber es gibt wirklich ein Gegenmittel. Jeder von uns kann es in seiner eigenen Körper-Chemiefabrik herstellen: Es nennt sich Fokusverlegung und Gutsein, wenn es darauf ankommt.

Fangen wir mit der Fokusverlegung an. Die meisten Menschen machen den Fehler, dass sie sich bei einem bevorstehenden Vortrag nur mit sich selbst beschäftigen. Schon während sie üben, stellen sie sich die bösen Blicke der potenziellen Zuschauer vor, die sie bereits im Vorfeld kritisch auseinandernehmen werden. Da hätte wahrscheinlich jeder Magenschmerzen.

Stattdessen tun Sie Folgendes: Sie konzentrieren sich ausschließlich darauf, welchen Vorteil Sie den Zuhörern verschaffen. Die Fragen in der Vorbereitung lauten daher nicht: Was muss ich tun, um super dazustehen?, sondern: Wie kann ich dem Zuhörer das Leben erleichtern? Welchen Nutzen hat der Zuhörer von meiner Präsentation? Wenn Sie und meine Kundin in Zukunft mit einer solchen Haltung ins Rennen gehen, können Sie nur punkten.

Nun zum Gutsein. Erinnern Sie sich daran, dass jede Situation eine Gelegenheit ist, sich selbst zu positionieren – egal, in welchem beruflichen Karrierestadium Sie sich gerade befinden oder welchen privaten Herausforderungen Sie sich stellen müssen. Es macht einfach sehr viel Sinn, das Beste zu geben, gerade in Situationen, in denen andere Menschen als Zuschauer, Beurteiler und Bewerter involviert sind. Je besser Sie sich innerlich aufgestellt haben, je mehr Sie an sich und Ihre Ideale glauben, desto leichter wird es Ihnen fallen, gut zu sein, wenn es darauf ankommt. Diese Chance würde ich mir nicht entgehen lassen.

Jedes Erfolgserlebnis, das Sie in Ihrem Leben generiert haben, wird Sie ein Stück mehr stärken. Unangenehme Gespräche werden für Sie dauerhaft zum Heimspiel, und Sie werden sich zukünftig keine Gedanken mehr darüber machen, ob irgendjemand ein Problem damit haben könnte, dass Sie irgendetwas in einer bestimmten Art und Weise sagen.

Verstecken bringt nichts

Der letzte Baustein in unserem Positionierungs-Kapitel hat mit Scham zu tun und der Fähigkeit, nicht nur zu unseren Schokoseiten, sondern auch zu unseren Schattenseiten zu stehen.

Letzte Woche berichtete mir ein Kunde während eines Telefonats, dass er einen unglaublichen Bammel davor habe, in ein klärendes Gespräch mit seinem Chef zu gehen. Ich fragte etwas genauer nach, was ihn denn so beunruhige. Dabei kam heraus: Er hatte eine große Angst davor, dass jeder Fehler, den er jemals gemacht hatte, aufs Tablett kommen würde, er nach diesem Gespräch zehn Zentimeter kleiner wäre und wahrscheinlich sofort seine Kündigung einreichen könnte. Mit dieser Scham könnte er nicht leben. Natürlich wollte ich von ihm wissen, wie er denn zu diesen Annahmen käme. Daraufhin durfte ich mir wirklich die abstrusesten, an den Haaren herbeigezogenen Vermutungen, Befürchtungen und detektivisch genau recherchierten Ideen anhören.

Sehr viel leichter würden wir es uns machen, wenn wir zu allem stünden, was wir in unserem Leben jemals »verbrochen« haben. Sei es die Fensterscheibe des Nachbarn, die wir durch geschickte Ballführung im Alter von elf Jahren zerschlagen haben, sei es die Notlüge, die wir unserer Oma aufgetischt haben, um ihr zehn D-Mark aus der Tasche zu leiern, oder sei es die Trennungs-Begründung, man hätte sich auseinandergelebt, obwohl wir an nichts anderes mehr denken konnten als an den Neuen bzw. die Neue. Jeder von uns hat eine kilometerlange Liste voller unethischer Taten in seinem Inneren. Na und? Je eher wir uns mit der Tatsache abfinden, dass wir nur ein Mensch sind und nicht Jesus oder Buddha, umso leichter wird unser Leben.

Auf das, was sich die anderen aus den Fingern saugen und über uns erzählen, haben wir sowieso keinen Einfluss. Neulich ist mir wieder etwas Unglaubliches passiert. Nach zwölf Jahren traf ich einen alten Bekannten auf der Straße, und der fragte mich mit sorgenvoller Miene: »Diana, wie geht es dir denn, ist wieder alles gut?« Ich versicherte ihm, dass es mir blendend gehe, doch seine mitleidige und bedauernde Miene wollte sich nicht verziehen. Also bohrte ich doch mal ein bisschen nach, und siehe da, was kam heraus? Irgendeine Bekannte von früher hatte über mich erzählt, dass es mir so furchtbar schlecht gehe, dass ich sogar in Therapie gewesen sei. Klar hatte ich in meinem Leben schon Phasen, in denen es mir nicht besonders gut ging, aber ich weiß definitiv, dass ich nicht in Therapie war. (Wobei ich überhaupt nichts gegen Therapien habe: Mit Sicherheit sind sie für viele Menschen sehr sinnvoll und unterstützend.)

Wie dem auch sei, Sie sehen, die Menschen erzählen das, was ihnen gerade in den Sinn kommt – über Sie, über mich und über alle anderen. Auch deshalb gilt: Stehen Sie zu allem, was Sie in

Ihrem Leben angestellt haben, und zwar genau in dem Maße, wie Sie stolz auf alles sind, was Sie erreicht haben. Das ist die gesunde Mischung.

Mittlerweile kann ich außerdem auch gut damit leben, dass in der heutigen digitalen Welt jeder alles über mich herausbekommen kann, wenn er nur möchte. Wenn ich mit meinem Smartphone unterwegs bin, weiß sowieso jeder, wo ich bin. Mein Haus ist auf Google Earth gut sichtbar, irgendwelche Schelme versuchen gerade täglich, von meinem Konto elf Euro fünfzig abzubuchen, peinliche Jugendfotos sind garantiert leicht auf meiner Abi-Internetseite auffindbar, und was irgendwelche Pappnasen, die ich vielleicht nicht einmal kenne, über mich im Internet schreiben könnten, das interessiert mich nicht die Bohne. So ist nun mal die Welt, in der wir heute leben – mit ihren Vorzügen und ihren Schattenseiten.

Lassen Sie die Menschen also ruhig alles von sich wissen und stehen Sie dazu. Je mehr Sie zu sich stehen, so wie Sie sind, desto leichter fällt es Ihnen, das Unbeliebtsein immer öfter auszuhalten.

Die Poleposition ist für Sie reserviert

Fassen wir noch einmal zusammen:

- Sie werden von jetzt an immer an sich selbst glauben.
- Sie haben sich die Erlaubnis für Ihren Erfolg sowie die Erlaubnis, so zu sein, wie Sie sind, spätestens heute erteilt.
- Sie wissen, dass Ihre wirklichen Freunde Sie niemals verlassen werden.
- Sie konzentrieren sich ab sofort auf Ihre zwei bis drei wichtigsten Projekte im Leben.
- Sie ziehen Ihre Vorhaben konsequent durch.
- Das, was Sie wissen, ist schon eine ganze Menge.
- Ihre Niederlagen sind Ihre Lernfelder.
- Sie treffen alle Entscheidungen für sich und Ihr Leben alleine.
- Bei einem Nein sagen Sie in Zukunft: »Jetzt erst recht.«

- Sie bleiben an Ihren Zielen und Vorhaben dran.
- Alle dürfen von Ihnen alles wissen, das macht Sie unangreifbar.
- Wenn Sie sämtliche vorhergehenden Punkte beherzigen, sind Sie die unangefochtene Nummer eins.

Freuen Sie sich jetzt darauf, sich in den letzten Schlüssel unseres gemeinsamen Trainingsprogramms zu vertiefen: Es ist gut zu wissen, was man im Leben will.

SIEBTER SCHLÜSSEL

Wissen, was man will, und wissen, was man nicht will

Ihr Zauberstab, um unbeliebt und glücklich zu werden

Manche von Ihnen haben sich möglicherweise bei den vorangegangenen Kapiteln an der einen oder anderen Stelle gedacht, dass Sie doch schon alles tun, was hier vorgeschlagen wird, und trotzdem nicht das im Leben erreichen, was Sie sich wünschen, bzw. nicht aushalten, einmal unbeliebt zu sein. Ist das so? Dann sollten wir noch ein paar klitzekleine Feineinstellungen vornehmen bei den einzelnen Punkten, die bei Ihnen zu verändern sind.

Da ich Ihre individuelle Situation nicht kenne, ist es natürlich nicht so einfach, eine Ferndiagnose für Sie zu erstellen. Das wäre ungefähr so, als wenn Sie im Elektronikmarkt anriefen und fragten, was mit Ihrem Fernseher los ist, der gestern den Geist aufgegeben hat. Der Fachberater geht mit Ihnen alle möglichen Ursachen am Telefon durch, angefangen beim Stecker, der sich günstigerweise in der Steckdose befinden sollte, über die Batterie in Ihrer Fernbedienung, die eventuell leer sein könnte, bis hin zu komplexeren Fragen zu Ihrer Satellitenschüssel und dem Innenleben Ihres Geräts. Sind die einfachen Lösungsmöglichkeiten nicht der Grund dafür, dass Ihr Abendunterhalter nicht funktioniert, wird ein Techniker bei Ihnen vorbeikommen müssen, um sich vor Ort ein Bild zu machen.

Keine Sorge, ich komme nicht bei Ihnen zu Hause vorbei. Ich habe etwas noch viel Besseres vor: Ich werde Ihnen einen Zauberstab in die Hand drücken, mit dem Sie es auf einen Schlag aushalten können, ab und zu mal unbeliebt zu sein. Ganz aus der Verantwortung kann ich Sie bei dieser ultimativen Lösung zwar nicht lassen – Sie müssen schon noch in den aktiven Lebensmodus switchen, um bestimmte Dinge in Ihrem Leben zu verändern –, aber der Zauberstab wird trotzdem Wunder wirken.

Wir sind nun an dem Höhepunkt dieses Buches angelangt. Sie haben Ihr persönliches Ziel vor Augen, Sie leben in Ihren eigenen Visionen und Sie lassen sich von nichts und niemandem davon abbringen. Sie wissen, was Sie im Leben wollen und was Sie nicht wollen. Vertrauen Sie Ihren eigenen Träumen auch weiterhin und lassen Sie sich schon gar nicht von anderen Personen dazu verleiten, das eigene Ziel auch nur eine Sekunde aus den Augen zu verlieren.

Die gute Nachricht für die meisten Männer ist, dass sie dank ihrer Gene und der wollwollenden Erziehung ihrer Mütter bereits von Haus aus sehr zielfokussiert sind. Die schlechte Nachricht ist, dass sie oftmals in den Turbokampfmodus schalten. Dadurch geht ihnen an irgendeiner Stelle im Leben wahrscheinlich die Puste aus, weil die Leichtigkeit fehlt. Die weiblichen Leser haben es da an manchen Stellen etwas einfacher. Sie schauen meist zwischendurch nach rechts und links und können somit alle möglichen hinderlichen Begleitumstände und Bedingungen in ihren persönlichen Weg zum Ziel integrieren – immer unter der Prämisse, dass sie ein klares Zielbild haben. Das ist nämlich die schlechte Nachricht für einige Leserinnen: Sie sollten schleunigst daran arbeiten, für sich selbst Ziele zu definieren, statt stoisch die Ziele anderer nahestehender Personen zu verfolgen.

Nehmen wir jetzt an, dass Sie die Fähigkeit besitzen, zu träumen und sich vorzustellen, was Sie im Leben alles erreichen möchten, und dass Sie Spaß und Freude daran haben, all das auch umzusetzen. Dann ist nun die beste Gelegenheit, Ihren persönlichen Zauberstab zu benutzen. Bevor ich mit Ihnen allerdings die Bedienungsanleitung dieses Wunderteils durchgehe, drehen wir noch einmal eine kleine Schleife und widmen uns kurz dem Leben von Adelheid.

Warum es leichter ist, sich unbeliebt zu machen, wenn man weiß, was man will

Adelheid ist eine Unternehmerin und eine von denen, die es sich zur Aufgabe gemacht haben, die Welt zu retten. Sie ist weder Gründerin von Greenpeace noch von einer anderen Umweltorganisation, sondern Inhaberin einer Agentur, die Künstler vermittelt. Sie hat mich beauftragt, sie dabei zu unterstützen, das Unbeliebtsein ab und an einmal auszuhalten.

Nachdem sie jahrelang wie eine Besessene geschuftet und ihren Künstlern in allen Lebenslagen das Händchen gehalten hat, ist ihr bewusst geworden, dass für sie finanziell zu wenig dabei rüberkommt. Mit etwa achtzig wöchentlichen Arbeitsstunden kommt sie dem Arbeitspensum von angehenden Ärzten in ihrer Facharztausbildung in deutschen Krankenhäusern schon sehr nahe. Und dazu hat sie absolut keine Lust mehr. Sie erzählte frei von der Leber weg, dass sie es bei ihren Künstlern partout nicht schaffe, Nein zu sagen, selbst wenn diese mit den schrillsten Anfragen auf sie zukämen. Es fiele ihr auch schwer, sich von dem einen oder anderen Künstler zu trennen, wenn dieser eine hochdotierte, interessante Arbeit nicht mehr wahrnehmen wolle, obwohl sie die Verträge dafür längst in trockenen Tüchern hatte.

Der von ihr vertretene Künstler Ivan zum Beispiel hatte vergessen, ihr mitzuteilen, dass ihm der Weg zum Filmset im Moment zu weit ist und er sich außerdem gerade im Selbstfindungsmodus befindet. Das mit der Selbstfindung ist ja schön und gut, aber nachdem sich Adelheid sehr angestrengt hatte, um für Ivan überhaupt eine Rolle zu finden, war sie am Boden zerstört. Sie beschloss, in ihrem Leben etwas zu ändern und zu lernen, sich besser durchzusetzen.

Ich kürze die Geschichte an dieser Stelle etwas ab, denn Sie ahnen vermutlich schon, was bei diesem Durchsetzungs-Training herausgekommen ist: Für Adelheid war die Zeit gekommen, sich dem eigenen Selbstfindungsprozess zu stellen. Ihr von Kindheit an gehegter Wunsch, als Regisseurin zu arbeiten, schoss bei unserem Training aus ihrem Unterbewusstsein an die Oberfläche. Der Traum lag also plötzlich vor ihr, und Adelheid fühlte sich überrumpelt. Mit allem hatte sie gerechnet, nur nicht damit, dass *sie* jetzt dran war. Zuerst fühlte sie sich wie ein schüchternes Kind, dem man sagt, dass es jetzt groß genug sei, um alleine in die Stadt zu fahren. Sie hatte große Bedenken, ob sie überhaupt das Talent dazu hatte, kreativ zu arbeiten und Menschen in Geschichten so in Szene zu setzen, dass der Zuschauer gefesselt sein würde – obwohl sie in der Vergangenheit bereits zur Genüge Ausbildungen absolviert hatte, die eng mit dem Thema Regie verknüpft waren.

Aus ihrem Jugendtraum, der für sie fast vergessen war, entstand nun langsam, aber sicher ein Lebenstraum. Sie entschied sich dafür, behutsam in diesen für sie neuen Beruf einzutauchen, konzentrierte sich auf die Sahnestückchen in ihrer Agentur und sortierte die Künstler aus, für die sie all die Jahre mit übertriebenem Aufwand rund um die Uhr zur Verfügung gestanden hatte. Ganz nebenbei lernte sie es, sich immer besser durchzusetzen, es auszuhalten, einmal unbeliebt zu sein, und für das einzustehen, was sie in ihrem Leben am meisten liebte.

Der Vollständigkeit halber möchte ich zum Schluss noch erwähnen, dass Adelheid sich schon vor unserem Training sehr gut für andere Personen einsetzen und für diese verhandeln konnte. Wenn sie wie eine Löwin für ihre Künstler Gagen und Rollen aushandelte, musste man in Deckung gehen, denn da war sie knallhart. Genau aus diesem Grund hatte sie überhaupt so viele Künstler in ihrer Agentur unter Vertrag. Nur für sich selbst war sie bislang nicht imstande gewesen einzustehen.

Auch wenn Sie keine Künstleragentur besitzen, werden Sie spätestens jetzt erkannt haben, wie vorteilhaft es ist, wenn man weiß, was man im Leben will, welcher Platz für einen selbst bestimmt ist und wie der eigene Traum aussieht. Das zu wissen, erleichtert es ungemein, das Unbeliebtsein auszuhalten. Warum? Weil Sie am besten für sich selbst einstehen können, wenn Sie wie ein Fels in der Brandung sind. So ein Fels braucht einen guten Halt, sonst wird er von den Wellen weggespült. Und dieser Halt entsteht aus Ihnen selbst – durch Ihren persönlichen Lebenstraum bzw. all Ihre Lebensträume und Ihre Talente. Sie selbst können gleichzeitig Fels und Halterung sein. Das ist sehr angenehm, denn so leben Sie das höchste Maß an Authentizität und Ungebundenheit.

Sie kennen bestimmt Pippi Langstrumpf, oder? Einer der Kernsätze dieses rothaarigen Mädchens mit den vielen Sommersprossen lautet: »Ich mache mir die Welt, wie sie mir gefällt.« Diese kleine, freche Göre hat vor nichts und niemandem Angst, weder vor Piraten noch vor irgendwelchen Einbrechern. Pippi Langstrumpf ist sich immer sicher, dass sie in ihrem Leben alles schaffen kann, was sie sich vornimmt, und dass sie mit jeder Herausforderung fertig werden wird. Sie ist ein echter Fels in der Brandung.

Was würde Sie theoretisch daran hindern, auch ein solcher Fels in der Brandung zu sein? Bestimmt sehen viele Ihrer Freunde Sie als genau das an. Egal, ob Sie eine Frau sind oder ein Mann, meistens hat man ein ganz anderes Bild von sich selbst als andere. Das wiederum ist sehr schade. Denn ich möchte mir gar nicht ausmalen, wie viele unentdeckte Talente bei Ihnen im Verborgenen schlummern! Es wäre eine so große Bereicherung für uns alle, wenn diese Talente an die Oberfläche kommen könnten. Der Grad der Glückseligkeit vieler Menschen würde wahrscheinlich rapide ansteigen. Genau wie das Vermögen, für seine Ideale und Meinungen eisern einzustehen.

Also, sofern Sie nicht schon längst damit begonnen haben: Heben und leben Sie Ihre Träume!

Sie haben es verdient, Ihr Ziel zu erreichen

Nun kommen wir aber zu dem Zauberstab, den ich Ihnen versprochen habe. Ihr persönlicher Zauberstab wurde imaginär mit diesem Buch mitgeliefert. Darauf sind vier Knöpfe angebracht. Jeder Knopf bewirkt, dass Sie das im Leben erreichen, was Sie sich wünschen.

Falls Sie sich noch ein bisschen unsicher sind, was Sie wirklich im Leben möchten und was Sie wirklich glücklich macht, dann können Sie entweder weiterlesen und zuschauen, wie andere diesen Stab anwenden, oder Sie blättern ein paar Seiten zurück und holen sich Inspirationen für Ihre Zielfindung. Da es hier um einen Joker geht, den man einsetzen kann, um das Unbeliebtsein ab und an mal auszuhalten, wäre es fantastisch, wenn Sie Ihr Ziel kennen würden.

Fangen wir nun mit dem ersten Knopf an. Wenn Sie ihn drücken, geht auf Ihrem inneren Bildschirm ein Fenster auf, und Sie können sehen, wie Sie an Ihr kreatives Potenzial angeschlossen sind. Manche Menschen können diesen Anschluss in ihrer Bauchgegend fühlen, andere nehmen ihn wie eine Schnur, die Kopf und Bauch verbindet, wahr, wieder andere leben in ihren Talenten und fühlen sich untrennbar mit ihnen verbunden. Das kreative Potenzial eines jeden Menschen ist die Ansammlung seiner Fähigkeiten und Talente. Die Krönung all dessen ist dann das, was jeder Mensch am besten kann: seine persönliche Kernkompetenz.

Gerne gebe ich Ihnen zu dieser Kernkompetenz ein paar Beispiele. Bei Helmut etwa liegt sie darin, über Sachkontexte in einer so bildhaften und professionellen Sprache zu referieren, dass jeder Kunde ihm zu Füßen liegt. Das passiert bei ihm auf Knopfdruck und ohne Vorbereitung. Uta wiederum bringt mit ihrer diplomatischen, liebevollen Art die größten Streithähne dazu, friedvoll miteinander umzugehen. Und Werner ist ein derart begnadeter Redner in Sachen Teambuilding, dass er selbst den notorischsten Einzelgänger dazu bringen kann, Freude an gemeinschaftlicher Arbeit zu empfinden.

Die Kunst bei Knopf Nummer eins Ihres Zauberstabes ist die: zu wissen, zu fühlen und zu sehen, dass Sie mit Ihrem persönlichen, kreativen Potenzial verbunden sind. Sollten Sie dabei Schwierigkeiten haben, dann machen Sie noch einmal einen Umweg. Fragen Sie Menschen, die Ihnen wohlgesinnt sind, was diese für Ihre stärksten Talente und Fähigkeiten halten und als Ihre Kernkompetenz ansehen.

Hinter dem zweiten Knopf auf Ihrem virtuellen Zauberstab befindet sich die Fähigkeit, sich vorstellen zu können, wie Sie Ihr Ziel schon erreicht bzw. Ihre Träume schon verwirklicht haben. Wenn Sie möchten, beamen Sie sich mehrmals am Tag in Ihr Zielbild hinein. Betrachten Sie Ihr Bild, schmücken Sie es aus, spielen Sie mit verschiedenen Farbschattierungen und kreieren Sie sich Ihr Bild ganz nach Ihren Wünschen. Das trägt dazu bei, dass Ihre Imaginationskraft gestärkt wird. Je mehr ein Mensch in der Lage ist, das zu visualisieren, was er in seinem Leben haben möchte, umso mehr besteht die Chance, dies auch zu erreichen.

Und die Sache hat noch einen weiteren Vorteil: Wenn Sie in Ihrer Zielvorstellung bleiben, fällt es Ihnen relativ leicht, es auszuhalten, einmal unbeliebt zu sein. Dann ist es Ihnen nämlich völlig egal, ob ein anderer Mensch über Sie denken könnte, dass Sie einen an der Waffel haben, bloß weil es Sie nicht schert, wie Sie gerade wirken. Damit können Sie dann sehr gut leben. Sie wissen, dass auch diese Episode in Ihrem Leben dazu beiträgt, Sie immer stärker zu machen.

Der dritte Knopf ist der wichtigste Knopf auf Ihrem Zauberstab. Er lässt Sie fühlen, wie Sie Ihr Ziel erreicht haben. Hört sich leicht an, ist es aber nicht. Das liegt einerseits daran, dass sich zu viele Menschen von ihren Gefühlen abgeschnitten haben und stattdessen im mentalen Funktionsmodus agieren. Die andere Schwierigkeit besteht darin, dass man sich selbst so lieben muss, wie man ist. Sie müssen sich für so wertvoll erachten, dass Sie daran glauben, es verdient zu haben, dieses Ziel zu erreichen. Erst dann können Sie es wirklich spüren, wenn Sie dort angelangt sind.

Wie wir weiter oben gesehen haben, erreichen einige Menschen ihre Ziele dadurch, dass sie aus einem Kampfprogramm heraus agieren. Das hat zwar auch etwas mit Fühlen zu tun, aber diese – ziemlich anstrengenden – Gefühle sind aus bestimmten inneren Haltungen geboren, wie zum Beispiel:

- *Ich schaffe das.*
- *Dem werde ich es zeigen.*

- *So was macht keiner mit mir.*
- *Da müssen die früher aufstehen, wenn sie mich ausbremsen wollen.*
- *Bevor der das bekommt, nehme ich es mir.*
- *Das wäre doch gelacht, wenn ich das nicht hinbekomme.*

Das alles sind Kampfsätze, die schon beim Lesen eine bestimmte Energie und ein Gefühl der Mühe aussenden. Sicher, auch damit erreicht man seine Ziele. Wir werden später noch einmal ausführlicher über Kampfsätze und ihre Wirkungen im Leben sprechen. An dieser Stelle jedoch geht es um etwas anderes. Was sich hinter dem dritten Knopf auf Ihrem persönlichen Zauberstab befindet, sind gute, erhebende Gefühle.

Am Beispiel von Anna möchte ich Ihnen gerne erklären, warum das gute Fühlen für die Zielerreichung so wichtig ist. Anna war eine fleißige Mitarbeiterin. Sie machte das, was man von ihr verlangte, und hielt die Zeitvorgaben ein. Sie war freundlich und hilfsbereit und tröstete hin und wieder eine Kollegin, wenn diese in ein emotionales Loch gefallen war. So weit, so gut. Anna hätte aber gerne noch mehr erreicht in ihrem beruflichen Leben. Sie wollte in eine Position kommen, in der sie wirklich etwas bewegen kann. Allein das herauszufinden war für Anna nicht einfach, da es ihr eigentlich ganz gut gefiel, da, wo sie war. Hätte sie nicht drei Monaten zuvor einen jungen und dynamischen neuen Chef bekommen, der alles auf links gedreht hat, was nicht niet- und nagelfest war, wäre Anna nicht so schnell auf die Idee gekommen, ihr berufliches Umfeld zu ändern. So gesehen war der Chefwechsel ihr Glück.

An der Art und Weise, wie ich Anna beschreibe, merken Sie wahrscheinlich schon, dass es darauf hinauslaufen wird, dass Anna nicht fühlen konnte, wie es ist, einen anderen, gerne auch höher positionierten und besser dotierten Job zu haben. Das ist aber leider ganz schlecht, denn wie Sie jetzt wissen, ist genau diese Fähigkeit essenziell, um die eigenen Ziele zu erreichen.

Es gab einige einschneidende Ereignisse im Leben von Anna, die sie schon in ihrer Kindheit dazu brachten, bestimmte Gefühle nicht mehr in ihrer Außenwelt zu erlauben. Sie schloss diese Gefühle ein und wollte sie für immer dort versauern lassen: in den Katakomben ihres Unterbewusstseins. Das allerdings sind extrem ungünstige Voraussetzungen, um neue Ziele zu erreichen. Gefühle lassen sich nicht nur einseitig abschneiden. Wenn man sich dazu entschließt, die negativen Gefühle zu verdrängen, dann ist man leider auch nicht mehr in der Lage, die schönen Gefühle zu spüren. Wäre es anders, hätte auch ich noch einiges an negativen Gefühlen abzugeben. Sie sicher auch, oder?

Wie kam Anna nun aus diesem Dilemma heraus? Sie entschloss sich, die Hilfe einer Traumaexpertin in Anspruch zu nehmen. Diese Frau hat ihr dabei geholfen, langsam und in Liebe die unangenehmen Gefühle aus ihrer Kindheit aufzulösen. Und siehe da, Anna hat sich beruflich verändert. Eine höhere Position mit besserer Bezahlung und einem souveränen und professionellen Chef ist ihre Ernte dafür, dass sie immer mehr imstande ist zu fühlen, wie es ist, in ihrem Zielbild zu leben. Sie wissen also nun, wie wichtig das Fühlen ist, um das zu erreichen, was im Leben für Sie bestimmt ist.

Der letzte Knopf auf dem Zauberstab ist die Fähigkeit, ins Handeln zu kommen. Bestimmt sind die meisten von Ihnen darin besonders gut. Durch die unterstützende Technik der heutigen Zeit haben wir schließlich unser virtuelles Büro ständig dabei. Die vielen Apps auf unserem Smartphone erinnern uns daran, was wir noch tun müssen, und gestalten unseren Alltag. Insofern kann ich mich an diesem Punkt entspannen, den haben Sie alle drauf. Sollten Sie allerdings noch etwas zögerlich sein, dann lesen Sie das Kapitel, in dem es um den »zweiten Schlüssel« geht, erneut durch. Schauen Sie, ob sie noch etwas finden, was Sie persönlich blockiert, und trennen Sie sich anschließend davon.

Mit diesen vier Knöpfen Ihres imaginären Zauberstabs sind Sie schon sehr gut ausgerüstet. Kommen wir nun zu der unerlässlichen Voraussetzung für die erfolgreiche Anwendung dieses Wunderstabs: wissen, was Sie wirklich glücklich macht.

Was macht Sie wirklich glücklich?

Woher wissen Sie, was Sie glücklich macht? Und woran messen Sie dieses Glück? Sind es die Millionen auf Ihrem Konto? Ist es der Sportwagen eines schwäbischen Autobauers in der eigenen Garage? Ist es Ihr Haus auf dem Land oder die Altbauwohnung in der Stadt? Sind es die kostbaren Stunden mit Ihrer Familie oder Ihren Freunden? Sind es die Momente, wenn Sie sich sportlich betätigen, im Urlaub sind oder einfach nur die frische Luft im Wald einatmen? Reicht es schon, wenn die Sonne mit ihrer Wärme Ihren Bauch streichelt? Oder ist es all das zusammengenommen?

Die Frage der eigenen Glückseligkeit, des eigenen Glücksempfindens, die darf man sich ruhig öfter stellen. Sie hilft Ihnen, sich Gedanken darüber zu machen, ob die tägliche To-do-Liste Sie schon wieder derart überrannt hat, dass Ihre Atmung zusehends flacher wird und Sie kaum noch Zeit finden für die Dinge im Leben, die Ihnen Entspannung bringen, kurzum: ob Ihre Termine Sie bestimmen anstatt Sie Ihre Termine.

Die Frage nach dem eigenen Glück ist deswegen so wichtig für Sie, da die Antwort darauf sehr viel damit zu tun hat, ob es Ihnen leicht oder schwer fällt, sich durchzusetzen, für sich und Ihre Ideale einzustehen und das Unbeliebtsein auszuhalten. Die Menschen, die wissen, was sie glücklich macht, und die sich Zeit dafür nehmen, ihr Glück zu zelebrieren, die haben es einfacher, im Alltagsstress ihre Ziele und ihre Lebenslinie nicht aus den Augen zu verlieren und zu verlassen. Genau diese Haltung ist nämlich sehr hilfreich, um das Leben der eigenen Wahl zu leben. Nur so haben Sie die Chance, der Regisseur Ihres eigenen Lebens zu werden.

Möchten Sie jetzt einwerfen, dass Sie Ihr Leben doch schon ganz gut im Griff haben und selbstbestimmt Ihren Weg gehen? Dann frage ich Sie: Wieso haben Sie sich dieses Buch gekauft? Weil es vielleicht doch nicht so ganz einfach für Sie ist, all das umzusetzen, was Sie im Grunde Ihres Herzens für wichtig halten? Oder hat es Ihnen Ihre liebe Freundin Gudrun geschenkt mit den Worten »Ich glaube, das ist etwas für dich«? Dann scheinen Sie in Ihrer Außenwirkung etwas anderes zu transportieren, als Sie glauben.

Wie dem auch sei, für diejenigen, die Lust darauf haben, die Regie für ihr Leben wieder mehr in die eigene Hand zu nehmen, schauen wir uns im folgenden Abschnitt an, wie man das am besten anstellt.

Werden Sie der Regisseur Ihres eigenen Lebens

In meinen Trainings stelle ich sehr gerne die Aufgabe, einen Film über das eigene Wunschleben zu drehen. Dafür benötigen Sie keine Dreherfahrung oder Kenntnisse über den optimalen Filmschnitt. Jede Filmproduktion fängt mit einem Exposé oder einem Filmskript an. Und darum geht es mir bei der Übung: Die Teilnehmer schreiben das Skript ihres zukünftigen Lebens.

Dabei können Sie ruhig auch Sequenzen Ihres bisherigen Lebens mit einbeziehen. Wichtig bei dieser Übung ist es, den Träumen ohne Begrenzungen freien Lauf zu lassen. Sie erinnern sich an das Kapitel, in dem es um Ihren Kompetenzraum ging? Das Träumen ist der wichtigste Part in der Produktion des eigenen Lebensfilms. Wenn ich Sie jetzt frage, ob Sie Lust haben, solch einen Lebensfilm über sich selbst zu drehen, wie lautet Ihre Antwort? Sagen Sie: »Hey, coole Idee, ich fange sofort damit an und lege das Buch zur Seite.« Oder sagen Sie eher: »Also, ich weiß überhaupt nicht, wie ich das machen soll. Ich habe keine Erfahrung mit dem Filmen. Und was passiert, wenn ich wichtige Dinge meines Lebens in dem Skript vergesse? Dann sind die doch vielleicht für immer verloren! Nein, das Risiko gehe ich nicht ein.« Vielleicht sagen Sie auch: »Ich traue es mich fast nicht zuzugeben, aber ehrlich gesagt weiß ich gar nicht, was ich mir im Leben wünschen soll. Ich bin eher so ein Typ, der alles auf sich zukommen lässt. Ist das schlimm?« Nein, meiner Meinung nach ist das überhaupt nicht schlimm. Jeder Mensch kann alles so machen, wie er möchte – Hauptsache, es macht ihn glücklich. Unabhängig davon, wie Sie innerlich zu der Übung eingestellt sind, gebe ich Ihnen ein paar detailliertere Tipps dazu. Vielleicht kommt ja auch die Lust beim Lesen?

Als Erstes machen Sie ein Brainstorming. Sie schreiben intuitiv und ungefiltert alle Ihre Wünsche auf ein großes Blatt Papier. Knöpfen Sie sich einen Bereich Ihres Lebens nach dem anderen vor. Der nächste Schritt ist das Casting. Notieren Sie alle Personen, die in Ihrem Film mitmachen sollen. Dabei ist es egal, ob Sie die Personen kennen oder nicht.

Hierzu gebe ich Ihnen ein kleines Beispiel. Mein Kunde René hat eine recht erfolgreiche Marketingagentur, aber leider arbeitet er viel zu viel, gibt zu wenig Verantwortung und Arbeit ab, schmiert seinen teilweise schwierigen Kunden Honig um den Mund, und das alles bei unangemessener Bezahlung. Die Geschichten, die er mir von einigen seiner Kunden berichtet hat, würden mich persönlich dazu veranlassen, mir ein paar Rottweiler auszuleihen, sie ins Büro zu setzen und »Fass!« zu rufen, wenn sie nahen. Okay, das ist ein bisschen brutal formuliert, aber Sie wissen, was ich sagen möchte: René fällt es furchtbar schwer, das Unbeliebtsein auszuhalten.

Doch darum geht es jetzt gerade nicht. Als René die oben beschriebene Übung gemacht hatte, suchte er sich als Filmdarsteller lauter neue potenzielle Kunden aus. Das heißt, die zuständigen Mitarbeiter der Firmen, mit denen er zukünftig arbeiten wollte, waren seine neuen Hauptdarsteller. Zusätzlich rief er Personen auf die Bühne, die als neue Kooperationspartner dienen würden, und natürlich durften seine lieben Freunde, Lebenspartner und Verwandten auch nicht fehlen.

Zurück zu Ihnen. Wenn Sie die Besetzungsliste Ihres Films festgelegt haben, kommt das Setting an die Reihe. Sie machen sich Gedanken über Ihre zukünftigen Drehorte. Definieren Sie die Orte, an denen Sie leben und arbeiten und die Sie besuchen möchten. Anschließend legen Sie die Reihenfolge der Szenen fest. Und danach fangen Sie an zu »drehen«. Ganz konkret: Entweder schreiben Sie den Film auf oder Sie malen die verschiedenen Szenen oder Sie stellen alles nach und drehen tatsächlich. Egal, wie Sie es machen, Hauptsache, Sie tun es.

Auch bei dieser Übung erweist sich unser Unterbewusstsein wieder als guter Sparringspartner. Alles das, was Sie gedreht haben, wird es als wahr und natürlich als passend ansehen. Es wird von dem Zeitpunkt an daran arbeiten, Sie in die neuen Bewusstseinszustände und Lebensumstände zu katapultieren. Vergessen Sie beim Drehen des Films nicht, dass Ihr Gefühl dabei sehr wichtig ist! Sie sollten in freudiger Erwartung darüber sein, was demnächst alles Wunderbares auf Sie zukommen wird. Und warum sollten Sie sich darauf auch nicht freuen?

Lieben Sie, was Sie tun

Vermutlich merken Sie, wie wir immer mehr darauf hinsteuern, Sie in einen Zustand zu bringen, der Sie zukünftig aus der eigenen souveränen Mitte heraus agieren lässt. Dieses Handeln aus der souveränen Mitte heraus hat mehrere Vorteile für Sie: Sie leben das Leben Ihrer Wahl und setzen sich für Ihre Ziele, Ideale und Werte ein. Sie sorgen für sich und achten darauf, dass Sie glücklich sind. Und ganz nebenbei werden Sie nie wieder darüber nachgrübeln, ob Sie sich mit dem, was Sie vorhaben, beliebt oder unbeliebt machen. Sie werden sicherstellen, dass Sie viel mehr von dem tun, was Sie lieben, und weniger von dem, was Sie langweilt oder nervt. Sie werden standhaft sein und sich nicht von den Unkenrufen aus Ihrem Umfeld – das es ja immer nur gut mit Ihnen meint – von Ihren Zielen abbringen lassen.

Neulich ist mir ein Zeitungsausschnitt aus dem Jahr 2000 in die Hände gefallen. Darin wurde ein neues Restaurant in Hamburg bewertet. Ganz nett sei es dort, auch wenn man keine kulinarischen Wunder erwarten dürfe. Es handele sich eben um eine »angenehme Alltagsküche«. Und was ist passiert? Bereits 2004 zählte der junge marokkanische Koch dieses Restaurants zu den sechs besten Köchen Hamburgs. Zusätzlich wurde er nach ein paar Jahren mit achtzehn der zwanzig Punkte des berüchtigten Gault-Millau-Gastroführers ausgezeichnet – einen Restaurantstern hatte er zu diesem Zeitpunkt natürlich auch schon längst in der Tasche. Warum erzähle ich Ihnen diese Anekdote? Weil wir hier wieder einen Beweis dafür haben, dass man nirgendwo anders enden kann als im Erfolg, wenn man das tut, was man liebt. Der Glaube an sich selbst, Nachhaltigkeit, Mut und Ausdauer sind selbstverständlich weitere wichtige Kriterien, die den Erfolg ermöglichen. Die Liebe aber ist der Schlüssel zu allem, was Sie erreichen wollen im Leben. Wenn Sie das tun, was Sie am meisten lieben, dann können Sie mit Ihrem Handeln nur glücklich sein.

Nur wer locker ist, behält den Erfolg

Wir haben bereits an einigen Stellen kurz über den inneren Antreiber aus dem Kampfprogramm gesprochen. Ich kenne eine Reihe von Menschen, die ihre persönlichen Ziele aus genau diesem Kampfmodus heraus erreicht haben. Sie waren stets gut vorbereitet, haben das politische Spiel aus dem Effeff beherrscht, haben sich von niemandem die Butter vom Brot nehmen lassen und stolz berichtet, welchen Personen sie auf ihrem Weg zum Ziel behilflich dabei waren, über Bord zu springen. Doch jetzt kommt das Unfassbare: Als sie am Ziel angekommen waren, wollte sich das ersehnte Glücksgefühl partout nicht einstellen. Bei ihren Anstrengungen haben sie sich selbst viel zu oft verloren. Das ist sehr schade.

Die Menschen, von denen ich im Augenblick berichte, sind nicht zu mir gekommen, damit ich ihnen beibringe, wie sie schneller ihre Ziele erreichen. Ebenso wenig wollten sie von mir wissen, welche neuen Ziele sie sich stecken sollten. Sie sind gekommen, weil sie sich mehr tot als lebendig fühlten. Entweder kamen sie direkt aus einer Burnout-Klinik zu mir oder sie standen kurz vor dieser Erfahrung. Sie alle fühlten sich absolut leer und ausgepowert. Attraktive Männer und Frauen, die gesunde

Kinder hatten, eine nette Ehefrau oder einen netten Ehemann, genügend Geld, eine Position und ein gesellschaftliches Standing, um die sie beneidet wurden – und trotzdem waren sie in höchstem Maße unglücklich.

Keine Angst, wir schweifen jetzt nicht in ultimative Sinnfragen des Lebens ab. Was ich sagen möchte: Diese Menschen waren augenscheinlich sehr gut darin, das Unbeliebtsein auszuhalten. Sie hatten immer ihr Ziel vor Augen, waren sich absolut im Klaren über ihre Talente und Fähigkeiten, wussten genau, wie sie in welchen Situationen agieren mussten, hatten irgendwann auch einmal davon geträumt, wie sie gerne leben würden, und auch ihren Kompetenzraum nahmen sie unerschütterlich ein – das, was ihnen fehlte, war die eigene Glückseligkeit. Ihre berufliche Ausrichtung entsprach ihren Talenten, und sie liebten am Anfang ihrer Karriere auch das, was sie taten. Aber irgendwie war alles anders gekommen, als sie es sich einst ausgemalt hatten. Schuld daran war der innere Pakt, den sie mit ihrem Kampfprogramm geschlossen hatten. Er lautete: höher, weiter, schneller, und das um jeden Preis.

Falls Sie sich jetzt fragen, wie man mit sich selbst bitteschön einen solch gruseligen Pakt schließen kann, der einen nicht mehr zur Ruhe kommen lässt, dann versuche ich, Ihnen das kurz zu erklären. Menschen vergleichen sich ständig miteinander. Wir Frauen machen das besonders gerne, wenn es um Outfit und Styling geht. Die meisten beruflich auf Erfolg konditionierten Männer vergleichen sich hingegen im Hinblick auf die Position, das Gehalt und den Firmenwagen. Ein Kampfprogramm-Pakt im Inneren entsteht durch einfache Sätze, die unser Verstand an irgendeiner Stelle ausspuckt. Gleichzeitig bedarf es eines extrem starken Gefühls, das parallel zu dem Satz, der sich in unserem Inneren festgesetzt hat, an die Oberfläche kommt. Hier ein paar Beispielkampfsätze:

- *Bevor Thorsten den Job bekommt, werde ich alles dafür tun, dass ich ihn bekomme – koste es, was es wolle.*
- *Wenn mein Vater glaubt, er kann mich weiterhin so vor allen*

Leuten demütigen, wird er sich noch wundern. Ich werde alles dransetzen, um in der Bank eine höhere Position zu erreichen als er.

- *Ich werde meiner Schwester beweisen, dass sie mit ihrer Schönheit niemals so weit kommen wird wie ich.*
- *Tag und Nacht werde ich daran arbeiten, ein besserer Schauspieler zu werden, als es mein Vater jemals gewesen ist.*
- *Jeder, der sich mir und meinen Zielen in den Weg stellt, wird von mir beiseitegeräumt werden, egal wie.*

Wir wollen uns gar nicht vorstellen, wie sich das anfühlen muss, wenn man als Grundessenz des Antriebs einen der oben aufgeführten Sätze immer im Unterbewusstsein mitlaufen lässt. Es ist wie eine Einstellung im Autopilot, das Programm läuft und läuft und läuft. Oftmals wissen die betroffenen Menschen gar nicht mehr, dass sie diese Kampfansagen einst im Affekt in ihre Welt integriert haben. Wir alle haben wahrscheinlich ein paar Leute in unserem Umfeld, auf die diese Beschreibung passen könnte. Ich gehe jedoch fest davon aus, dass sie auf Sie persönlich nicht zutrifft. Da Sie nun wissen, wie solche Zeitgenossen ticken, können Sie für sie ein ganz anderes Verständnis aufbringen. Sie werden deshalb die Angriffe, die auch Sie manchmal treffen können, zukünftig nicht mehr persönlich nehmen. Versprochen?

Falls Sie entgegen meiner Erwartung nun vielleicht doch der Verdacht beschleicht, dass Sie selbst von so einer Konditionierung des Kampfes betroffen sind, dann kündigen Sie einfach den Vertrag. Im Gegensatz zu Ihrem Handy- oder Fitnessstudio-Vertrag müssen Sie ihn nicht noch zwölf Monate aufrechterhalten. Halten Sie sich lieber die Alternative vor Augen. Lassen Sie uns gemeinsam überlegen, wie es aussieht, wenn Sie Ihr Leben locker vom Hocker leben und trotzdem all das erreichen, was Sie sich wünschen. Als Erstes könnten Sie damit anfangen, mit sich selbst gut umzugehen und sich nicht von anderen knechten und antreiben zu lassen. Sie passen sich und Ihr Leben Ihrem eigenen Biorhythmus an und bieten Ihren inneren Antreibern Paroli. Die Formel heißt: Weg vom Perfektionswahn – hin zu der Liebe zum Leben und zu sich selbst.

Mehr Lockerheit erreichen Sie zum Beispiel dadurch, dass Sie Entscheidungen darüber treffen, wie viele Informationen Sie täglich, stündlich und sekündlich an sich heranlassen. Sollten Sie zu den Freaks gehören, die an einem Handysyndrom leiden und im Minutentakt ihre Mails sowie die neuesten Informationen, die Sie sowieso gar nicht alle verarbeiten können, von unterwegs abrufen, dann ist der Stress für Sie natürlich vorprogrammiert und die Lockerheit meilenweit entfernt. Unser Gehirn muss diese Informationen nämlich irgendwo ablegen und speichern. Wobei es darauf achten muss, dass sie in irgendeinen Kontext passen, der schon bei Ihnen auf Halde liegt. Alles kommt auf Wiedervorlage, und so entsteht eine nette neue Schleife in Ihrem inneren Erledigungssystem. Diese neue Schleife könnte lauten: »Muss ich, wenn ich Zeit habe, noch mal genauer nachrecherchieren.« Das ist eindeutig das Gegenteil von locker. Locker ist, wenn ich angefüllt bin mit dem Vertrauen, dass die für mich wichtigen Informationen zur richtigen Zeit in meine Welt einfließen werden.

Was noch können Sie tun, um lockerer zu werden? Ich schlage vor, Sie planen jeden Tag wenigstens eine halbe Stunde Zeit nur für sich ein und machen in dieser halben Stunde nur das, wozu Sie Lust haben. Könnten Sie Gefallen daran finden, mehr gute Zeit mit sich selbst zu verbringen? Statt jeden Abend von der Arbeit gleich zum nächsten Treffen mit Freunden, Kollegen oder Netzwerkpartnern zu rennen, damit Sie bloß nichts verpassen? Oder, falls Sie glauben, dass Sie viel zu viel alleine sind in Ihrer Freizeit: Könnten Sie sich vorstellen, sich mit Menschen zu treffen, die Sie nett finden? Was hindert Sie daran, statt jeden Abend in diversen virtuellen Netzwerken herumzuhängen, sich mit lebendigen Menschen zu verabreden oder auf Kulturveranstaltungen zu gehen?

Jeder Mensch hat andere Lebensumstände, deswegen ist es nicht so leicht für mich, aus der Ferne zu definieren, was Sie tun müssen, um lockerer zu werden (falls Sie das wünschen).

Also orientiere ich mich an den Fällen, die mir bekannt sind. Erinnern Sie sich noch an Adelheid, die Chefin der Künstleragentur? Sie hat für sich herausgefunden, dass sie am lockersten ist, wenn sie kreativ sein kann. Wenn sie sich Zeit zum Träumen nimmt, bei schönem Wetter mal ein Stündchen länger in der Mittagspause vor ihrem Lieblingsbistro die Sonne genießt oder ihre Wohnung umdekoriert. Oder nehmen wir Gunnar, der richtig locker wird, wenn er mittags eine Runde mit seinem Fahrrad dreht, an der Eisdiele hält, um sich sein Lieblingseis zu gönnen, und sich dann mit neuem Elan wieder den Steuerunterlagen seiner Mandanten widmet. Die Arbeit geht ihm danach viel schneller von der Hand, und er freut sich währenddessen schon darauf, am Abend noch eine kleine Runde Golf zu spielen.

Was ist es, was Sie persönlich locker macht? Was zaubert Ihnen unbewusst ein Lächeln aufs Gesicht und beflügelt Sie? Was möchten Sie zukünftig mehr in Ihr Leben einbauen?

Wer viel gibt, bekommt auch viel

»Liebe ist nicht das, was man erwartet zu bekommen, sondern das, was man bereit ist zu geben.« Dieses Zitat stammt von der amerikanischen Schauspielerin Katharine Hepburn. Genauso ist es mit der Anerkennung und Würdigung im Leben. Aus neurobiologischer Sicht ist mittlerweile klar, dass die menschlichen Motivationssysteme bei der Aussicht auf Lob, Anerkennung und Würdigung sofort anspringen. Genau deshalb ist die Angst, nicht mehr gemocht zu werden, eine der Ursachen dafür, dass wir das Unbeliebtsein so schwer aushalten.

Wie schaffen es bestimmte Menschen nur, dass sie sich durchsetzen, geradlinig sind, sich abgrenzen, hin und wieder Nein sagen und trotzdem unglaublich beliebt sind? Meinen Beobachtungen zufolge handelt es sich dabei um Menschen, die sehr viel geben. Sie geben Anerkennung, sie geben Nähe und Aufmerksamkeit, sie hören zu, sie sind authentisch und sie stehen zu ihren Schwächen.

Lassen Sie mich als Beispiel noch einmal schnell das Fußballthema auspacken. Nachdem der deutsche Fußballverein Borussia Dortmund 2012 zum zweiten Mal in Folge Bundesligameister geworden war, machte sich natürlich alle Welt Gedanken darüber, welchen Trick der Trainer Jürgen Klopp bloß angewendet hat, um dieses Wahnsinnsergebnis mit seinen jungen Kerlen hinzubekommen. Ich selbst bin sicher kein Fußballexperte, aber man braucht Jürgen Klopp nur in den Fernsehinterviews zu beobachten, um zu wissen, dass er sehr viel richtig macht, was es beim Thema Menschen- und Teamführung richtig zu machen gibt. Er motiviert seine Spieler dadurch, dass er sie ernst nimmt, für sie da ist, sie so akzeptiert, wie sie sind, ihnen klar sagt, was er von ihnen erwartet, ihnen Regeln vorgibt und darauf besteht, dass diese Regeln eingehalten werden. Das funktioniert mit Sicherheit deshalb so gut, weil er mit sich im Reinen zu sein scheint. Er hat es nicht nötig anzugeben, er wirkt bescheiden, souverän, professionell und lebensbejahend und stutzt seinen Bart, wie und wann er es für nötig hält. Das Herausragende an ihm ist meiner Meinung nach, dass er viel von sich selbst gibt. Er gibt seine Begeisterung und die Liebe für den Fußball an seine Spieler, an die Fans und an die Zuschauer vor den Fernsehern weiter. Selbst eingefleischte Bayernfans habe ich schon von ihm schwärmen hören.

Wer viel gibt, bekommt also auch viel. Damit ist wohlgemerkt das Geben gemeint, das nichts zurückerwartet. Das Geben, weil es einen glücklich macht zu teilen. Weil man Freude daran hat, andere zu motivieren und zu ermutigen, ihr Glück zu finden. Diese bedingungslose Haltung im Inneren ist die Haltung, die lang anhaltenden Erfolg in allen Bereichen des Lebens bringt. Würden das mehr Menschen beherzigen, könnte es richtig nett sein in einigen Unternehmen. Ganz nebenbei würden dadurch sogar eine höhere Produktivität und herausragende Ergebnisse erzielt. Mal sehen, wie lange es noch dauert, bis diese Nachricht an den entsprechenden Stellen angekommen ist.

Wie sieht es in Ihrem eigenen Leben aus? Halten sich Geben und Nehmen so ungefähr die Waage? Das wäre optimal.

Sie sind ein Vorbild

Es macht mich sehr nachdenklich, wenn ich von jungen Menschen keine Antwort auf die Frage bekomme, wer ihr persönliches Vorbild in Deutschland ist. Im besten Fall höre ich nach einer Weile des Nachdenkens Namen wie Günther Jauch oder Thomas Gottschalk. Das ist wenigstens schon mal ein Anfang, denn die beiden deutschen Fernsehmoderatoren vermitteln den Eindruck, dass sie Freude an dem haben, was sie tun, und anderen Menschen den gleichen Erfolg gönnen. Wie wäre es denn, wenn Sie in Zukunft mit dafür sorgen würden, dass junge Menschen in Deutschland wieder mehr Vorbilder haben?

Wenn ich in meinen Trainings die Teilnehmer frage, an welchem Verhalten sie einen guten Chef festmachen, dann höre ich immer als Erstes Glaubwürdigkeit und Geradlinigkeit, gefolgt von Zielfokus und konsequentem Handeln. Diese Eigenschaften sind allen Mitarbeitern am wichtigsten, unabhängig von ihrem Ausbildungsgrad. Wenn die Menschen also ein Bedürfnis nach Konsequenz und Geradlinigkeit haben, dann ist es umso verwunderlicher, dass sich so wenige von ihnen trauen, dieses Verhalten an den Tag zu legen. Stellen Sie sich jetzt einmal vor, Sie würden es in Zukunft immer besser mit dem Aushalten des Unbeliebtseins und mit dem Durchsetzen hinbekommen. Mit einem Schlag hätten Sie eine ganze Armee von Groupies um sich geschart, die sich denken: »Endlich sagt mal einer was!« Allein, weil Sie sich das zutrauen, sind Sie cool.

Wollen Sie cool sein? Dann legen Sie los. Sprengen Sie Ihre Fesseln, krempeln Sie Ihre Ärmel hoch und machen Sie einfach. Seien Sie ein Vorbild. Wenn es zu heftig wird mit Ihnen, wird Sie schon irgendjemand aufhalten.

Das Leben ist zu kurz, um nicht für sich einzustehen

Ich habe lange überlegt, ob ich Ihnen die Geschichte von Leonie erzählen soll. Ich werde es tun, um die noch etwas unentschiedenen Leser wachzurütteln. Alle diejenigen, die bereits wild entschlossen sind, in Zukunft für sich einzustehen, lesen einfach bei der nächsten Überschrift weiter und ersparen sich den traurigsten Teil des Buches.

Meine Kundin Leonie war schon immer eine sehr zielfokussierte, freundliche und zuvorkommende Weggefährtin. Sie war fleißig, engagiert, konnte gut verhandeln und hatte ein äußerst sympathisches Wesen. Sie dachte bei allem, was sie tat, zuerst an die anderen. Bis zu dem Tag, an dem sich ihr Leben drastisch änderte. Als sie unsanft mit der Tatsache konfrontiert wurde, dass einer ihrer Geschäftspartner sie jahrelang hintergangen hatte. Zur »Belohnung« durfte sie für seine Fehler auch noch geradestehen. Sie musste ihr gesamtes Vermögen, welches sie sich mühsam erarbeitet hatte, in die Hand nehmen, um den von ihrem betrügerischen Geschäftspartner verursachten Schaden einigermaßen abzuwenden. Was ihr Leben aber zum finalen Kollaps brachte, war die Diagnose einer gravierenden Krankheit, die in medizinischen Fachkreisen als unheilbar gilt.

Da stand sie nun, am potenziellen Ende ihres Lebens, und sinnierte darüber, wie viele der Dinge, die sie glücklich machen, sie eigentlich in ihrem Leben tatsächlich realisiert hatte. Wie oft hatte sie aus Rücksicht auf andere auf ihre Wünsche und Träume verzichtet. Wie oft war sie den Erwartungen anderer Menschen hinterhergerannt. Erst jetzt, da sie nicht wusste, ob es ein Morgen für sie geben würde, nahm sie sich endlich Zeit zu überlegen, was sie im Leben wirklich wollte. Mit welchen Menschen sie ihre kostbare Lebenszeit verbringen wollte. An welchem Ort sie leben wollte. Womit sie sich täglich beschäftigen wollte. Sie stieg aus ihrem Funktionsprogramm aus und traute sich, in sich selbst hineinzuschlüpfen. Sie benötigte ihre gesamte übriggebliebene Kraft, um sich hundertprozentig auf eine Genesung zu konzentrieren, die laut ihren Ärzten gar nicht mehr möglich war.

Ich weiß, ich habe hier das schlimmste Beispiel aus meiner Managementpraxis für Sie ausgesucht, aber manchmal muss man kurz den Blick auf das werfen, was man für sich selbst auf gar keinen Fall gebrauchen kann – nur um sich in seinem gegenwärtig gesunden Zustand daran zu erinnern, wie viel Zeit man noch damit verbringen will, fremdbestimmt zu leben. Wie ist es um Sie bestellt? Wie oft nehmen Sie Rücksicht auf andere, obwohl Ihnen eigentlich viel eher danach ist, auf den Tisch zu hauen und in die Runde zu fragen, ob denn alle zu heiß gebadet haben? Oder wie sie sich dieses destruktive Gruppenverhalten sonst erklären? Nachher ist man immer schlauer. Gehören Sie immer noch zu denjenigen, die den Zielen und Idealen anderer Menschen folgen, statt sich Ihren eigenen Zielen und Idealen zu widmen? Dann hören Sie schleunigst damit auf! Was muss ich noch tun, damit Sie aufwachen aus Ihrem Dornröschenschlaf?

Wie viele Menschen kennen Sie, die alles stehen und liegen lassen würden, um Sie aus einer bedrohlichen Situation zu retten oder Ihnen beizustehen, wenn das Schicksal ohne Vorankündigung bei Ihnen zugeschlagen hat? Im Fall von Leonie waren es trotz ihrer Popularität erstaunlich wenige. Erfreulicherweise stand ihr ihre engste Familie in den schwersten Stunden ihres Lebens bei, aber viel mehr kam nicht zusammen. Sie, die jahrelang auf so viele Menschen Rücksicht genommen hatte, sah von ihnen in dieser schwierigen Situation nur noch Staubwolken, weil sie sich in Leonies Glanz nicht länger sonnen konnten. Menschen sind so. Das ist weder gut noch schlecht. Jeder ist sich selbst der Nächste, das muss so sein. Das bedeutet aber nicht, dass man sich deshalb nicht mehr für andere einsetzen sollte. Die Kunst besteht vielmehr wieder einmal darin, die Balance zu halten. Was nützt es Ihnen, wenn Sie sich selbst aufgeben? Rein gar nichts.

Noch ein letzter Satz zu Leonies Schicksal: Ich persönlich hoffe, dass sie es schaffen wird, das Steuer herumzureißen. Sie hat viele hervorragende Ärzte und Heilpraktiker in ihrem Umfeld, die alles Menschenmögliche für sie tun. Leonie selbst hat viele neue Einsichten gewonnen und sich entschieden, ihr Leben nie wieder aus der Hand zu geben. Wenn sie es schafft, ihre

Krankheit in den Griff zu bekommen, und die Ziele verwirklicht, die sie für sich selbst gesetzt hat, dann werden wir vermutlich noch von ihr hören.

Wunder gibt es immer wieder – oder sind es bloß Zufälle?

Im zarten Alter von sagen wir mal sechs Jahren fällt es einem Menschenkind ganz leicht, an Wunder zu glauben. Die Welt wird als groß, bunt, spannend und manchmal sogar als ein bisschen magisch erlebt. Dieses erwartungsvolle Staunen verliert sich dann allerdings im Laufe der Jahre, und je nachdem, in welchen familiären und schulischen Verhältnissen man groß geworden ist, spricht man bei glücklichen Wendungen in herausfordernden Situationen eher von »Zufällen«. Am Ergebnis ändert das nichts, eine glückliche Wendung bleibt eine glückliche Wendung. Und doch verleihen Sie ihr ein anderes Gewicht, wenn Sie sie als Wunder betrachten. Oder haben Sie schon mal gehört, dass jemand sagt: »Jetzt kann uns nur noch ein Zufall retten?« Eben.

Eben deshalb habe ich vor geraumer Zeit ganz bewusst beschlossen, wieder an Wunder in meinem Leben zu glauben. Und festgestellt, dass ich das Eintreten von besagten glücklichen Wendungen damit begünstigen kann. Die innere Haltung macht's! Mein Leben hat sich sehr vereinfacht, seitdem ich kleine und große Wunder in meinem Leben zulasse. Das heißt nicht, dass ich nicht mehr fleißig und zielorientiert bin. Ich habe nur Abstand davon genommen, bis zum Umfallen oder bis der Arzt kommt zu arbeiten, um mir dann eingestehen zu müssen, dass ich immer noch nicht fertig bin. Vielmehr habe ich mir Gedanken darüber gemacht, wie innere Haltung und Wunder zusammenhängen.

Ich bin davon überzeugt: Je mehr wir uns auf uns selbst einlassen, je mehr wir uns so annehmen, wie wir sind, je mehr wir uns selbst gut behandeln und für andere da sind, wenn sie uns brauchen, desto mehr kleine und große Wunder treten in unser Leben. Wir brauchen nicht jedem alles recht zu machen, auch unsere Mitmenschen haben nicht immer das Gemeinwohl vor Augen. Vielmehr sollten wir uns nach dem richten, was wir in unserem Inneren spüren. Das Einzige, was wir dann noch tun müssen: unseren Mut zusammennehmen, über unsere selbst aufgebauten Barrieren springen und das umsetzen, was wir für richtig halten. Dies alles ist der beste Nährboden, um kleine und große Wunder in unserem Leben geschehen zu lassen. Sie passieren auch in Ihrem Leben. Und wenn es bei einigen von Ihnen »nur« Zufälle sind, dann ist das auch okay, denn auch die geschehen nicht einfach so. Sie fallen uns zu, wenn wir keinen Widerstand leisten.

Die Gedanken sind frei, wir können glauben, was wir wollen. Warum glauben wir also nicht viel öfter daran, dass wir großartig sind, so wie wir sind? Je mehr wir uns aus den alten Fesseln der Erwartungen, Befürchtungen, Vorannahmen und Beurteilungen befreien, desto mehr werden wir in der Lage sein, ein selbstbestimmtes Leben zu führen. Wenn uns das gelingt, dann ist es uns für immer egal, was andere über uns denken.

Wissen Sie, was das Allerschönste daran ist, wenn Sie es in Zukunft aushalten, hin und wieder unbeliebt zu sein? Dass die meisten Menschen Sie gar nicht als unangenehm empfinden werden. Ganz im Gegenteil. Sie werden es sogar schätzen, dass Sie ehrlich sind und ihnen nichts vormachen. Es kommt nur auf die Art und Weise an, wie Sie sich in Situationen verhalten, bei denen die Chance besteht, sich unbeliebt zu machen. Diese Art und Weise betrachten wir gleich etwas genauer. Eines ist auch sicher: Es wird immer jemanden geben, der alles blöd findet, was Sie machen. Darauf haben Sie keinen Einfluss. Ein Ekel Alfred gibt es überall, in Ihrer Nachbarschaft, in Ihrer Firma und in Ihrem Bekanntenkreis – diese Nörgler gehören zu Ihrem und meinem Leben einfach dazu.

Begleiten Sie mich nun in das letzte Kapitel, in dem ich unter anderem ein Rundum-sorglos-Paket für Sie zusammenschnüren werde. Außerdem werde ich Ihnen noch ein paar kleine

Tipps mit auf den Weg geben, wie Sie in Zukunft verbal agieren können, damit die Menschen auch dann ein gutes Gefühl haben, wenn Sie ihnen Dinge sagen müssen, die nicht unbedingt nett und angenehm sind.

So fühlt es sich an, das Unbeliebtsein auszuhalten

Inzwischen wissen Sie es ganz sicher: Mit dem Warum-es-sich-lohnt-sich-auch-einmal-unbeliebt-zu-machen-Programm in diesem Buch können Sie gleich mehrere Fliegen mit einer Klappe schlagen: Wenn Sie die sieben Schlüssel nach und nach anwenden, werden Sie ganz unbemerkt immer mehr imstande sein, sich freier in dieser Welt zu bewegen. Sie lassen sich nicht mehr ausnutzen, wenn sich andere Personen an Ihrem Mitleids-Antreiber angedockt haben. Sie verhindern es, dass Ihnen ein anderer die Ihnen versprochene Position vor der Nase wegschnappt. Sie setzen sich souverän zur Wehr, wenn Menschen Sie übervorteilen wollen. Niemals mehr wird irgendjemand Sie vor den Karren spannen und für seine eigenen Zwecke benutzen. Sie bleiben sachlich und in einer professionellen Haltung, wenn Sie merken, dass gerade jemand dabei ist, eine Intrige gegen Sie zu spinnen – einfach nur deswegen, weil Sie ehrlich sind, weil Sie wissen, was Sie können, weil Sie wissen, was Sie lieben und welche Ziele Sie haben. Und weil Sie mittlerweile so gnadenlos authentisch sind. Hätte ich es nicht nach unzähligen Trainings, Coachings und Workshops erlebt, wie sich Menschen von einem schüchternen Ja- bzw. Gar-nichts-Sager zu einer Das-wollen-wir-doch-erst-einmal-sehen-Person verwandeln, würde ich es wahrscheinlich selbst nicht glauben.

Der kleine Wermutstropfen dabei ist nur, dass es eine gewisse Zeit dauert, bis Sie diese Metamorphose vollzogen haben. Das ist allerdings sowieso besser für Sie und auch besser für alle anderen. Ihr ganzes Körpersystem, Ihr Gedanken- und Emotionsgebäude und Ihre individuellen Erinnerungen müssen sich an die neuen, von Ihnen festgelegten inneren Programme erst einmal gewöhnen.

Nehmen wir meine Kundin Anke. Sie hat es endlich geschafft, sich nach jahrelangem Ja-Sagen und Leise-vor-sich-hin-Grummeln zu einer selbstbewussten, dynamischen Frau zu entwickeln, die weiß, was sie will. Am Anfang unserer Zusammenarbeit war es so, dass sie fast in Ohnmacht fiel und ihr Körper zu zittern begann, wenn Übungen an der Reihe waren, die sie dabei unterstützen sollten, für sich selbst zu sprechen und einzustehen. Das waren einfache Übungen wie zum Beispiel: »Anke, rede mal laut drei Minuten ohne Unterbrechung darüber, warum du die Richtige für diesen Job bist.« Allein das war schon etwas zu viel für Anke. Bis sie in die heutige authentische und dynamische Hoppla-jetzt-komm-ich-Haltung gewachsen war, musste sie sich einem langen und steinigen Weg stellen.

Ein Grund dafür, dass es bei ihr mit der Metamorphose etwas länger gedauert hat, war die Tatsache, dass sie aus einer Familie stammt, die sich in Gesellschaft anderer immer hinten anstellt. Obwohl es dafür gar keinen Grund gibt. Ihre Eltern hatten gute Jobs und ein schönes Eigenheim für sich und die Familie gebaut. Dennoch war eine der Kernaussagen ihres Vaters: »Da gehören wir nicht dazu, wir sind einfache Leute.« Als Anke ins Gymnasium wollte, weil ihre Lehrer die Empfehlung dazu gaben, winkte der Vater nur ab und sagte: »Das ist nichts für uns.« Also machte Anke nach ihrem Realschulabschluss erst einmal eine Lehre als Industriekauffrau. Da sie damit nicht ausgefüllt war, setzte sie parallel im Abendgymnasium das Abitur on top. Als sie dann noch so kühn war und ein berufsbegleitendes Studium neben ihrem Job als Industriekauffrau begann, verließen ihre Kräfte sie, und sie brach das Studium wenig später ab. Zu stark wirkten die Traditionen und Regeln ihrer Familie in ihrer Innenwelt, die besagten, dass sie zu den einfachen Leuten gehört. Es gab schlicht keine Option für eine höhere Ausbildung in ihrer Welt. So verbrachte Anke Jahre damit, als Adler im Hühnerstall zu leben oder, in ihrem Fall, als kaufmännische Angestellte in einem Produktionsbetrieb. Sie erinnern sich an die Geschichte mit dem Adler? Wenn nicht, dann lesen Sie sie noch einmal nach. Man kann sie nicht oft genug lesen. Irgendwann wird sie Sie garantiert packen, die Lust zu fliegen.

Das ganze Körper- und Emotionssystem von Anke war jedenfalls auf das Gedankengut ihres Vaters bzw. ihrer Familie programmiert, und das mussten wir, um es ändern zu können, erst einmal identifizieren. Nach und nach konnte Anke es dann in mühseliger Kleinarbeit für sich modifizieren. Heute traut sie sich sehr viel zu. Und was mich am meisten für sie freut, ist, dass sie ihrer Intuition und ihrem Willen mittlerweile freien Lauf lässt, weil sie die entsprechende Haltung in ihrer Innenwelt implementiert hat. Neulich rief sie mich an, um mir zu erzählen, dass sie sich von ihrem jetzigen Arbeitgeber nach acht Jahren verabschiedet hat. Ihre Noch-Kollegen haben ihr nach der offiziellen Bekanntgabe ihrer Kündigung gesagt, dass sie am meisten an ihr schätzen, dass sie geradeheraus ihre Meinung sagt und mit nichts hinter dem Berg hält. Dass sie diesem Unternehmen jetzt sehr fehlen wird. Und dass sie in der Vergangenheit dazu beigetragen hat, dass man den Glauben an Ehrlichkeit und Geradlinigkeit nicht verlor.

Sehr berührende Worte also, die da an sie gerichtet wurden. Für Anke war es der Beweis, dass es sich gelohnt hat, an sich und ihren Defiziten zu arbeiten, um ein freier Mensch zu werden. Und ich verspreche Ihnen, es wird sich auch für Sie lohnen.

Jeder muss sich irgendwann einmal trauen

Sie lieben es wahrscheinlich genauso wie ich, Berichte von Menschen des öffentlichen Geschehens zu lesen. Der Grund dafür ist relativ simpel: Es tut einfach gut zu erfahren, dass auch extrem erfolgreiche Menschen irgendwann einmal über ihre realen oder fiktiven Schatten springen mussten, um den nächsten Schritt in ihrem Leben zu wagen.

Der Sänger Paul McCartney etwa erwähnte einmal in einem Interview mit der Zeitschrift *Focus*, dass er als junger Mensch immer sehr nervös war, wenn er auf die Bühne ging. Er war sich ziemlich sicher, dass ihn die meisten Zuschauer nicht mochten. Dieses Gefühl begleitete ihn fast ein Leben lang. Erst wenn ihm heute sein Veranstalter davon berichtet, dass seine Konzerte innerhalb von fünf Minuten ausverkauft sind, dann glaubt er im stolzen Alter von siebzig Jahren langsam daran, dass er beliebt ist. Die Betonung liegt hier auf langsam.

Und noch ein weiteres Beispiel: Neulich erzählte mir ein Moderator vom Hessischen Rundfunk, als wir über den unglaublichen Erfolg der heutigen Schlagerstars in Deutschland sprachen, dass er sich gut an sein erstes Interview mit Helene Fischer erinnern könne. Als sie bei ihm im Rundfunkhaus saß, war sie sehr schüchtern und leise. Doch dann hat es noch nicht einmal zwei Jahre gedauert, bis ihre Karriere so richtig durchstartete. Wenn man Helene heute im Fernsehen sieht, kann man sich überhaupt nicht mehr vorstellen, dass sie bei öffentlichen Auftritten jemals ängstlich und schüchtern gewesen sein soll. Mittlerweile sagt sie sogar, dass für sie der schönste Moment eines Konzertes sein Beginn sei: wenn sie auf die Bühne kommt. Im zarten Alter von achtundzwanzig Jahren geht sie derart souverän mit ihren Fans um, dass es eine Freude ist, ihr dabei zuzusehen.

Sie merken: Jeder muss sich irgendwann mal trauen. Wann trauen Sie sich? Sicher kennen auch Sie die sich ständig wiederholenden Formeln aus Ihrem Freundes- und Bekanntenkreis:

- *Eigentlich würde ich beruflich am liebsten etwas ganz anderes machen. Aber meine Verpflichtungen lassen das einfach nicht zu.*
- *Wenn ich nicht schon so alt wäre, würde ich noch einmal von vorne anfangen.*
- *Wäre ich von meinem Chef nicht finanziell abhängig, würde ich ihm schleunigst sagen, wo der Hammer hängt.*
- *Eigentlich hätte ich meinen Mann schon längst verlassen, aber das geht ja nicht wegen der Kinder.*
- *Woher hat Jessica bloß den Mut genommen, alles auf eine Karte zu setzen und ihrem Chef klarzumachen, dass sie eine sofortige Gehaltserhöhung verdient hat?*

Achten Sie selbst einmal darauf, wie oft Sie das Wort »eigentlich« in Ihrer täglichen Kommunikation gebrauchen. Kommen Sie dabei zu der Erkenntnis, dass das ganz schön häufig passiert, dann nehmen Sie sich schnellstmöglich Zeit und denken Sie darüber nach, ob in Ihrem Leben wirklich alles noch okay ist. Folgende Fragen können Sie sich hierzu stellen:

- *Bin ich glücklich da, wo ich gerade bin?*
- *Gehe ich morgens gerne zur Arbeit?*
- *Bin ich beruflich ausgelastet oder gibt es zu viele Momente in meinem Arbeitsalltag, in denen ich mich langweile?*
- *Freue ich mich jeden Morgen darauf, meine Familie zu versorgen?*
- *Fühle ich mich gut, wenn ich Zeit mit meinem Partner verbringe?*
- *Wann habe ich Zeit für mich, und was tue ich da?*
- *Freue ich mich auf die Zeiten, in denen ich zur Ruhe kommen kann?*
- *Wenn ich genug Geld hätte, um mir das zu leisten, was ich möchte, wie würde ich dann leben? Was würde ich dann beruflich machen?*
- *In welchen Momenten bin ich wunschlos glücklich?*

Was kommt beim Beantworten der Fragen – oder auch nur beim Erahnen während des Durchlesens – heraus? Dinge, die nicht mehr viel mit Ihrer momentanen Realität zu tun haben? Dann empfehle ich Ihnen, zunächst einmal Kleinigkeiten in Ihrem Leben zu ändern. Trauen Sie sich, über Grenzen zu gehen, die Sie sich selbst gesteckt haben. Wir leben in einer wirklich besonderen Zeit, in der alles möglich ist. In der man beispielsweise mit einer genialen Internetidee weitaus mehr als seinen Lebensunterhalt verdienen kann. In der sich niemand mehr zurückhalten muss. Vergessen Sie das nicht!

In einem Radiointerview meinte eine Finanz- und Börsenexpertin, dass sich die Menschen langsam, aber sicher von dem Gedanken verabschieden müssten, vierzig Jahre in ein und demselben Unternehmen zu arbeiten. Diese Zeiten sind ihrer Meinung nach definitiv vorbei. Auch ich habe in jungen Jahren gedacht, dass ich bis zum Rentenalter in der Bank bleiben würde. Heute weiß ich, es kommt manchmal anders, als man denkt.

Schauen Sie nicht länger zu, wenn andere Menschen sich ihrem Traumleben entgegenbewegen, sondern tun Sie es einfach selbst. Schon ein flüchtiger Blick auf Ihre Träume, schon eine Erinnerung an einige Ihrer Glücksmomente im Leben kann Wunder bewirken. Inzwischen wissen Sie, dass die Zielenergie immer größer ist als die Hindernisenergie, und Sie haben auch eine Idee davon, wie Sie die Hindernisenergie ausbremsen – dann kann es doch gar nicht anders sein, als dass Ihnen im Inneren eine Stimme zuruft: »Tue es einfach!« Was auch immer das in Ihrem persönlichen Fall bedeuten mag.

Ich mache mir die Welt, wie sie mir gefällt

Wenn Sie mir den ganzen Weg durch das Buch gefolgt sind, dann müsste es bei Ihnen im Inneren *klick!* gemacht haben. Dieses *klick!* bedeutet, dass Sie in Ihrer Innenwelt nun andere Gedanken zulassen. Aufbauende, motivierende und inspirierende Gedanken wie etwa:

- *Was habe ich zu verlieren? Die Ampel steht auf Grün!*
- *Es wird immer Menschen geben, die das nicht gutheißen, was ich vorhabe. Interessiert mich das wirklich?*
- *Menschen verdrehen gerne mal die Wahrheit. Jetzt drehe ich zur Abwechslung mal an meiner Wahrheit, und zwar so, wie ich sie haben möchte.*
- *Seitdem ich mich weigere, meinen Kompetenzraum zu verlassen, habe ich viel seltener das Problem, mich durchsetzen zu müssen.*
- *Mein Leben ist so schön bunt geworden, seit ich mir regelmäßig Zeit zum Träumen nehme.*

– *Ich kann es viel mehr genießen, im Mittelpunkt zu stehen und Komplimente entgegenzunehmen.*

Gerne stelle ich in meinen Trainingsmaßnahmen die folgende Frage: »Wie sähe Ihr Leben aus, wenn morgen ein Wunder geschehen würde?« Alternativ könnte ich auch fragen: »Wenn Sie wüssten, Sie hätten noch eine Woche zu leben, was würden Sie anders machen?« Nehmen Sie sich doch mal eine halbe Stunde Zeit und beantworten Sie diese beiden Fragen schriftlich. Vermutlich geht es Ihnen dann wie den meisten anderen Menschen, und Sie sagen sich: »Da würde aber einiges anders laufen in meinem Leben!« Provokant frage ich dann weiter: »Wenn das so ist, dass dann einiges bei Ihnen anders laufen würde, was hindert Sie daran, die entsprechenden Umstände in Ihrem Leben zu ändern?« Auch das empfehle ich, schriftlich zu beantworten. Im nächsten Schritt machen Sie sich dann daran zu überlegen, wie Sie diese Hindernisse überwinden könnten.

Dafür gibt es eine schöne Technik: den Perspektivenwechsel. Stellen Sie sich vor, Sie schauen auf Ihre momentanen Lebensumstände, die Sie verändern wollen, aus der Perspektive eines Experten, der sich bei der Bewältigung von Hindernissen besonders gut auskennt. Oder Sie stellen sich vor, dass Sie mit Ihrer eigenen Expertenbrille die Hindernisse einer anderen Person betrachten. Bestimmt fallen Ihnen dazu haufenweise Lösungen ein. Sind Sie eher der Typ, der lieber gemeinsam mit anderen Menschen etwas ausarbeitet, dann organisieren Sie zu dieser persönlichen Themenstellung doch eine kleine Kaffeerunde oder ein After-Work-Happening und tüfteln Sie gemeinschaftlich an Lösungsvorschlägen. Egal, wie Sie an die Sache rangehen, Hauptsache, Sie gehen ran.

Harald Glööckler, der schrille Modemacher, der ein Vermögen mit seinem Design-Imperium verdient, gelangte irgendwann zu folgender Erkenntnis: Entscheidend ist, am Ende seines Lebens sagen zu können, dass man das Optimale daraus gemacht hat. Für ihn, in seiner Welt, ist das mit Sicherheit so. Mit Mut und Ausdauer hat er es von einem Boutique-Inhaber zum Modekönig des Homeshoppings gebracht. Seine Modelle werden weltweit von Frauen aller Kleidergrößen geordert. Aufgrund seiner eigenen tragischen Lebensgeschichte hatte er es sich in jungen Jahren zum Ziel gesetzt, die Frauen schön zu machen. Dieses Ziel hat er erreicht, selbst wenn er von seinen Kritikern gerne belächelt wird. Erfolg ersetzt alle Argumente.

Hier haben wir es wieder: Irgendwann muss man sich im Leben entscheiden, ob man als Adler alleine fliegen will oder mit den Krähen in einer Gruppe. Die Entscheidung darf jeder für sich selbst treffen. Machen Sie sich die Welt, wie sie Ihnen gefällt. Träumen Sie, spinnen Sie, gehen Sie über Grenzen, wen stört das schon. Tun Sie Dinge, die Sie schon immer mal tun wollten, die bisher aber nicht gepasst haben. Verlassen Sie Ihren selbstgebastelten Käfig, der sowieso beim nächsten Sturm weggeweht wird. Antworten Sie mal aus dem Affekt, ohne sich drei Stunden lang Gedanken darüber zu machen, ob das komisch rüberkommen könnte – selbst wenn, wen interessiert das?

Eines ist so klar wie ein Gebirgsbach: Sie können nur gewinnen, wenn Sie nicht in der Masse verschwinden. Wenn Sie sich bis jetzt stets adäquat und angepasst verhalten haben, dann wird kein Hahn nach Ihnen krähen, wenn Sie nicht mehr da sind. Erinnern Sie sich an Anke. Ihre Kollegen haben teilweise geweint, als sie erfuhren, dass sie gekündigt hatte. Wahrscheinlich deswegen, weil sie die Gegenwart eines Menschen vermissen werden, der sich die Welt gemacht hat, wie sie ihm gefällt.

Keine Angst vorm Scheitern!

Nach allem, was wir inzwischen gemeinsam erarbeitet haben, ist nun der Augenblick gekommen, an dem wir uns noch mal vor Augen führen sollten, warum Sie die Angst vor dem Scheitern getrost loslassen können. Ihr Selbstbewusstsein haben Sie bereits aufpoliert, Sie sind innerlich neu aufgestellt und wissen, dass Sie gut sind. Sie haben sich mit Ihren Idealen und Werten auseinandergesetzt und Sie benutzen diese, um mutig für

Ihre Ziele einzustehen. Dadurch, dass Sie sich generell mehr Zeit fürs Träumen nehmen, ist automatisch weniger Zeit für die Beschäftigung mit Ihren unbewussten Ängsten übrig. Vielleicht haben Sie sich im Laufe der Lektüre ja schon von einem Großteil getrennt. Hier erkläre ich Ihnen nun, was Sie ansonsten noch tun können, damit die Angst vor dem Scheitern keinen Raum mehr in Ihrer Innenwelt einnimmt.

Die Angst vor dem Scheitern ist an bestimmte Gefühle gekoppelt. Eines davon ist die Angst, bloßgestellt zu werden. Viele Menschen haben eine blühende Fantasie. Sie sind bärenstark darin, sich auszumalen, wie andere mit dem Finger auf sie zeigen, wenn sie mit dem, was sie sich vorgenommen haben, scheitern. Mit dieser Fähigkeit machen sie sich im Vorfeld bereits so viel Stress, dass sie fast nur noch in der Angst vor dem Scheitern leben. Kein Wunder, wenn sie sich das alles bis ins kleinste Detail vorstellten.

Ich möchte Sie an dieser Stelle beruhigen. Solange Sie nicht feste die Buschtrommeln rühren und alle verrückt machen mit der Story über Ihren glorreichen Marsch auf die Showbühne, so lange wird niemand hämische Kommentare abgeben. Und wenn doch? Dann handelt es sich dabei um Menschen, die Sie sowieso nicht in Ihren Lebensradius hineinlassen sollten. Klar, in jedem Unternehmen gibt es Luchse, die nur darauf lauern, dass der eine oder andere Kollege einen Fehler macht. Aber ganz ehrlich, was sind das für erbärmliche Kreaturen? Wer auf solche Neider hört, dem ist nicht zu helfen. Sie wollen sich doch nicht von Menschen mit solch einem indiskutablen Verhalten von Ihren Zielen abhalten lassen, oder?

Wenn also die Angst vor dem Scheitern an die Sorge gekoppelt ist, bloßgestellt zu werden, dann könnte es doch eine Möglichkeit sein, seine Vorhaben günstiger anzumoderieren. Meine Kundin Birgit hat das so gemacht. Sie hatte sich mit ihren zweiundvierzig Jahren dazu entschieden, neue berufliche Wege einzuschlagen und den Job in einer renommierten Marketingagentur an den Nagel zu hängen. Das Arbeiten unter enormem Zeitdruck mit einer immer schlimmer agierenden Konkurrenz und mit Kunden, die selbst nicht wussten, was sie wollten, aber bis zum Erbrechen um die Preise feilschten, das war nicht mehr ihre Welt.

An ihrem letzten Arbeitstag hielt sie eine kleine Ansprache an die Kollegen. Sie erzählte, dass sie es sich sehr lange überlegt hätte, ob sie in ihrem Leben noch einmal alles auf eine Karte setzen sollte, um in einem neuen Berufssegment Fuß zu fassen. Doch nach vielen Wochen des Hin-und-her-Überlegens hätte sie sich schließlich zu diesem Schritt entschieden. Für sie sei es unerträglicher gewesen, eine Chance auf größere berufliche Erfüllung nicht wahrgenommen zu haben, als einfach weiterzumachen wie zuvor. Wie ihre neue berufliche Zukunft jetzt genau aussehen würde, das wüsste sie selbst nicht, aber sie hätte für den Fall, dass es mit ihrer Relocation-Agentur nicht klappen würde, einen Plan B in der Tasche. Sie hoffe natürlich, dass sie diesen Plan B niemals zücken müsse. Ihr Motto sei: Wer nicht wagt, der nicht gewinnt.

Birgit berichtete mir, dass viele ihrer Kollegen nach ihrer kleinen Ansprache zu ihr gekommen seien und sie für ihren Mut bewundert hätten. Einerseits für den Mut, noch einmal ganz von vorne anzufangen, und andererseits für die Offenheit, dass sie die Möglichkeit zu scheitern ebenfalls als Option sah und sich darauf genauso vorbereitet hatte.

Das zweite Gefühl, welches mit der Angst zu scheitern verbunden ist, ist die nackte Existenzangst. Oder anders ausgedrückt: die riesige Angst, unter der Brücke schlafen zu müssen. Wie oft ich diesen Satz mit der Brücke in meinen Coachings und Trainings gehört habe, kann ich gar nicht zählen. Aber überlegen Sie mal: Wie viele Leute aus Ihrem Freundes- und Bekanntenkreis haben irgendwann alles verloren und mussten dann unter einer Brücke schlafen?

Dramatische Existenzangstgeschichten habe ich natürlich schon zuhauf von meinen Kunden gehört, und viele waren auch wirklich sehr bedrohlich. An irgendeiner Stelle auf dem Weg nach unten tauchte jedoch meist eine Hilfestellung auf, die aus dem Nichts zu kommen schien. Das sind die kleinen Wunder, von denen ich bereits gesprochen habe. Wie und warum diese kleinen Wunder passiert sind, dazu kann ich leider nichts sagen. Was ich aber in allen Fällen beobachten konnte: Die Betroffenen haben an irgendeinem Punkt im freien Fall losgelassen. Sie haben den Widerstand aufgegeben, ihre Angst Angst sein lassen oder sich ihr gestellt. Sie haben sich auf ihre Liebe zum Leben konzentriert und alles andere abgegeben.

Die Entscheidung, die sie alle getroffen hatten, war folgende: sich selbst treu zu bleiben und es hinzunehmen, dass sie mit dem, was sie für richtig hielten, scheitern könnten oder tatsächlich gescheitert sind. Manche von ihnen haben den falschen Menschen vertraut, die ihnen ihre Ideen geklaut haben, um sie teuer an die Konkurrenz zu verkaufen. Wieder andere haben sich gute Freunde mit in die eigene Firma geholt, um dann zu merken, dass diese Freunde gar keine Freunde sind. Und dann war es meistens schon zu spät.

Das Wunderbare an all diesen Fällen ist, dass sich alle Betroffenen wieder aufgerichtet und eine neue Chance im Leben wahrgenommen haben. Sie haben ihre Träume an anderer Stelle wieder eingefangen und die eigenen Ziele weiterverfolgt – diesmal mit einem schärferen Blick.

Die Kunst, die richtigen Worte zu finden

Bevor wir zu dem Rundum-sorglos-Paket für Sie kommen, möchte ich noch ein anderes Versprechen einlösen: dass ich Ihnen noch ein paar Tipps an die Hand gebe, wie Sie am besten sprechen, um unangenehme Botschaften zu übermitteln. Denn darum geht es schließlich meistens, wenn die Gefahr besteht, sich unbeliebt zu machen. Fast alle Menschen fürchten sich davor. Wie schaffen Sie es also, auch über die negativsten Inhalte so zu reden, dass sich die anderen nicht schlecht fühlen?

Fangen wir mit den verschiedenen Variationen des Beschwerdemanagements an. Meine Bekannte Irina ist Inhaberin eines Bekleidungsgeschäfts. Vor zwei Wochen kam eine Dame in ihren Laden und polterte verbal wie eine Geistesgestörte herum. Sie beschwerte sich über die miese Qualität eines Seidenshirts, das sie eine Woche vorher bei meiner Bekannten gekauft hatte, und verlangte, dass es sofort ersetzt werden müsse. Das sei auch die Meinung ihrer Freundinnen, zumal es sich um eine Serviceangelegenheit handele. Außerdem sei sie Stammkundin. Das stimmte nicht: Sie hatte zum ersten Mal etwas bei Irina gekauft.

Dem zuständigen Vertreter für die Seidenshirt-Kollektion zufolge sah die Sache darüber hinaus so aus, dass die Kundin das gute Stück offensichtlich mit dem Bügeleisen vergewaltigt hatte. Er tauschte es aus Kulanz trotzdem um, da Irina eine gute Kundin bei ihm ist. Irina jedoch hatte ihre Entscheidung getroffen. Sie rief die Dame an, bestellte sie in ihren Laden, gab ihr das neue Seidenshirt und bat sie darum, in Zukunft doch woanders einzukaufen.

Manche von Ihnen mögen das für starken Tobak halten. Ich persönlich liebe es ja, wenn man Menschen, die sich willentlich im Ton vergreifen, Grenzen aufzeigt. Jedoch verdeutlicht dieses Beispiel, wie schwer man es sich machen kann. Die Nicht-mehr-Kundin wird sich bodenlos ärgern und kein gutes Wort mehr an Irinas Laden lassen. Irina wiederum ärgert sich, dass so freche Leute auch noch recht bekommen. Keiner von beiden ist wirklich richtig froh. Vermutlich haben Sie schon genügend ähnliche Erfahrungen mit solchen unverschämten Käufern oder auch andersherum mit unverschämten Ladenbesitzern gemacht. Anhand einer ähnlichen Geschichte aus meinem eigenen Leben zeige ich Ihnen, wie Reklamationen auch aussehen können.

Mein Mann schenkte mir in unserem Urlaub in Florenz eine Tasche zum Geburtstag. Diese Tasche besteht aus vielen kleinen, auf dem Leder aufgenähten Einzelteilen. Zu Hause angekommen, zeigte ich meine italienische Eroberung sofort einem Freund, und der merkte gleich, dass genau in der Mitte ein Stein fehlte. Das ärgerte mich natürlich. Nachdem mein Ärger dann etwas verflogen war, fiel mir ein, dass es in Frankfurt eine Zweigstelle dieser Firma gibt, und so machte ich mich am übernächsten Tag zwischen zwei Terminen schnell auf den Weg dorthin.

Das Beschwerdeverhalten, das ich an den Tag legte, war ein bisschen anders als bei der Dame in der vorherigen Geschichte. Ich sagte der Verkäuferin, dass ich ihre Hilfe benötige, erklärte ihr mein Malheur und fragte sie, ob die Tasche jetzt nach Italien geschickt werden müsse. Die Geschäftsführerin kam gleich dazu, und als sie auf meine Rechnung schaute, meinte sie: »Sie haben die Tasche ja erst vorgestern gekauft, das ist ja wirklich ärgerlich. Wir haben dieses Modell heute zufällig erstmalig aus Italien bekommen, und wenn ich zwei Exemplare davon habe, dürfen Sie gleich eine neue Tasche mitnehmen.« Ich hatte Glück, sie hatte zwei Taschen da, und mir blieb das Versende-Prozedere nach Italien erspart. Wenn ich in den Laden gegangen wäre, der Verkäuferin mit einer Riesenwelle die Tasche auf den Tresen geknallt und mich darüber ausgelassen hätte, welch schlechte Qualität das doch sei, dann wäre die Chance groß gewesen, dass sie auf eine längere Reise hätte gehen müssen. Davon bin ich fest überzeugt. Die Geschäftsführerin hätte mir dann niemals die frisch eingetroffene Tasche geopfert, auf die ihre Stammkundinnen vielleicht schon lange warteten.

Unabhängig davon, welche unangenehme Situation Sie vor sich haben: Es ist immer sinnvoll, sich vorher genau zu überlegen, welches Ziel man mit der Kommunikation erreichen möchte. In meinem Fall war es so, dass ich die Tasche sehr gerne schnell ersetzt haben wollte, mir aber klar war, dass die ungünstigste Lösung die gewesen wäre, sie erst nach Italien schicken zu müssen. Damit hatte ich eine klare Zielsetzung und benötigte von dem Verkaufspersonal des Frankfurter Geschäfts Unterstützung. Wenn ich aber Unterstützung brauche, dann liegt es auf der Hand, dass ich wohlwollend kommuniziere.

Betrachten wir kurz noch einen anderen Kommunikationsfall. Nehmen wir an, Sie möchten eine Gehaltserhöhung haben, da diese in Ihren Augen schon lange überfällig ist. Auch das ist ein Gespräch, das unangenehme Aspekte mit sich führt. Irgendwie fühlt es sich doch komisch an, wenn der eigene Chef einem in den Review-Gesprächen zwar jedes Mal sagt, dass man eine super Arbeit abliefert, er aber trotzdem nicht auf die

Idee kommt, für eine Gehaltserhöhung zu sorgen. Auch hierzu möchte ich Ihnen gerne zwei Varianten schildern, die ich bei meinen Trainings erlebt habe.

Fangen wir mit der ungünstigen Variante an. Maik ist der Meinung, dass er völlig unterbezahlt ist. Er hat die Schnauze gestrichen voll. Er ist zwar dankbar, dass er die Chance bekommen hat, als Produktmanager in diesem Unternehmen zu arbeiten, aber in seinen Augen ist es völlig klar, dass er die alten Hasen schon nach kurzer Zeit in die Tasche gesteckt hat. Klar, sachlich kann er noch das eine oder andere dazulernen, doch es ist ja wohl nicht von der Hand zu weisen, dass er die Dinge in einer solchen Geschwindigkeit umsetzt, dass andere nur noch Staubwolken sehen.

Gegen diese Art zu denken ist nichts zu sagen, man sollte nur nicht in gleicher Weise kommunizieren. Das Feedback von Maiks Chef sah dementsprechend aus. Er kam nach dem Gespräch voller Wut in eine Session zu mir und meinte, dass Maik wohl völlig vor die Schleuse geschwommen sei. Habe er ihm doch erklärt, dass er jetzt gefälligst dafür sorgen solle, dass er eine Gehaltserhöhung bekomme. Und er solle sich bloß nicht einbilden, ihn mit fünfhundert Euro im Monat mehr abspeisen zu können. Wo er gerade dabei sei, wolle er ihn außerdem darauf aufmerksam machen, dass die Pappnasen, die teilweise um ihn herumsitzen, einiges mehr verdienen, und wie die ihren Job machen, darüber müsse man ja wohl kein Wort verlieren.

Oh je, mit dieser Kampfansage hatte Maik leider das Gegenteil von dem erreicht, was er eigentlich wollte. Sein Chef war megasauer und erklärte ihm, dass er gern woanders hingehen könne, wenn ihm irgendetwas nicht passe. Die Gehaltserhöhung könne er sich jedenfalls abschminken – auch wenn er seinen Job wirklich sehr gut mache. Hier ist also einiges schiefgelaufen.

Ganz anders erging es Andrea. Auch sie hat sich einen Termin bei ihrer Chefin geben lassen, um über eine Gehaltserhöhung zu sprechen. Nach dem üblichen Smalltalk fing Andrea an, dass es ihr zwar unangenehm sei, mit ihrer Chefin über das Gehaltsthema zu sprechen, da sie ja wisse, dass sie als Vorgesetzte immer alles im Blick habe. Es hätte sich in ihr allerdings das Gefühl breitgemacht, dass ihr Gespräch vor eineinhalb Jahren in Vergessenheit geraten sei. Darin habe es geheißen, dass Andrea gute Chancen auf eine Gehaltserhöhung hätte. Sie wolle daher wissen, ob es noch irgendetwas gäbe, das sie verbessern könnte, damit die Aufnahme in die nächste Gehaltsgruppe erfolgen könne. Der Chefin war das sichtlich unangenehm, da sie es tatsächlich vergessen hatte, Andrea auf die Gehaltserhöhungsliste zu setzen. Sie wollte sich sofort dafür einsetzen und versuchen, die Umgruppierung außerplanmäßig für Andrea zu erreichen. Nur versprechen könne sie es ihr leider nicht.

Wir sehen: Beide Mitarbeiter hatten ein ganz konkretes Ziel vor Augen – nämlich eine Gehaltserhöhung zu bekommen –, doch der Weg zu diesem Ziel war sehr unterschiedlich.

Ganz entscheidend im Rahmen der Gesamtstrategie: Haben Sie Ihre eigene Außenwirkung im Blick und ebenso das Wohl des Gegenübers. Nehmen wir an, Andrea hätte zu ihrer Chefin gesagt, dass sie enttäuscht sei, dass sie bezüglich der Gehaltsfrage nicht Wort gehalten habe. Das wäre zwar sachlich richtig gewesen, hätte aber bedeutet, dass Andrea ihrer Chefin einen Fehler unter die Nase reibt. Das gefällt niemandem besonders gut. In diesem Fall hätte es passieren können – je nachdem, wie Andreas Chefin innerlich gestrickt ist –, dass sie Andrea aus reiner Verteidigung ein paar ihrer kleinen Unzulänglichkeiten auf den Tisch zaubert. Eines wäre dann bei dem Gespräch ganz sicher nicht herausgekommen: dass die Chefin alles Erdenkliche versuchen wird, um die Gehaltserhöhung nachträglich durchzuboxen.

Sie merken, es geht im Wesentlichen um einen Spagat: Setzen Sie sich für sich selbst, Ihre Ziele und Ideale ein, meiden Sie dabei keine unangenehmen Situationen und kommunizieren Sie grundsätzlich souverän und wertschätzend mit Blick auf die eigene Außenwirkung. Dann steht Ihrer Zielerreichung nichts mehr im Weg.

Das Rundum-sorglos-Paket für Sie

Inzwischen haben wir das versprochene Rundum-sorglos-Paket zusammengeschnürt. Wir haben gesehen, dass es beim Aushalten des Unbeliebtseins nicht darum geht, mit den Konsequenzen einer Kommunikation zu leben, bei der sich jeder Gesprächsbeteiligte schlecht fühlt. Vielmehr geht es darum zu lernen, wie man auch aus unangenehmen Gesprächen mit einem guten Gefühl herauskommt. Genau das passiert nämlich zwangsläufig, wenn Sie sich gut vorbereiten, Ihr Ziel und das Ziel des anderen im Blick haben und zum Wohle der Sache agieren. Das Überraschende ist: Wenn Sie das oft genug trainiert und geübt haben, dann wird es sowieso kaum noch unangenehme Situationen und Gespräche in Ihrem Leben geben. Einfach deshalb, weil Sie selbst gestärkt sind, weil Sie sich selbst so annehmen und lieben, wie Sie sind, weil Sie den Menschen Toleranz und Vertrauen entgegenbringen und weil Sie wissen, dass Sie stets aus einer ethischen Haltung heraus handeln.

Nicht jedem, den Sie auf Ihrer Reise durch das Leben treffen, wird diese Tatsache schmecken. Davon können Sie ausgehen. Sie müssen es aushalten, dass Sie bei diesen Menschen nicht beliebt sind. Daran ist nichts zu ändern, egal, auf welche Weise Sie agieren. Agieren Sie daher in Zukunft einfach immer so, wie Ihr Herz es Ihnen vorschlägt. Denn dort ist Ihre Wahrheit verborgen. Nicht im Verstand, nicht in den Emotionen, nicht in den Erinnerungen – Ihre Lebenswahrheit wohnt in Ihrem Herzen. Dort, wo Sie selbst wohnen.

Wenn Sie es schaffen, die große Liebe für sich selbst zu spüren, dann werden Sie in Zukunft wie ein Magnet sein, der nicht enden wollende glückliche Momente im Leben anzieht. Sie werden auch Ihr Licht nicht länger unter den Scheffel stellen, sondern strahlen wie die Sterne am Himmel. Dafür brauchen Sie weder zu kämpfen noch zickig, frech oder unverschämt zu sein. Viele Menschen werden Sie lieben, weil sie es lieben, mit geradlinigen, ehrlichen, konsequenten und mitfühlenden Personen wie Ihnen zusammen zu sein. Sie brauchen sich nicht mehr zu verstecken, da es nichts mehr zu verstecken gibt.

Betreten Sie Ihre persönliche Bühne des Lebens mit Ihrer ganzen Liebe im Herzen und lassen Sie sich von nichts und niemandem mehr davon abbringen. Das ist es, was ich Ihnen wünsche.

Viel Freude in Ihrem neuen Leben!
Ihre Diana Dreeßen